図I◉パタゴニアのコルディエラ・デル・パイネ地区。現地の伝承では、この天を突く山並みは、大洪水のあと、天まで伸び上がる大蛇カイカイが英雄たちを石に変えたものらしい。

図II◉勇士を背にかついだ巨人が、金の鎖で天にぶら下がった城へ向かう(ケルト神話より)。

図III◉大無間山《だいむげんざん》の女神(日本の古い版画)。

図IV◉低い島の蜃気楼が生んだ「天を支える柱」。時刻は0、42、264、311、590秒後。大気の状態がたえず変わって、cとeのように白っぽい「柱」も現れる(フィンランドの海岸で撮影)。

a

b

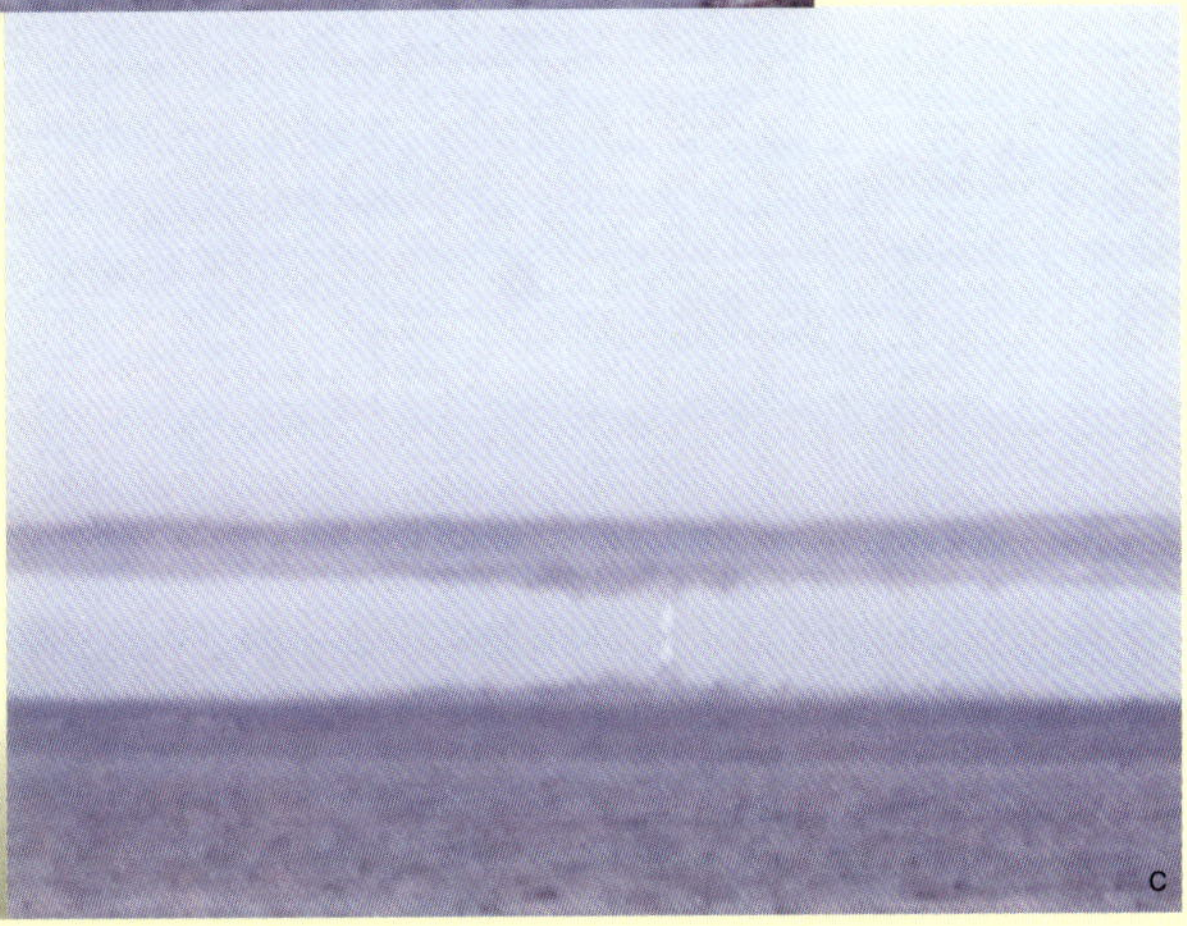
c

図V◉ストーンヘンジと、低い島が伸び上がる蜃気楼の像（フィンランドの海岸で撮影）。瓜二つに見える。

図VI◉鳥の姿の女神を乗せて一対の鳥が引く陶器の車。
セルビア・ヴルサック市に近いドゥプルジャジャ出土。BC 1500〜2000 年ごろの作品。

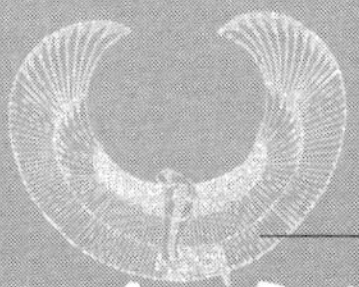

——古代文明と神々の謎を解く——

蜃気楼の楽園

ヘルムート・トリブッチ Helmut Tributsch Als die Berge noch Flüge hatten
渡辺　正◉訳

工作舎

蜃気楼の楽園　目次

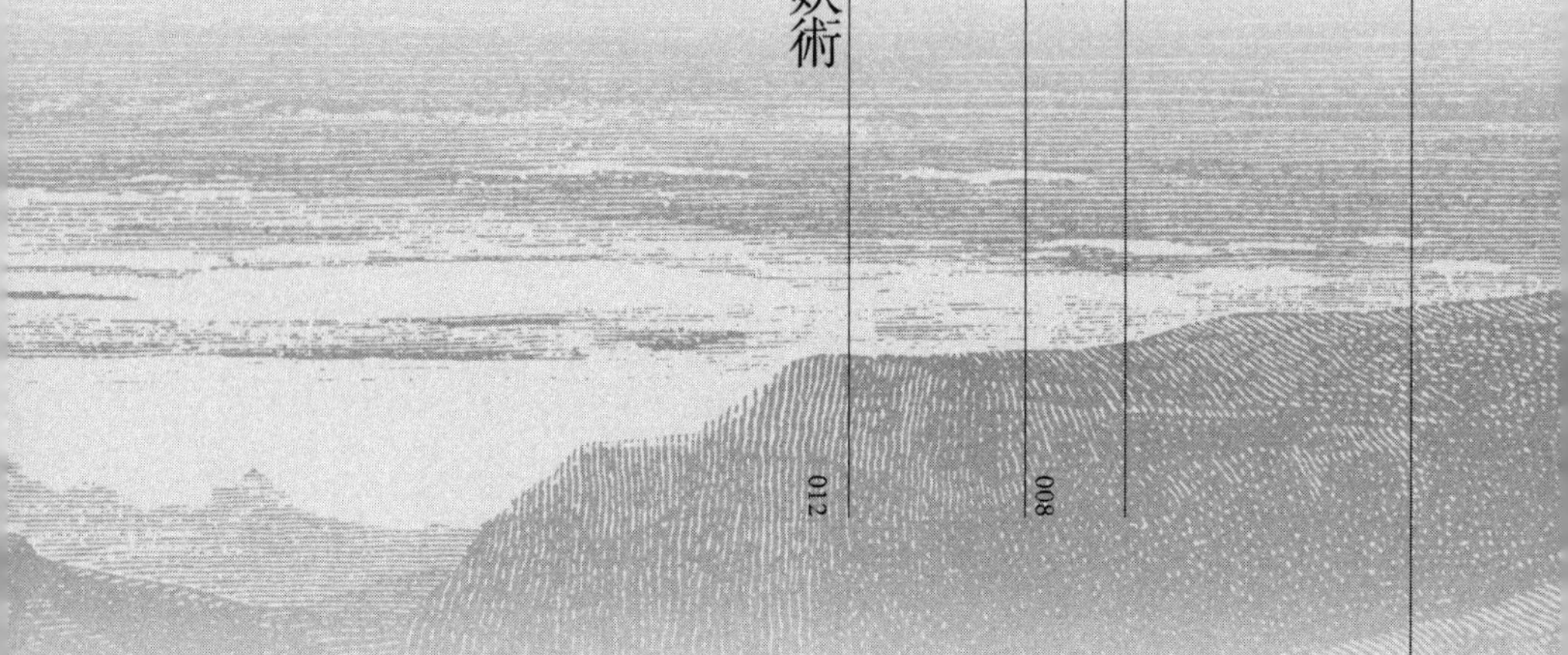

9章 神々の乗り物

10章 魔法にかかった自然界

まえがき

　キリスト教会は、少なくとも二〇〇年前まで、ひとつの自然現象に大きな関心を寄せてきた。いま私たちが蜃気楼と呼ぶ自然現象、人の心を激しくゆさぶる壮大な現象である。

　聖職者たちは蜃気楼に天国・地獄のイメージを見た。だからこそ一七世紀から一八世紀にかけ、イエズス会のキルヒャー神父（一六三六年）とアンジェルッチ神父（一六五三年）、ドミニコ会のミナシ神父（一七七三年）が、イタリア本土とシチリア島を隔てるメッシナ海峡に出向き、蜃気楼をつぶさに観察・記録した。メッシナ海峡は、ホメロス『オデュッセイア』の中、怪物スキュラ、カリュブディスが登場する舞台である。教会は、蜃気楼という自然現象が人間の信仰と魂にどんな意味をもつのかを、はっきりさせたかったのだ。

　光の性質がわかり、蜃気楼がなぜ起きるのか説明できるようになってから、まだ二〇〇年もたたない。だから神父たちの調査はとうてい科学研究とはいえないけれど、彼らは光の生む幻像の姿をありありと記録に残し、その中身は前著『蜃気楼文明』（*Das Rätsel der Götter* 邦訳一九八九年、工作舎）に紹介してある。記録を一読しただけでも、蜃気楼が人間の想像力をどれほどまでかきたてるものかがよくわかる。

　神話や宗教の起源には蜃気楼があった。そのことを私は——たぶん世界初の試みとして——読者にお伝えしたい。歴史の光の中へ歩み出たころの祖先たちがつむぎ上げた神話・宗教の空想世界に、蜃気楼は色濃く影を落としている。さまざまな文化圏に伝わる神話や伝説を調べ上げるにつれ、私はそう確信するにいたった。

本書の原題（*Als die Berge noch Flügel hatten*＝山々にまだ翼があったころ）は、三千年以上前に生まれたインド神話から借りた。古代人は、自分の目で見たことは真実だと思い、それをもとにいろいろな物語を生んだ。空にふわりと浮かんで見えた山は、翼が生えたのだと思うしかない。古代インドの人々はその光景に何者かの意思を感じとり、それを最高神インドラと名づけた。インドラの居場所は、スメールの山（須弥山《しゅみせん》）——地獄から天国まで果てしなく伸びる「宇宙の柱」——の頂だった。高い山はときおり蜃気楼で姿を激しく変えて見える。「スメールの頂」は蜃気楼の幻像だったにちがいない。

神話や宗教はどんなふうにして生まれたのか——それを本書で解き明かそう。人間はいつの世も魂の不死を願った。その願いの結晶ともいえる神話や宗教を、古代人は何を手がかりに、またどんな体験をきっかけに生み出したのだろう？　そして、人間の無意識世界は、いったいどのようにして形づくられたのだろうか？

先ほど紹介した旧著は「蜃気楼の博物誌」といっていいような本である。その中で私は、数々の証拠をもとに、世界各地に残る巨大遺跡が、蜃気楼を通じて来世と交流するための祭祀施設だったことをはっきりさせた。

それからも私は蜃気楼について考え続け、やがて、蜃気楼は神話や宗教の源でもあったにちがいないと気づいた。自然現象なら、世界のどこでも、いつでも同じように起こる。いろいろな神話や宗教が核のところで驚くほど似通っているのは、そのためではないか？……とはいえ、ほんとうに確信できるまでには一〇年の歳月がかかった。

私は四つの大陸に足を運び、粗っぽい石刻から洗練された美術表現まで、多様な文化遺産をじっくり眺め、そこに蜃気楼が刻みつけた足跡を探した。また、いまなお原始のままに暮らす諸民族の神話にも心を惹かれ、ナミビアと南アフリカではブッシュマンの想像世界を、オーストラリアではアボリジニの「夢の時代」をこの耳で聞き、やはり根には蜃気楼があると確信した。かつてのシルクロードを訪ねた折りはタクラマカン砂漠の蜃気楼をフィルムに収め、石窟に残る仏教絵画に蜃気楼の織り上げたモチーフを認めた。南太平洋の島々を訪れたときは、死者の魂が向かうという幻の島をめぐる伝説に、蜃気楼の影をくっきり感じとった。

私は前々から「知恵の樹」を求める仏僧の話に魅せられてきた。一定期間だけ日常を離れ、永遠の命を求めて巡礼する仏教の風習は、心にしみじみと迫る。本書は私のそういう求道《ぐどう》の足跡だといえる。僧衣はまとわないまでも私は、自分の感覚だけを頼りに生きていた先史人の心を思いやりながら、魂の不死を求める仏僧の行為を追体験したのである。

古代ケルト人は、蜃気楼を魔女モルガンのしわざとみた。壮麗な蜃気楼を「ファータ・モルガーナ(モルガンのお化け)」と呼ぶのはそこから来ている。魔女モルガンの眼差しに見守られた旅に読者をお誘いしたい。光とは何かも知らず、まして光が曲がるなどと思いもしなかった古代人が、いきなり現れた蜃気楼に心をどれほどゆさぶられたかは、全編にちりばめた写真と絵から感じとっていただけよう。古代人にとって蜃気楼は、いとしい大自然の一部だった。彼らは蜃気楼の中に、手の届かない他界(あの世)からのメッセージを読みとったのだ。

旧著『蜃気楼文明』をもとに日本の民放(テレビ東京＋ネクサス)が制作したドキュメンタリー番組『蜃気楼の王国』は、信じがたい蜃気楼の姿を世に初めて紹介したものである。同じそういう幻像は、まどろみから醒《さ》める途中の古代人も見た。映像をごらんいただければ、読者もきっと「忘れられた王国」に心を通わせるにちがいない。

本書では、光の生んだ神話について考える。自然が人間のもとに送り届ける「光の使者」の妙《たえ》なる姿をくわしくご紹介して、それを古代人がどう受けとめ、無意識世界にどう刻んできたのかを思い描きたい。蜃気楼に来世を見た古代人が、精神世界を一歩ずつ前に進めてきた道すじについても考えよう。

神話・宗教の世界は絶対に蜃気楼の幻像が生んだ——そう私は確信している。神を想う心は、心をふるわせる体験から生まれたはず。なにげなく思ったり、聞いたり、見たりするだけでは生まれようがない。一三世紀の神学者トマス・アクイナスは、「慈悲(宗教)は自然が生む」と言った。だから、宗教が自然観察から芽生えたと考えても、宗教をおとしめることにはならないだろう。

本書は、人間の魂が太古から歩んできた道すじの探求である。道すがら私たちは、蜃気楼の生んだひとつのシンボルにくり返し出逢う。合体した二羽の鳥だ。蜃気楼は光が曲がるから起こる。曲がる光の中を飛ぶ鳥は、ときに頭と胴体が二つ、羽が四枚に見える。そんな鳥をさまざまな古代文化圏が「来世からの使者」に見たてていた事実を、各章冒頭のカットがありありと語る。

今までの学者はたいてい、神話や宗教は「人間の心に自然発生した」と考えてきた。しかし、本書を最後までお読みいただければわかるとおり、「蜃気楼観察から生まれた」と考えるほうが、はるかに説得力は大きい。もちろん自然科学のように理路整然と証明できたわけではなく、ところどころもどかしい部分も残るのだが。

一九九五年二月　ヘルムート・トリブッチ

1章 魔女モルガンの妖術

光の幻像の遺産

動物と人間はどこがちがうのか？　いちばんのちがいは、人間が不死を願うところだろう。神話も伝説も宗教も、ことごとく不死への願いから生まれた。

フロイトは、伝説や神話は人間が「無意識」の中につむいだ夢の産物だと考えた。私たちの無意識世界には、祖先がまだ動物だったころの体験、そしてヒトになってからの体験が宝物のようにしまいこまれている、と彼は言う。

だが少しちがう見かたもできる。おとぎ話や民話には、人の姿をした太陽・月・嵐・動物がたびたび出てくる。すると伝説や神話は、祖先たちの自然観察から生まれたのではないか、という見かただ。ただしこれはフロイトの解釈と矛盾はしない。大自然に抱かれて暮らした祖先には、自然観察こそがすべてだったし、観察体験は世代から世代へと伝えられたはずだから。

はるかな昔、狩猟と採集に野をかけ回った祖先たちは、いつも地平線に目をこらしていた。地平線は、めざす獲物や、憎むべき敵の影がまっさきに見える場所だけれど、それだけではない。日常生活からは説明のつかない、不気味な像もしょっちゅう見えた。からからの砂漠にいきなり現れる大湖、空にふわりと浮かぶ陸地、天を支える柱のような像、巨山に巨木……楽園

図1◉あの世からの使者、双頭の鳥。紀元二〜四世紀に栄えたペルー・パラカス文化、ミイラをくるんでいた布の刺繍（図7M参照）。

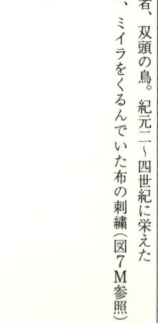

を思わせる情景から醜悪きわまりない光景まで、ありとあらゆる幻想世界を彼らは見たのだ。

そういう光の幻像が人間の無意識に刻みつけられ、宗教のありようを決め、神話の源にもなったと私は思う。光の幻像は大勢が目撃したから、否定しようはない。日常体験に合わないので、印象は長くあとを引いただろう。動物のまどろみから醒めようとしていた古代人は、壮大な光景を目にしたとき、あれはいったい何か、死んだらあそこに行くのではないか、と想像をめぐらせたにちがいない。現象は世界のいたるところで、くり返し目撃されたため、ひとつの思考世界がしだいに形づくられていった。

蜃気楼像の織りなした想像世界は、生命力が強かった。たとえば世界各地にある「あの世は現世とあべこべ」という想像は、蜃気楼の逆立ち風景が生んだのではないか？ そんな幻像がたびたび目撃され、いったんできた解釈をみんなが納得して、すっかり浸透したのだろう。目撃も追体験もできないイメージならば、自然淘汰でそのうちに消えてしまう。

私たちの心をゆり動かす伝説も神話も、たいてい複雑な筋書きをもつ。そんな複雑さは、なぜかを説明し

図2◉エチオピアの砂漠に現れた蜃気楼（J.ミュラー画、1872年）。

ようもなかった蜃気楼体験から来ていそうな気がする。もしそうなら、伝説や神話を読み解ければ、古代人の心深くに分け入ることができるのではないか？

来世想像の根に自然現象があったとすれば、それは蜃気楼しかありえない。純朴な古代人は、光の幻像に神の意思を想った。神が、おんみずから創造した自然界を使者にして、人間のもとへ送り届けたと考えてもよい。蜃気楼は、自然科学で扱う現象のように「再現性」がある。そんな現象が生んだ来世想像だから、人間が知性をどんどん高めていく途上でも、信仰はけっして少数集団に閉じこもることなく、むしろしだいに抵抗力を強めてきたのだ。

蜃気楼と宗教のかかわりを示す証拠は、人類史を遠くさかのぼらなくても見つかる。人類学者のパーシー・マウントフォールドが紹介しているように、ほんの近年、二〇世紀の中期でも、オーストラリア中部の砂漠に住む先住民(アボリジニ)が、蜃気楼に密着した儀式をしていた。まずはそれを眺めよう。

冷気の精を呼び寄せる

冷たい地面ごしに目を走らせるとき、遠くにある物体は、蜃気楼で浮かび上がったり伸び上がったりする(次項参照)。それを心に置きながら以下をお読みいただきたい。

砂漠の冬――地平線の小山が大きく背伸びし、平地の茂みがゆらゆら見えるころ、コナー山麓に住むピチャンチャラ族は、「夢の時代」の英雄、氷人ニンジャが戻ってきたとみる。氷人の運んできた寒波が明け方の地面に鋭い爪を立て、住民の眠りを破る。そこで住民たちは、たき火を囲んで群れ集い、氷人祓《ばら》いの歌を大声で歌う。すると氷人は地下の穴に退散し、ゆらめいていた茂みもまた地面にしっかり立つのだという。

砂漠の夏――太陽の熱で砂漠の果てがちらちら見えるころ、氷人を呼び寄せようと、老女たちはひび割れた地面にうずくまって歌を歌い、若い女たちは積み石のまわりで踊る。やがて氷人がやってきて熱気と戦う。その証拠が、焼けた砂漠をなでるように吹いてくる冷風だという。

氷人ニンジャについてこんな物語がある。あるときアネリの泉のほとりで二人の氷人が戦った。二人は戦いながらコナー山の北北東ほぼ一〇キロのウンジャガルタ塩湖群まで行き、そのとき踏みしだいた道が川になった。いちばん西の塩湖には小島が浮かぶ。そこに堆積した岩塊は氷人の体が石に変わったもので、一列に生える低いマルガ（ヤブアカシア）の木は、氷人が殺したワラビー（カンガルーの仲間）の体だったという。

　アボリジニの空想世界で、氷人ニンジャは島の地下にある穴ぐらにいまも住む。穴の壁は氷が張りつき、いつも嵐が吹きすさぶ。氷人は、夏は穴ぐらの中で快適に過ごし、冬になると穴ぐらを出て丘を越え、マルガの茂みと砂漠を越えて遠い遠い旅をする。

　こんな話もある。狩に出た氷人がアネリの泉を見つけ、仲間が見つけないようそっと草で隠す。仲間はたいそう喉が渇き、太股《ふともも》の動脈を切って血をすすった。欲深な氷人も、泉を守りたい一心で、血がちょっと出るくらい皮膚を切った（いま、氷人を祭る儀式の主演者もそのしぐさをまね、自分の皮膚を切って血を流す）。だが仲間もとうとう泉を見つけてしまう。

　水をがぶがぶ飲みだした仲間を、欲深な氷人は棍棒で追い払おうとした。二人は何時間も戦う。そのとき

図3◉砂漠の蜃気楼。島を浮かべた偽りの大湖（ナミビアで撮影）。

図4◉蜃気楼（空に映ったテーブル山、逆立ちで浮かぶ茂みと樹木）が現れたときに「夢の時代」の英雄を呼び寄せるアボリジニの儀式。

図5◉アボリジニが「夢の時代」を想うときのモチーフ、動物の鏡映像をちりばめたマンガリリ族の樹皮絵。現世と来世を行き来するマルング（オポッサム）が「生命の樹」を上下に動いて神のお告げを運ぶ（オーストラリア政府アボリジニ美術展の展示品。シドニー、1976年）。

についた体の跡がアネリ低地の起伏に、流れて凍った血が砂土の白い斑点に、二人の体が石の堆積に変わったのだという。二人はもつれ合いながらコナー山頂に着く。そこで流れた血は、白い堆積岩を刻む暗い筋になった。

アボリジニが寒さにふるえながら蜃気楼の幻像に氷人を想う情景(図4)は、私たちを先史の時代にいざなう。この儀式は、山や丘がふわりと浮き上がったときに行うというからには、まちがいなく蜃気楼が生んだ。広いアネリ低地で、遠くにある岩塊はたびたび伸び上がり、それが氷人ニンジャの想像につながったのだろう。夏の暑い盛りには、集落の中に積み上げた岩を氷人に見立て、まわりで女たちが踊って涼風を呼び寄せようとしたのだ。

科学の世になっても行われていたアボリジニの儀式は、このように、蜃気楼像を生き物に見立てるところから生まれた。はるか昔の祖先たちも、同じ現象を見、同じような想像をして、その記憶がいま私たちの意識下に刻まれているのではないか?

蜃気楼とは?

本書の話をおわかりいただくために、まず、蜃気楼とはどんな現象なのかを眺めておこう(前著『蜃気楼文明』も参照)。

私たちは、光がまっすぐ目に入ったという前提でものを見ている。大気がどこも同じ密度ならそれでよく、ものは見たままの姿でそこにある。しかし密度にムラがあるときはちがう。

温かい空気は密度が小さいから上空に昇り、冷たい空気は密度が大きいから沈む。静かな大気中なら、上下に密度の差ができる。太陽が地面を暖めたとき、地表に近いほど大気の密度は小さい。逆に、地面や水面がぐっと冷えれば、密度は下層ほど大きくなる。

さて光は、ある点から別の点まで、時間が最短になる道を進む。スピードは、密度の小さい(高温の)場所ほど速い。そのため、物体から目までの空気中に密度のムラがあると、光は温度の高い側に少し回り道してから、つまり曲がってから目に届く。そのほうが時間が短くてすむからだ。光の屈折はこういうふうに説明できる。

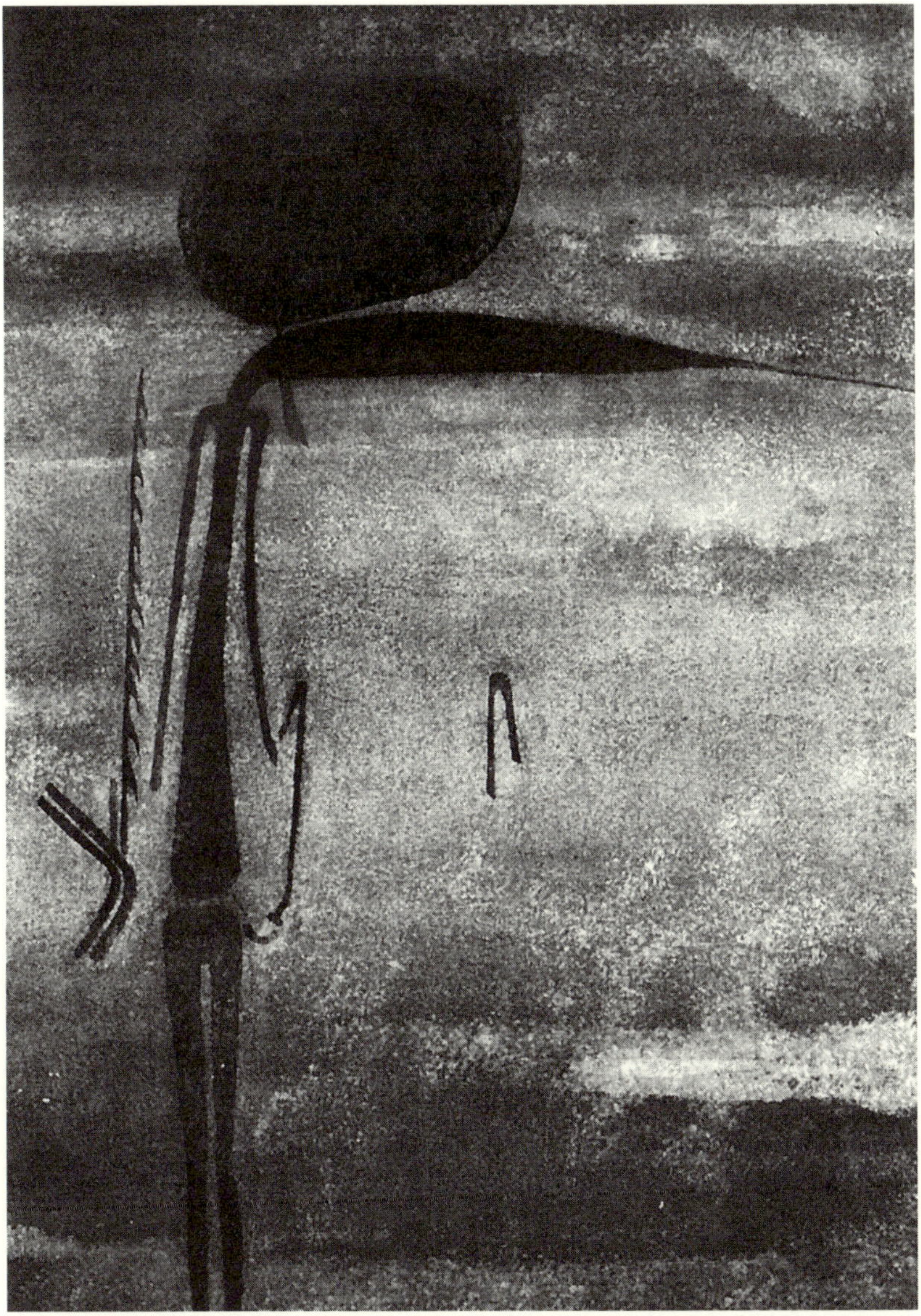

図6◉「夢の時代」の英雄を描いたオーストラリアの岩絵。太陽の鏡映像を思わせる（ミュンヘン、国立民俗学博物館）。

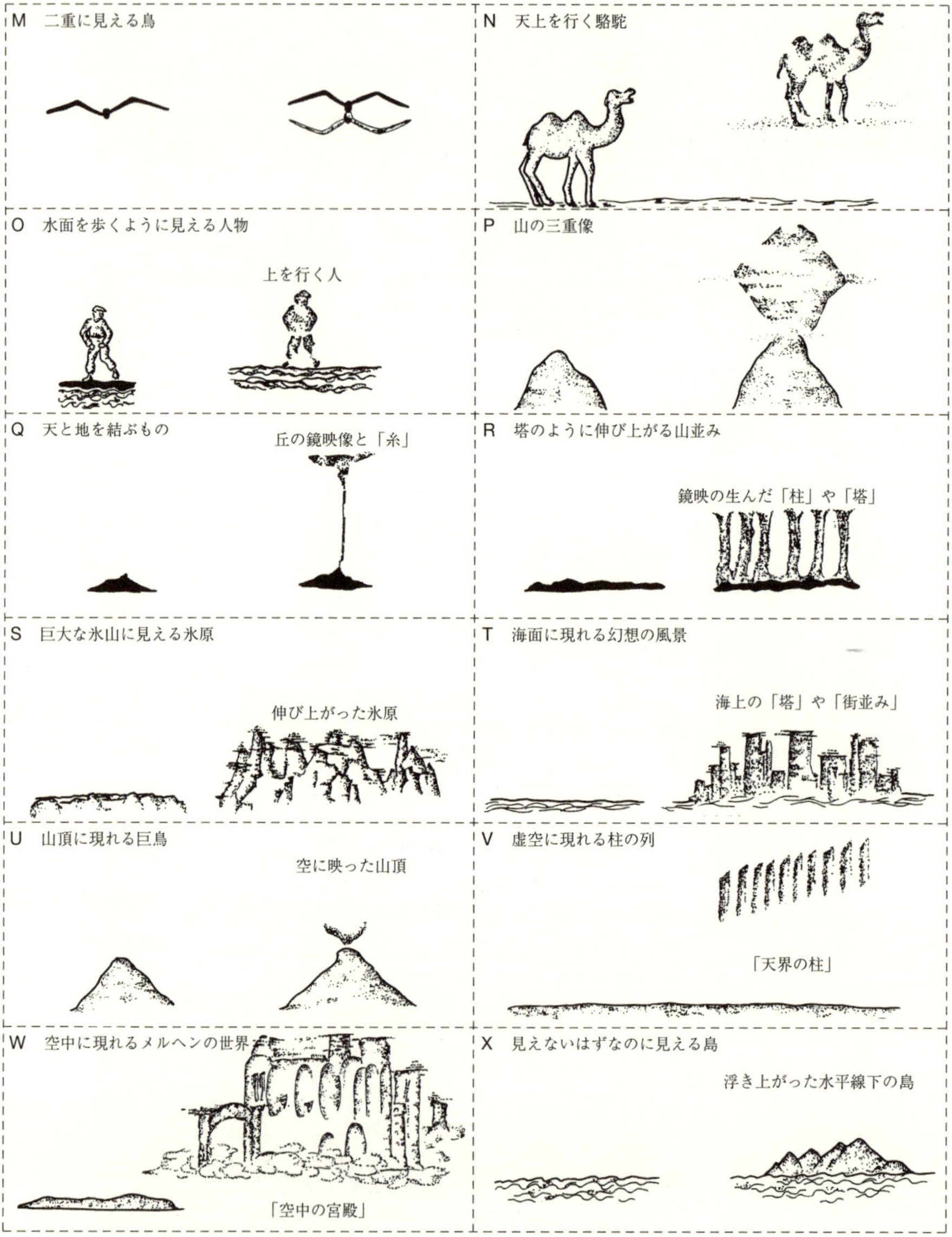
M　二重に見える鳥
N　天上を行く駱駝
O　水面を歩くように見える人物
上を行く人
P　山の三重像
Q　天と地を結ぶもの
丘の鏡映像と「糸」
R　塔のように伸び上がる山並み
鏡映の生んだ「柱」や「塔」
S　巨大な氷山に見える氷原
伸び上がった氷原
T　海面に現れる幻想の風景
海上の「塔」や「街並み」
U　山頂に現れる巨鳥
空に映った山頂
V　虚空に現れる柱の列
「天界の柱」
W　空中に現れるメルヘンの世界
「空中の宮殿」
X　見えないはずなのに見える島
浮き上がった水平線下の島

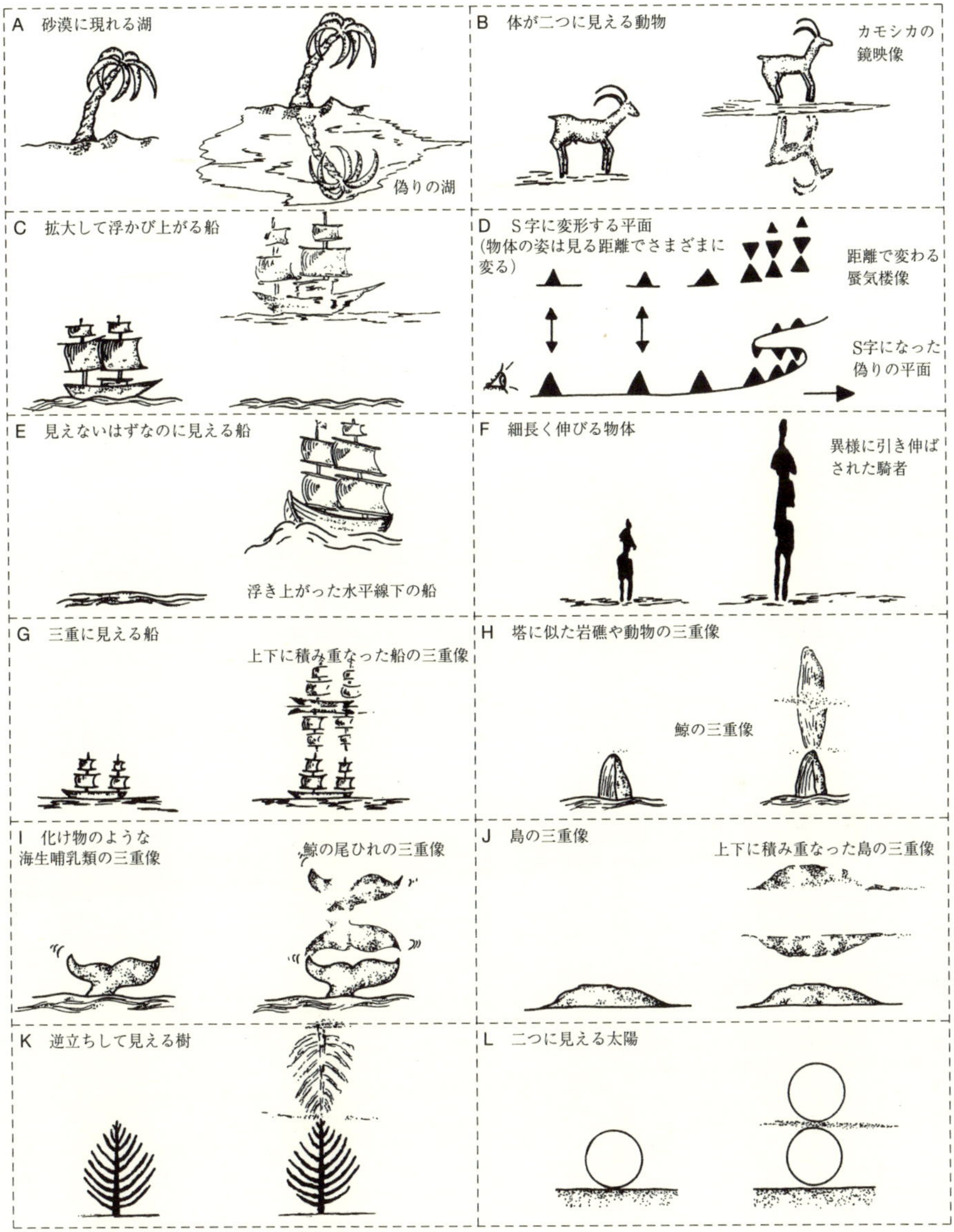

図7◉蜃気楼のいろいろな姿(コマそれぞれの左手が実物)。

そのとき私たちは、巨大なレンズを通してものを見る。レンズの性質は温度分布でさまざまになり、ものを拡大・縮小したり、二重に見せたり、ゆがめたりする。どんなレンズも、厚いほど光を曲げやすい。だから壮大な蜃気楼は、遠くのものを見るときにだけ現れる。

いちばんありふれているのが砂漠の蜃気楼だろう。空の光は、熱い地面のほうに少し曲がってから目に入る。私たちは光がまっすぐ来たと思うから、空は地平線の下に見え(図7A)、湖のようにそばの物体を映し出す。この情景を「空が地面に鏡映《きょうえい》された」といい、その近くにいる動物は二重の姿に見える(図7B)。

反対に、地面のそばほど空気が冷たく、冷水面や雪原ごしに遠くを見るようなとき、光は温かい上空のほうに少し曲がってから目に届く。すると物体は浮き上がって(図7C)、実物よりぐっと拡大されたり、ひどくゆがんで見えたりする。

大気の上下に密度の激しい差があると、見かけの地面や海面がS字に変形し、そのとき物体は、距離に応じてさまざまな姿になる(図7D)。地面が冷たければ、あまり遠くない山は浮き上がって大きく見える。もっと遠い、上り坂部分にある山は、正立像の上に逆立ち像を現す。さらに遠くて、S字の部分に入った山は、逆立ち像の上に正立像ができて三重の姿になる。地面が温かいときはそれと反対だから、三重の像が下向きにできていく。

三重像の例が図8、アラスカで撮影した蜃気楼の写真である。山並みがいったん伸び上がり、反転して空に映ったあと、さらに反転して細い正立像ができている。

そんな大気は、心をゆさぶる情景を生む。地平線の向こうにあってふだんは見えない物体が浮き上がり、拡大され、変形されて空に映る(図7E)。人間が細長い妙な姿になったり(図7F)、船が二重・三重に見えたりする(図7G)。そうなれば、海面に顔を出している低い岩礁も空に向けてぐっと伸び上がる柱だ(図7H)。

海面に顔を出した海の生物はグロテスクな三重像になる。動けば化け物と思うしかない(図7I)。島も二重・三重に見える(図7J)。単純な一回だけの鏡映でも樹木は逆立ちし(図7K)、太陽は二つに見え(図7L)、鳥は二重の姿に変わる(図7M)。

地面を行く動物は空に浮かぶ(図7N)。水面の向こう、砂州を歩く人が拡大されて浮き上がれば「水上歩行者」だ(図7O)。山が上向きの鏡映を二度受けると、不思議な姿の巨山が生まれ(図7P)、像と実物を細い「糸」がつなぐ(図7Q)。水平線や地平線で二重・三重の鏡映が起きると、細長い水平な像どうしを何本ものそんな「糸」が結びつける。

浮き上がり現象は、横一列に立ち並ぶ塔や柱の幻像を生む(図7R)。起伏のほとんどない氷原も、伸び上がって巨大な連山になる(図7S)。幻像は海上にも現れ、イタリア・プーリア州のレッチェ地方ではそれをムタータ(変身=お化け)と呼んでいた。そういう幻像は、街の景色や森に見えたりする(図7T)。

図7Dの現象が山頂近くで起これば、頂にまとわりつく巨鳥や飛行物体が生まれる(図7U)。大気の上下に密度差があり、それが水平方向に波打つようなときは、虚空《こくう》に柱の列が現れる(図7V)。同じ現象が特別な形で起こると、天国や楽園の情景ができ(図7W)、大気の密度分布が少しずつ変われば像も動いて、宮殿・城・塔・軍勢・雑踏・アーチなど幻想の像を生む。像は虹色だったり、ダイヤモンドやガラスのように透き通っていたりする。最後にもうひとつ、ふだんは見えない

図8◉低い山並みの壮麗な蜃気楼。白い柱と黒い柱が立ち並ぶ上に、屋根のような筋が見える。来世の宮殿を思わせる光景(アラスカ・フェアバンクス大学のテイト教授撮影)。

島が海上に顔を出す蜃気楼も珍しくはない（図7X）。

蜃気楼現象にはいくつか共通点がある。物体が逆立ちし、二重・三重に見え、大きく伸び上がったり、温度分布の気まぐれで優美な動きを見せたりするところだ。また、赤い光より青い光のほうが曲がりやすいため、たいていの蜃気楼像は青白いガラスのような感じになる。

山に翼があったころ

三千年以上も前のアーリア系インド人は、宗教世界を『ヴェーダ（知恵）』に書き残した。その中にこんな話がある。むかし山には翼があり、鳥のように飛び回っていた。大地がぐらついてかなわないからと、最高神インドラはヴァジュラ（稲妻、金剛杵《しょ》）で山々の翼を切り、昔いた場所に戻ってじっとしておれと命じた。だがヒマーラヤとメーナの息子、マイナーカだけは命令に逆らい、サガラ王の手引きで大海の底に身を隠した。

空飛ぶ山の話は、インド=アーリア民族に珍しくはない。空を飛ぶのは山脈ではなく、たいていぽつんとそびえる山や丘だ。空飛ぶ山は海上にも現れる。たとえば『黄金の町の伝説』で英雄シャクティデーヴァが船頭に問う。「はるか遠くの海上に見えるあれは何だ？翼の生えた山のように海面から伸び上がるあの巨大な物体はいったい何か？」「バンヤンの木（ベンガルボダイジュ）でございます」と船頭の答え、「あの下には巨大な渦があるのですよ」。

翼をもつ山は芸術家の空想にも翼を贈った。七世紀のインド・マトゥラーの町には、ゴーヴァルダナ山をもち上げるクリシュナ神が石灰岩に刻まれている。同じモチーフは一八〇〇年ごろのラージプート細密画にも引き継がれ、絵のひとつではクリシュナが細い指にゴーヴァルダナ山を乗せ、牛飼いたちがそれをぽかんと見つめている（カバー表折返し）。叙事詩『マハーバーラタ』によると、住民はゴーヴァルダナ山をクリシュナ神の化身とみてたいそう崇めていた。

翼をもつ山の神話は、蜃気楼にぴたりと合う。蜃気楼は空気が静かなときに起こりやすい。「嵐の前の静けさ」というように、気象前線が近づいたときは、大気がいっとき静まり返ることが多い。古代人は、空に浮かんだ山の蜃気楼像を嵐が消したのを見て、神インドラが山を「雷撃」で撃ち落とす物語をつくったのではないか?
古代インド人は、インドラ神をいちばん崇拝していた。インドラは神々の王で、魔神(アスラ)と戦うときは先頭に立ち、自慢のヴァジュラ(金剛杵《しょ》)を投げつけた。空飛ぶ山を稲妻で撃ち落とした話は、あるいは宗教戦争の脚色かもしれない。それなら、先住民族の信仰していた蜃気楼の神を新しい神々が征服したことになる。

別名を「ファータ・モルガーナ」という壮麗な蜃気楼は、物体を三重に見せる。まさにこの三重性が、あとでたびたび出逢うとおり、おびただしい宗教に認められる。神インドラも、頭が三つの象「エラワン」に乗った。アンコール近郊の町バンテアイ・シュレイに残る一〇世紀のレリーフにそんなインドラが描いてある。科学者ステン・コノウのみるところ、翼をもつ山の神話はアーリア人侵入前にさかのぼり、はるかに古い神の記憶ではないかという。翼を切られたくない山(マイナーカ)を海がかくまった話は、洋上に浮き上がった山の蜃気楼像の記憶かもしれない。

神クリシュナが細い指でゴーヴァルダナ山(クリシュナ神の化身)をもち上げた伝説は、蜃気楼に神を感じた古

図9◉空に浮かんだ遠景の山(ナミビアで撮影)。

代人の心を伝える。たぶん古代人は、実物と幻像を結ぶ細い線をクリシュナの指だと思った。そんな写真が本書のあちこちに載せてある。

空飛ぶ山の伝説は三千年以上も前に生まれた。私たち人類の想像世界は、それほど古い時代にまでさかのぼる。古代の人々は、自然現象をあるがままに見て、素直な心で想像をめぐらしたにちがいない。理性の歩みとともに人類が忘れてしまった、自然との交流である。

次章からは、神話や宗教をつぶさに当たり、古代人が想像世界を形づくった道すじを考えよう。まずは、いちばん心躍らせる想像、あらゆる夢をかなえてくれる楽園の姿を眺める。

図10◉ペルシャの英雄ルスタムを山ごともち上げる悪魔アクヴァン（18世紀トルコの絵。ベルリン、イスラム文化博物館）。

2章 楽園との出逢い

図11◉二重の姿をした鳥。メキシコ出土、陶製の古代の印章（図7M参照）。

神々の住む平原

ケルト神話に出てくる英雄は、神々や他界（あの世）の使者とたびたび出逢う。出逢いはたいてい平原か海の上だ。ゲルマン神話でも、神々と巨人族との最終戦争（ラグナロク＝神々の黄昏《たそがれ》）は、アースガルズ（神々の宮居）に近いヴィーグリーズの野でくり広げられた。平原に立った気分を味わいたければ、イギリスのストーンヘンジを訪れるとよい。これが島国かと目を疑うくらい広々とした平原である。そんな場所に、古代人は巨石をはるばる三〇〇キロも先から運びこんだ。

古代エジプトでも、死者の魂は平原を通って天国に向かった。紀元前一二世紀の『アンハイのパピルス』にこう書いてある。「つつがなく門を通って平原に行けるよう祈れ」「平原に出入りする霊たちに与えるがごとく、われにもパンを与えよ」「平原に来たれ」……。

来世は広い水面の果てにある――そんな神話をもつ民族は多い。ヨーロッパ・アジア・アメリカ・ポリネシア、どこも同じだ（図15）。方角は陽の沈む西が多いけれど、西に水のない中国やペルシャ湾では、東や南だったりする。内陸だと、霊魂が行くのは湖上の島になる。アイルランド・アルスターの伝説には「生者の島」と「死者の島」の浮かぶ湖が出てくる。

内蒙古や北米内陸など、湖のない場所に住む人々は、死者の魂が西の平原に向かうと考えた。北米先住民のオノンダガ族やチョクタ族、ブラックフット族の想像世界だと、そこには獲物のあふれる猟場があって、腕のいい猟師なら死後も飢える心配はない。南オーストラリアでは、死者の霊魂も体も、本土の洞穴を通って島に向かう。

ボルネオに住むダヤク族の天国は「雲の湖」に浮かぶ島にある。島には奇妙な木が生え、霊魂は川面づたいにその湖をめざす。

オーストラリア中部、マクドネル山麓に住むアボリジニは、楽園を北のほうに想う。髭のない二人の若者が楽園からしじゅう水をかい出しているという。現地を訪れたときその話を聞いて、なぜ水をかい出すのかと質問しても、誰ひとり知らなかったが。

楽園は色彩にあふれ、果物がたわわに実り、苦しみはいっさいない。中米の先住民は楽園を「トゥラン（葦の茂る場所）」と呼ぶ。ほかに「トラロカン」という楽園もあって、そこには水と雨の神トラロックが涼しげな家をかまえる。四〜八世紀に栄えたテオティワカン文化のフレスコ画に、鳥の姿をしたトラロックが手から雨をしたたらせている。背後の樹は実と花がいっぱい、枝

図12◉タクラマカン砂漠で出逢った蜃気楼。遠景の丘が下向きの鏡映を受け、その像が「偽りの湖」にまた映っている。

にはみごとな鳥が止まっている。トラロックを補佐するのが、胴体に水のつまった天の蛇。トラロックに仕える神官は、尾にも頭が生えた双頭の蛇をシンボルにつかう。カナダのシシウトル族も、双頭の蛇をシンボルにしている。

「トゥラン」はいくつもあったらしい。「ひとつは陽の昇る場所に、別のトゥランは死者の国にある。われらが生まれたトゥランは日の沈むところにあり、神の住むトゥランもある」。どれも地平線に見えたのだろう。トゥランでは「トウモロコシ、カカオ、樹脂、花はひとりでにできる。カボチャは両腕で抱えるほどの大きさ、麦の穂は一本をひとりがやっと担げる重さ、茎は木くらいの背丈になる。実った綿はきらきらと輝く」。

広く冷たい平面の果てには、光の気まぐれが楽園の情景を、夢の世界を描き出す。たとえば一七九三年、軍艦「ダンケルク」上のサミュエル・ディッカーソン師がブルターニュ海岸でこんな光景を目撃している。「沖合い数キロにある岩礁、ありふれた形の岩が、いきなり不思議な姿に変わりだした。まずは華麗な宮殿の廃虚。青白い幻像が上下左右へ動き回りながらしきりに形を変えていく。まるで命の躍動のようだ。像は離合集散をくり返し、怪獣に見えたりもした」。

フィンランドの海岸で、みごとな蜃気楼がフィルムに収められた(図14)。柱やアーチのある華美な宮殿さながらだ。中央には屋根つきの大きな門が、青い天空に向けて開く。一分ほどで門を二本の広い筋が閉じ、その筋もやがて溶けるように消えた。筋が三本になったころ、あちこちが三重の像になった。柱が何本も、次々に現れては消えていく。最後の写真の左手には、暗い背景の前に一本の白い柱がぽつんと見える。まさに「命の脈動」である。こんな像を目にした古代人は、心をどれほどゆさぶられただろう。

冷たい葦原の果てに見えた楽園トゥランも、光の幻像だったにちがいない。たぶん古代人は、ふわりと浮いた「死者の島」の上に「もうひとつの島」を見て、そこに神を想った。木ほども高い麦の茎は、まちがいなく蜃気楼で伸びた物体の像だった。

古代エジプトの「平原に出入りする霊」は、灼けた砂漠が生む蜃気楼像だろう。探検家のアルフォンス・ガブリエルも『ペルシャ砂漠旅行記』に、「幽霊の砂漠」リグ・エ・ジンをこう描写している。「あれ(蜃気楼)は遠くの山並みを湖に浸し、道を水面下に沈め、あらゆる長さを狂わせた。岩塊が伸び上がって丘に、雑草が伸び上がって樹木に変身した」。

オーストラリア中部の砂漠に住むアボリジニは、水のしたたる楽園の記憶を、数千年前の祖先が出発したはるか北の故郷から運びこんだのだろう。あるいは、砂漠の蜃気楼に楽園を見たのかもしれない。砂漠にはしじゅう「湖」が現れ、その果てに楽園を思い描くのはたやすいのだ(図12)。

いくつもの民族が、海の果てに死者の島を想った(図15)。死者を小舟で海に送り出し、波浪の果て、楽園の岸に着くようにと祈る風習はそこから来ている。

平原も海面も、幻想たっぷりの来世を描き出す蜃気楼の王国なのである。

ガンダルヴァの町

インドの『ヴェーダ』には、ガンダルヴァ(楽士)とアプサラス(天女、飛天)が登場する。あやしい魅力をたたえて空中をさまようアプサラスは、「水中を行く者」という意味で、もとは水の精だった。インドでは、挙式せず

図13◉雨の神トラロックを象徴する二重の蛇。胴体には水が満ち、地上に水を恵む。「嵐の前の静けさ」に目撃された蜃気楼像が生んだのだろう。

c

d

図14◉海上に現れた低い島の幻想的な蜃気楼。a.観察開始、b.52秒後、c.57秒後、d.数分後（フィンランドの海岸で撮影）。

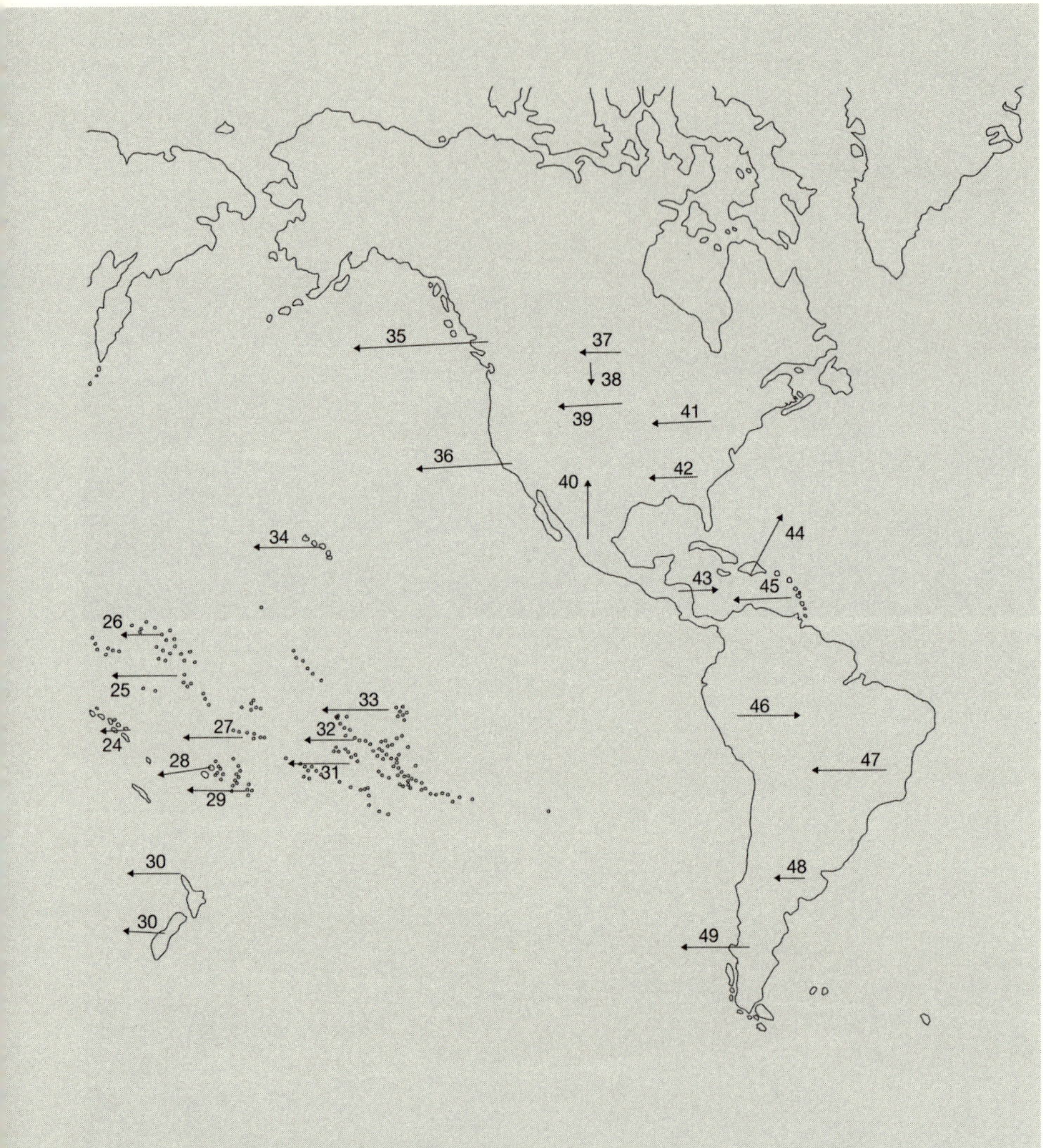

29・トンガ、30・マオリ族、31・ハーヴィ諸島、32・タヒチ、33・マルケサス、34・ハワイ、35・北米の北西部、36・カリフォルニアの先住民、37・ウィニペグ、38・スー族、39・北米大平原の先住民、40・アステカ族、41・オナンダガ族、42・チョクタ族、43・キッチェ族、44・ハイチ、45・カリブ、46・ペルー、47・ブラジル、48・パンパの先住民、49・アラウカノ族

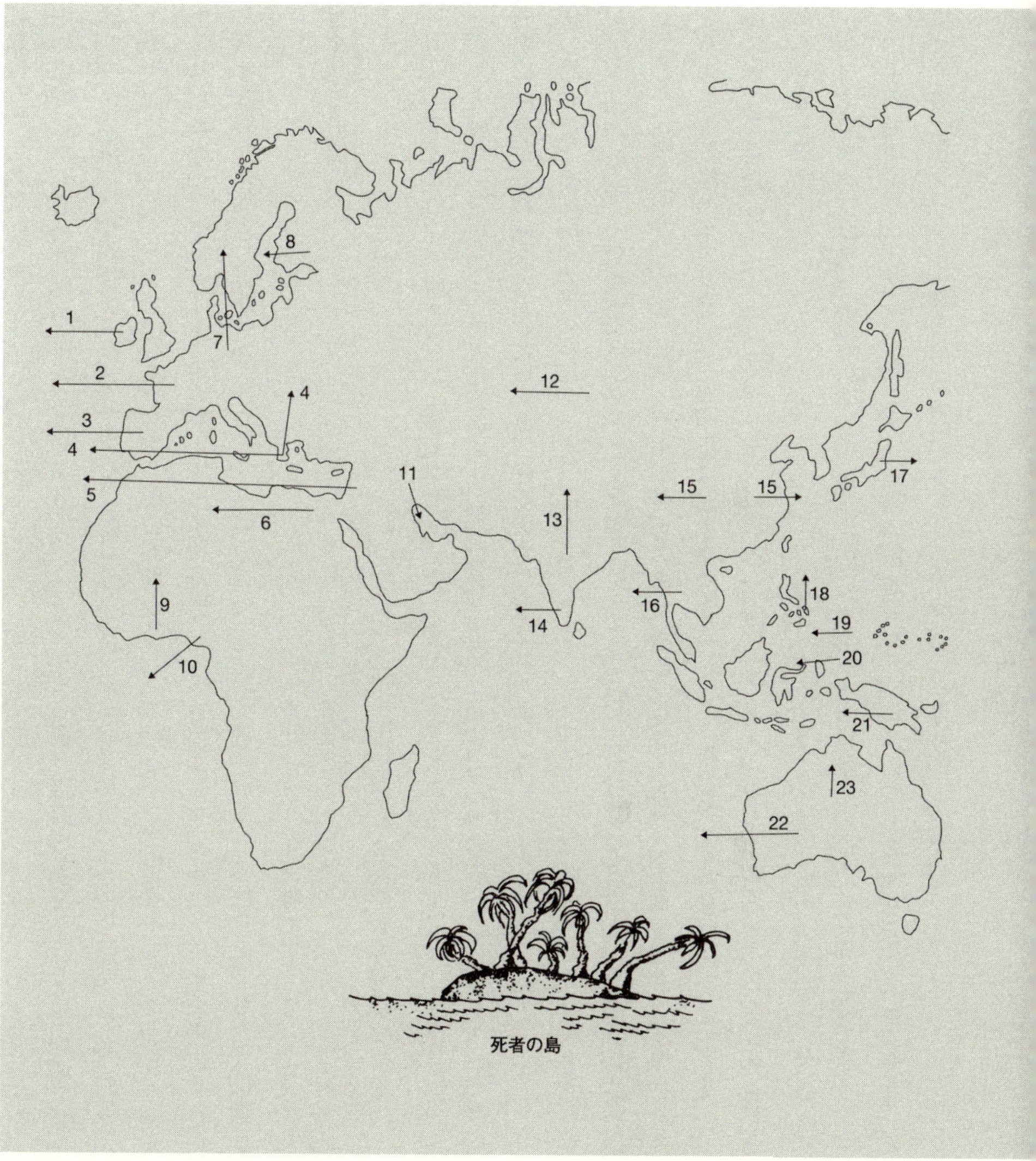

図15◉「死者の魂が向かう島」の伝承の分布。1・アイルランド、2・ケルト、3・スペイン、4・ギリシャ、5・アラビア、6・エジプト、7・ゲルマン、8・フィンランド、9・黄金海岸、10・ベニン湾、11・シュメール・バビロニア、12・カルムック族、13・インド、14・トダ族、15・中国、16・カレン族、17・日本、18・イゴロト族、19・パラオ諸島、20・トビ島、21・パプア、22・オーストラリア、23・マクドネル山麓のアボリジニ、24・ソロモン諸島、25・ギルバート諸島、26・ラダク諸島、27・サモア、28・フィジー、

に結ばれた二人は「ガンダルヴァ婚」にあると言う。空中の霊だけが二人の結婚の証人だからだ。また「ガンダルヴァの町」といえば蜃気楼のことになる。『ラーマーヤナ』には、アプサラスはそのむかし海の波間から生まれたとある。姿を思うままに変え、出逢った男にたちまち惚れる美貌の天女だ。

ヘスペリデスの園

ギリシャ神話のヘスペリデスは、歌好きで愛らしい黎《れい》明《めい》の三人娘だ。冥界のそばに住んで神の庭園を守る。庭園には黄金の林檎がたわわに実り、蛇もいた。蜃気楼の織りなす楽園の光景がここにある。旧著『アトランティスのガラスの塔』(*Die gläsernen Türme von Atlantis*)で解き明かしたように、ヘスペリデスの父アトラスも蜃気楼の生んだ神だった。母は雲を象徴するヘスペリスだから、三人のヘスペリデスは雲と一心同体の存在になる。

西ヨーロッパには神秘の島が多い。「赤牛」のいるアイエーの島やエリュテイアの島がホメロスの叙事詩に出てくる。ホメロスが「洋上はるか」にあるとした幸福の島オーギュギアを、プルタルコスは「ブリテン島から西へ五日の旅」と推定している。私は旧著『アトランティスのガラスの塔』で、それは伝説の島「イ・ブラセル」だろうと推理した。「イ・ブラセル」島は、何百年も前からアイルランド南西の海上に目撃され、海図にも載ってきたのに、上陸した人は誰もいない。それもそのはず、蜃気楼のいたずらで見えたアイルランドの海岸線だったから。

古代ケルトで死者の魂は「フラッハ・イニス(貴人の島)」に向かった。緑にあふれ、西の洋上はるか、荒海のただ中にあったという。これも蜃気楼の幻像だったにちがいない。

西の海上に死者の島があるという伝説は多い。七世紀にはブランダンという僧が探索の旅をしている。僧はアイルランド西部のケリー県にある小山(いまもブランダン山と呼ぶ)から旅に出た。七年かけた二度目の旅で、アイルランドの西にある神秘の島に着く。霧に包まれた大きな島で、川が島を二分していた。ブランダンの一行はその片方にしか上陸できなかった。上陸した島にはいつも太陽がさんさんと輝き、おいしい果物が鈴なりだったという。

こうした島は、死後の幸せを願う心が生んだ。アーサー王もフリードリッヒ大王も、ポルトガルのセバスチアン王も、そこに帰れる瞬間を待ち望んでいた。島は水晶ででき、泉は宝石にあふれ、ガラスの海に浮かんでいた、とアイルランドの神話にいう。

ヨーロッパの西には英雄や神々の住む島がある、とプラトンも書いた。島は「空気に洗われ」、下界の人間は上陸できない。海上に蜃気楼でぼうっと浮き上がった島影だったのだろう。ブランダンの「二重の島」は、島の二重像だったのではないか。死を前にしたアーサー王も、楽園の島アヴァロンに連れていかれた。三人の妖精が乗る小舟が彼を運び、楽園の門は三人のヘスペリデスが守っていた。どれも蜃気楼の世界だろう。

エジプトの楽園

古代エジプト人は、ナイル流域とそっくりの風景を空に想い、それを死後の楽園とみた。『死者の書』によると、死者は復活の象徴フェニックス(ベヌー)に伴われ、楽園の門で身分をあかす。大きさが「九つの山」や「オアシス」くらいと形容されるフェニックスは、浮き上

図16◉ヴェールをなびかせて空を舞うアプサラス(飛天)たち。画面の外れには、象に乗って復活の旅に出るブッダが描かれている。中国の新疆、敦煌・莫高窟の第329窟(初唐、7世紀作)。

がる蜃気楼像がもとだろう。アニという官吏は、楽園の門をくぐれたとき、「これからも飲み、耕し、収穫し、戦い、愛せるように。奴隷の身分に落ちないように」と、神々の加護を祈った。

五千年前のピラミッド・テキストに、楽園の中心にあるという大きな島が描写してある。島には神々が住み、生命の樹が生えていた。『死者の書』によると、天の楽園には「安息の島」「収穫の島」「港の島」「オアシスの島」という四島があった。王墓の壁やパピルスの巻物が、島の暮らしをこまごまと書き残す。現世と同じように耕して収穫し、同じように食べるけれど、麦は背丈が二メートルにもなるから食べ物の心配はいらない。

『アニのパピルス』にこんな情景が描いてある。まずアニを三人の神がトト神に引き合わせる。それからアニは舟を漕いだあと、鷹の顔をもつ神に話しかける。次の場面でアニは畑仕事をし、笏《しゃく》を捧げてフェニックスに拝礼する。そばには穀物の堆積が二つと池が三つ見える。次の場面に移るとアニは鋤で畑を耕している。

『アンハイのパピルス』(図17)も似ている。アンハイは二人の神に拝礼したあと、神トトに伴われて舟で進む。次の段ではアンハイとトトが畑を耕し、別の人物がフェニックスに拝礼している。その人物が次の段で耕す畑には一本の水路が通っている。

どちらのパピルスにも、最下段には、二重の島と、水面から浮き上がった小舟が見える。現世の舟とはちがって、前にも後にもそれぞれ一対の櫂《かい》がついた不思議な舟だ。

メソポタミアの想像世界も似ていた。南の洋上はるかに、生者は上陸できない島がある。これはまちがいなくバーレーン島の蜃気楼像だった。古代バビロニアから伝わるニムロト(戦争と狩猟の神)の叙事詩では、ある英雄が、南にある山と砂漠の地「マスー」を横切り、宝石がたわわに実る地を通ったあと、長い船旅をして「魂の島」にたどり着く。

古代エジプトから伝わる「四つの島」の描写は、蜃気楼にぴたりと合う。古代人は、水面や耕地の上、砂漠の中に現れた幻像に楽園を想った。二重の舟(図17)は、前後に櫂があるから実用の舟ではなく、なにかを象徴した舟だ。舟に乗っている階段(昇天のシンボル)は、天に昇る梯子《はしご》だろう。ピラミッド・テキストにこうある。「王は光の山を見た。天国に至る梯子に着いたのだ」。

図17◉『アンハイのパピルス』(BC1100年前後)に描かれた天国の情景。

梯子は、雌牛の姿をした女神ハトホルが支え、死者を天国に送り届ける。女神はやがて神聖な無花果《いちじく》の木から降り、天国に入った者たちを手ずからパンと水でもてなす。

古代エジプトの「二重の舟」は、けっして空想の産物ではない。そっくりな船の蜃気楼像を、一七八九年にイギリスのヴィンス教授がドーヴァー海峡で目撃し、スケッチに残した(図18)。こういう幻像を目にした古代人なら、別世界をのぞいた気分にもなったろう。

バビロニア神話の「宝石のたわわに実る」木にも注目したい。中近東の神話には、宝石でできた宮殿や山もたびたび出てくる。透明感のある蜃気楼像がその根源にちがいない。

金の鎖にぶら下がる城

ケルト神話には、金の鎖にぶら下がった城の描写が多い。妖精や神々や英雄の住む城で、「ヤンの物語」にも「コアダランの物語」にも出てくる。若い勇士が他界の秘密を求めて旅立ち、ついにはその城にたどり着いて王女と結ばれる話だ。

勇士の行く手には数々の試練が待ち受け、そんなときには妖精が現れて道を教える。「三本の鎖で海上に吊り下がった城があります。そこでお待ちしましょう」といったふうに。勇士は城を求めてさらに旅を続け、やがて城のことを知っている巨人に出逢う。巨人は勇士を肩に担いで城に運んでくれる。三日ほどすると目の前に城が現れる。たしかに黄金の鎖で吊るされていた(カラー図Ⅱ)。勇士は城で奉公するうち、王女と出逢って結ばれる。

アラビア版のアレクサンダー大王遠征記にも空中楼閣《ろうかく》との出逢いが書いてある。「一二日の行軍ののち、二つの大河にはさまれた街が見えてきた。そこで野営し、斥候《せっこう》に偵察させたところ、なんと街は空中にぶら下がっていた」。

冷たい地面ごしに眺めた建物は、大きく伸び上がって見える。その上に鏡映像が重なれば、鎖で吊り下げられた印象になる。ブルターニュの神話にも巨人が城をもち上げる話が出てくる。インドにも空中に浮かぶ城の伝説があり、カナダの伝説では鷲が城を空中にかつぐ。

シェダード王の空中庭園

一九世紀にフォン・ヴレーデという人が、アラビアのハドラマウト(イエメン南部の沿岸)を旅した。その旅行記に、蜃気楼に染め上げられた古い伝承が見える。アラメアのアド族を出自とするシェダード王の伝説だ。王がアデンに造営した首都イラム・ザート・エル・イスナードは、のちにバブ・エル・マーンデブ海峡をつくった大津波で破壊されてしまう。

シェダード王は各地を征服して宝物を首都に運びこみ、首都は栄華と不遜に満ちる。預言者のフドがいさめても無駄だった。それのみか王は、天国よりもみごとな庭園をつくろうと思いたつ。宮殿の床と壁は黄金。園亭は水晶の柱で屋根を支え、真珠とダイヤモンドをちりばめる。宮殿の壁にはルビー、エメラルド、サファイア、トパーズを埋めこむ。宮殿の塔はその数一万二〇〇〇にのぼり、おびただしい宝石をちりばめたから、陽のもとで直視できる者はいない。堀は真珠と宝石を底に敷きつめ、かぐわしい水が流れ、岸辺にはサフランの花が絶えない。堀沿いに金色の楼台が立ち並び、楼台を囲む木々の実と花はルビーと真珠、葉はエ

図18◉1789年にヴィンス教授がドーヴァー海峡でスケッチした船の蜃気楼三態。右端と左端では、水平線すれすれに顔を出しているのが実物の船。

メラルド。木にはルビーの目をもつ金銀の鳥がとまり、体内の香油が芳香をまき散らす。庭園の地面はアンバー（龍涎香《りゅうぜんこう》）とムスク。この豪華な王国を、それぞれ千人の部下をもつ将軍千人に守らせる。将軍の鎧《よろい》は金、兵士の鎧は銀だ。

シェダード王は、いくら待っても庭園の完成報告が来ないのにいらつき、廷臣を連れて視察に出向く。宮殿の手前で突如、目の前に銀色の人物が現れた。腰は黄金で足は大理石、目はルビーだった。王は馬を駆って飛びかかるが、銀色の人物はさっと攻撃をかわす。王は廷臣たちを見失い、後ろを振り返った。前方に目を戻すと像はかき消えていた。そのかわり甲冑《かっちゅう》姿の騎士がいて、雷鳴のような声でこう叫んだ。「哀れな奴隷め。その分際でいったい何を考え、何を求めるのか？　何をしようとも、死を免れるすべなどないのだ」。こう叫ぶや騎士は冥界へ通じる扉をさっと開け、シェダード王を突き落とした。廷臣たちは猿に変えられていた。イラム・ザート・エル・イスナードの街も、光り輝く庭園もかき消えている。庭園はそのあと空中を漂い、神罰を人間に思い起こさせるため、ときおり彗星になって空に現れるのだという。

メッシナ海峡やドーヴァー海峡では、みごとな蜃気楼がひんぱんに現れ、幻像は華麗な宮殿や人の雑踏を思わせる。シェダード王の物語もまさに海峡で生まれた。

砂漠も蜃気楼が起こりやすいから、砂漠に住むアラブ民族の神話も蜃気楼が影を落としているはず。しかしアラビアの伝説に「蜃気楼」の文字はほとんど見えない。珍しい例外として、マホメットの天界旅行がイスラム文学に残る。大天使ガブリエルに伴われて天国へ昇る途上、マホメットが言う。「おおこれがシドラの樹（生命の樹）か。実は壷の大きさで、葉は象の耳ほどある。川が四つあると聞くが、二つは見えるのに、あと二つは見えない。ガブリエルの言うには、〈見える二つはナイルとユーフラテス、見えない二つは天国の川〉だそうな」。「見えない川」を現実の川の蜃気楼像とすれば、古代バビロニアやエジプトの来世像にぴたりと重なる。

ではなぜ、イスラム世界には蜃気楼を明示する神話がないのか？　それはイスラム教が、幻影や偶像の信仰をきびしく排斥したからだ。ひとつの証拠が、『コーラン』二一四章三九のこんな一節だろう。「神を信じぬ

図19◉泰山を模して造営された北京の天壇。歴代の皇帝が詣でて天帝に伺いをたて、それを龍(天帝の子)が丸屋根の上から見下ろした。

者のしわざはセラブ（砂漠の蜃気楼）のごとし。水だ……やれうれしやと駆け寄っても、そこにあるのは砂ばかり」。イスラム教以前の時代は、前述のアレクサンダー大王伝でわかるとおり、アラビア世界の神話も蜃気楼に染め上げられていた。

泰山と青雲の姫

北京と上海のほぼ中間にそびえる泰山《タイシャン》は、中国でいちばん神聖な山だった。そこには、寺院など神を祀る施設が四千年前から建てられてきた。一七世紀、清朝の康熙帝《カンシー》は泰山を、胴体が中国じゅうをのたうち回る巨龍の頭に見立てた。

歴代の皇帝は、泰山が天帝（下界の皇帝に権力をゆだねた天国の神）の子、人民の生命と死をつかさどる存在とみた。人民も、死者の魂は泰山に向かっていくと信じ、死ぬことを「泰山へ行く」と言い表した。

中国の皇帝たちはことあるごとに泰山へ詣で、神の意思を伺った。紀元前三〇〇〇年ごろの人と伝えられる舜王《シュン》がそうしたし、以後七二代の皇帝も彼にならった。万里の長城と西安の兵馬俑《よう》で名高い秦の始皇帝も紀元前三世紀に泰山を訪れ、石碑を奉納した。飢饉や災害に見舞われたとき、人民はみな泰山に祈った。

紀元二〇〇年ごろの儀式用鏡にこんな文章が刻まれている。「泰山には不死の獣が棲む。翡翠《ひすい》を食べ、聖泉の水を飲む。獣は、龍を張った車に身を置いて雲に乗り、白虎《びゃっこ》に導かれて天へ昇る」。七〇〇〇段の階段を上りきったところに、広い信仰を集める「青雲の姫」の寺がある。青雲の姫は泰山の娘、黎明《れいめい》の女神として、参詣者の目前にたびたび現れたという。

皇帝は一対の龍を権力の象徴にした。一頭は中国大陸を表して泰山がその頭、もう一頭は天帝の龍である。龍は中国の繁栄と運命（龍のたわむれる真珠）を握る。たぶん龍は蜃気楼の幻像から生まれた。地の龍と天の龍が鏡像のように描かれる事実も、泰山の由緒《ゆいしょ》が鏡に刻まれているという事実も、そして青雲の姫もそれを語る。遠くの山は青っぽく見える。上向きの蜃気楼が起これば、頂の上に、やはり青白い鏡映像が、つまりは青雲が見える（図176参照）。この「雲」は「山の娘」を思わせるから、「青雲の姫」が生まれたのだろう。

図20◉いびつな姿を空に映した山々を目にすれば、この世とつながる来世をのぞいた感覚に襲われるだろう。

「行く手に巨山が見えた。頂に立つ高殿《たかどの》は黄金のごとく光り輝いている。これこそが言い伝えの楽園ではないか。着いた高原で目前に現れた庭はたとえようもなくみごとで、かぐわしい花が咲き乱れている」。これはアラビアに残るアレクサンダー大王の楽園訪問記である。こんな描写も見える。「楽園は山頂より上にあって、大きな街のようだ。楽園からは川が流れ出る」。

　高い山は、昔から来世と心を通わせる場所だった。さまざまな文明が、精神・芸術面の活力も山から汲みとった。日本では富士山、チベット高原ではカイラーサ山がそうだった。ユダヤのシナイ山、北米のサンフランシスコ・ピーク、古代ギリシャのオリュンポス山も同じ。ゾロアスター教では、エルブルース山（ヨーロッパ最高峰。五六二八メートル）の頂に、不老不死の仙薬となる植物が生えている。アイルランドのケルト人は、見晴らしの広い丘の上で「ルグナサーの祭り」をとり行い、光の神ルークと心を通わせた。

　ヒンドゥー教の神話にいう。「栄光のヒマチャル（ヒマーラヤ）にはシヴァ神が住み、ヴィシュヌ神の足からは蓮《はす》の蔓《つる》のごとく女神ガンガー（ガンジス川）が生えている。そこはカイラーサ山なれば」。ジャイナ教でも、カイラーサ山は最初の二四賢人が悟りを開いた場所だという。苦行者ミラレーパに続いて聖者五百人が近隣で修行し、ニルヴァーナ（涅槃《ねはん》）の境地に達した。

『マハーバーラタ』ではアルジュナ王子が、聖山を越えてシヴァ神への道をたどる。「山よ、汝のおかげで僧も戦士も俗人も天に行け、神のそばで苦しみのない姿に生まれ変わるのだ」。ヒンドゥー教徒は、妃パールヴァティーとカイラーサ山頂に住むシヴァ神を、裸で体に灰を塗り、束髪で瞑想する苦行者に描く。解脱《げだつ》を求めてさまよう苦行者は、外見をシヴァ神に似せた。シヴァ神の伝統はアーリア人移入の前、紀元前二三〇〇年ごろモヘンジョ・ダロとハラッパで栄えたインド祭祀にさかのぼる。モヘンジョ・ダロとハラッパでは、生命の樹とともに、頭が三つある神を崇拝していた。どちらもヒンドゥー教義に組みこまれている。

　ある挿話では、灰まみれのシヴァ神が肌の黒い妻をからかう。妻はそれを恥じて苦行にこもり、ついには脱皮を果たす。下から現れたのは金色の肌。脱ぎ捨てた黒い肌は以後、恐ろしい形相のカーリー女神になって人間を苦しめる。別の神話でカーリー女神は、瀕死の夫シヴァ神の体に乗って踊り、蘇生《そせい》させようとした。踊り狂う黒い女神は四本の腕をもつ。

古代中国の宗教運動タオイズム（道教）も、山を格別に崇めた。神々や超自然の動物が住む場所であり、神と交わりたい僧の住んだ場所でもある。不老不死とされる仙人の「仙」は人と山の合体だし、とにかく山は魂を神の国にいざなう場所だった。そのため古くから中国では東西南北に聖山を定め、紀元前三〇〇〇年紀の舜王もそんな聖山を求めた。北には内蒙古の草原と境を接して「空に浮かぶ神殿」のある恒山《ホンシャン》、南には肥沃な湖南省に衡山《ホンシャン》がそびえる。西には華山《ホワシャン》、東にはいわずと知れた泰山《タイシャン》がある（後年、もうひとつの山が加わる）。

アフリカの先住民も例外ではない。ケニアのキクユ族はケニア山（五一八九メートル）を現地語で「聖なる山」と呼び、創造の神ンガイ（聖者）が住みかをこの山に決めたと言い伝える。ンガイ神は、世界創造の折りにケニア山頂で最初の人間をつくり、人間に国土の美しさを見せ、暮らしの掟《おきて》を授けた。旱魃《かんばつ》の時節、雨乞いの儀式をするときは、一本の聖樹を山の代役にし、そのまわりに引き回した子羊の頭をケニア山の方角に向けて首

図21◉アンナプルナ山塊にそびえる聖山マチャプチャレ。ポカラの谷からも遠望できる。ネパール政府が登頂を禁じている聖地のひとつ。

を落とす。

コロラド州に住むスー族のシャーマン、ブラック・エルク（黒いヘラジカ）は、トランス状態でこんな体験をしたという。鵞鳥《がちょう》の姿をした「来世の戦士」二人に連れられて天に昇り、そこには祖父たちが、雲に包まれた虹のティピー（テント）に入っていた。後ろを振り向け、と声がしたのでそれに従い、振り向いたらティピーは消えていたが、山肌に谷を刻む巨山（パイクス・ピーク。四三〇〇メートル）が眼前にそびえていた。

プエブロ・インディアンのテワ族は、タイコモ山を聖山とみる。あるシャーマンが、八七歳で他界する寸前、一族に「タイコモの頂で会おうぞ」と言い残した。頂には死者とシャーマンしか登れず、現世の人間は山頂すぐ下の「湖に身を浸す」のだという。

キリスト教とユダヤ教の神もシナイ山の頂に現れた。そこまでに、蜃気楼をにおわす記述がいくつも聖書に見える（出エジプト記一四章）。エジプトから脱出するイスラエルびとの「左右に垣となった」水は、ありふれた砂漠の蜃気楼だろう。暁（地面が冷たいとき）にヤハウェ（エホバ）が「火と雲の柱の中《うち》よりエジプト人《びと》の軍勢を望み……悩まし」は、丘の上向き鏡映像か。そのあとまた、追跡するエジプト軍を水（砂漠の蜃気楼）が覆いつくす（イスラエルびとを見えなくする）。やがてイスラエルびとはシナイ山に行き、山頂でモーセが十戒を授けられるときの情景にも、蜃気楼がにおう。「シナイ山都《すべ》て煙を出《いだ》せり。エホバ火の中《うち》にありてその上に下りたまへばなり。その煙竈《かまど》の煙のごとく立《たち》のぼり……」。

一九一一年には、スエズ運河を行く軍艦から乃木大将と東郷元帥が蜃気楼を見た。まわりの景色がそっくり空に映って、灯台は実物の二倍に伸び上がった。そのむかしイスラエルびとが見たはずの山も、「立《たち》のぼる煙」のように上空へ伸びた（図82）。聖書の「山すべて震《ふる》ふ」は蜃気楼でぼやけた光景、「神雷《いかづち》をもて應《こた》へたまふ」は、静かな大気が去って到来した嵐かもしれない。イスラエルびとの推定経路と、上向きの蜃気楼が起こるには冷たい平面（たとえば大ビター湖）が必要なことを考え合わせると、ほぼ一〇〇キロ圏内でシナイ山の候補はひとつしかない。海抜一〇九四メートルのゲベル・イ・アラク山で、事実それをウィーガンドがシナイ山に比定している。神の住む頂に人間はたどり着けないから、モーセだけがシナイ山に登って神と対話したのだ。

日本でも、月山《がっさん》など多くの山には死者の魂が宿るとされた。天皇の霊廟《れいびょう》は「山」と呼ぶ。死者を葬るお寺は「……山」と名乗るのがふつうだし、葬送をいまなお「山送り」と呼ぶ地方もある。つまり山は来世へ渡る場所だった。

蜃気楼が起こると、山頂にはその鏡像が寄り添う。空気の密度が変われば鏡像も生き物のように動き、鏡像は特有の色合いを帯びる。だから高山の頂に神々や楽園を想うのは自然の流れだ。雲ではないし、日ごろ見えない光景なので、来世の想像に結びつく。

『リグ・ヴェーダ』に登場する巨蛇は、体を山にぐるぐる巻きつけ、頭を天まで届かせる。そんな姿は、山の蜃気楼像でなければいったい何なのだろう？

天地のはざまに山がそびえ、その頂より上にある「楽園」から流れ出る川とは、「砂漠の湖」に似た蜃気楼の幻像から生まれたにちがいない。

二〇年ほど前、南パタゴニアのコルディエラ・デル・パイネを訪れ、清冽な景観の中を一週間ほどぶらついた(カラー図I)。そこには大蛇カイカイが舌を天まで伸ばしたという言い伝えがある。早朝は霜が地を覆う晩秋で、ときおり吹く強風に倒れそうだった。荒々しい自然の中に身を置くと感覚が妙にとぎ澄まされ、巨山を見やるだけで人間の小ささ無力さをひしひしと感じた。天に伸び上がる山々を目にしたら、心がどれほどゆり動かされるだろうか？

天に犠牲を捧げる儀式も、だから高所で行われた。神プロメテウスはコーカサスの峰に鎖でつながれ、神ルークもオーディンも、ひときわ高い場所でその身を犠牲に捧げた。

光の楽園

アルプスのチロル、雪渓の奥には、美しいカモシカと山羊の棲む楽園があるという。そこに行き着ける猟師は二〇年にひとりくらいで、獲物はもち帰り禁止だから、実物のカモシカは誰も知らない。氷と雪に閉ざされ、聖者も住むと言い伝えられる。あるとき誰かが雪穴に迷いこみ、穴を進んでいったらみごとな動物たちのいる楽園に着いた。現れた天使が、ここはおまえの来る場所ではない、と言って彼をエーゲルフィンガー・アルプまで連れ戻したという。

ゲルマン世界にも、つるつるで登れない「グラースベルク（氷の山）」の伝承がある。オーバープファルツの伝説だと山には「風」の夫婦が住む。グラースベルクから人間界に飛び下る白鳥の精はときどき人間につかまって若者と結婚するが、故郷を恋い焦がれてまた戻ってしまう。

似た話が五世紀から伝わる。テオフィルス、セルギウス、ヒュギヌスという三人の僧が、メソポタミアからペルシャ・インド経由で「天地の境」を目指す。「芳香あふれる地」に着いた三人の目前に、水晶の教会がそびえ立つ。祭壇には乳の泉が湧いている。白髪の老人が「天地の出逢う場所に生者は入ってはならぬ」と三人を追い返した。

来世との境にガラスの山があるとか、不思議な動物や魔女が棲んでいて、生者は絶対に登れないといった神話は多い。ペルシャの神話にもブルターニュの神話にも「水晶の城」の物語がある。

カモシカの楽園も、山上の不思議な世界も、山の頂に来世があるという想像が生んだ。その源泉は蜃気楼の鏡映像だろう（図82、104参照）。鏡映像はたいてい青白くて透明な感じだから、グラースベルクやガラスの城の原型になったのだろう。

帽子をかぶった山

ゲルマン伝説には「フートベルク（帽子山）」が出てくる。山の「帽子」は天気に関係し、たとえばスイスのニーゼン山は「帽子をかぶると翌日は晴れ。襟巻きくらいでも降らない。マントを着て剣を帯びれば風雨になる」。だが「フートベルク」はちがう。頂に小人が住んでいたり、宝物が隠してあったりするからだ。

フートベルクはたいてい「死者の山」、神ヴォータン（オーディン）の住まいでもある。その例に、メーレン・シュレージエン山塊のビショーフスカッペ（司教の帽子）山、リーゼン山塊のシュトゥルムハウベ（嵐の頭巾）山、ノルウェーのスネーホッタン（雪の帽子）山、イングランドのネーベルヘルム（霧の兜）山がある。そんな山に原始の猟師や武士がいまも住むという伝承が、魂の古い信仰を語る。チューリンゲンのキュフホイザー山（別名ヘルゼルベルク）、ヘレンフートに近いフートベルク山、ザルツブルクのウンタースベルク山、一一五四年でも神ヴォータンにちなむヴオデンスベルクの名で呼ばれたヘッセンのオーデンスベルクなどなど。ちなみにヴォータンは、二重の鳥（二羽の鴉）を使者につかい、八本足の

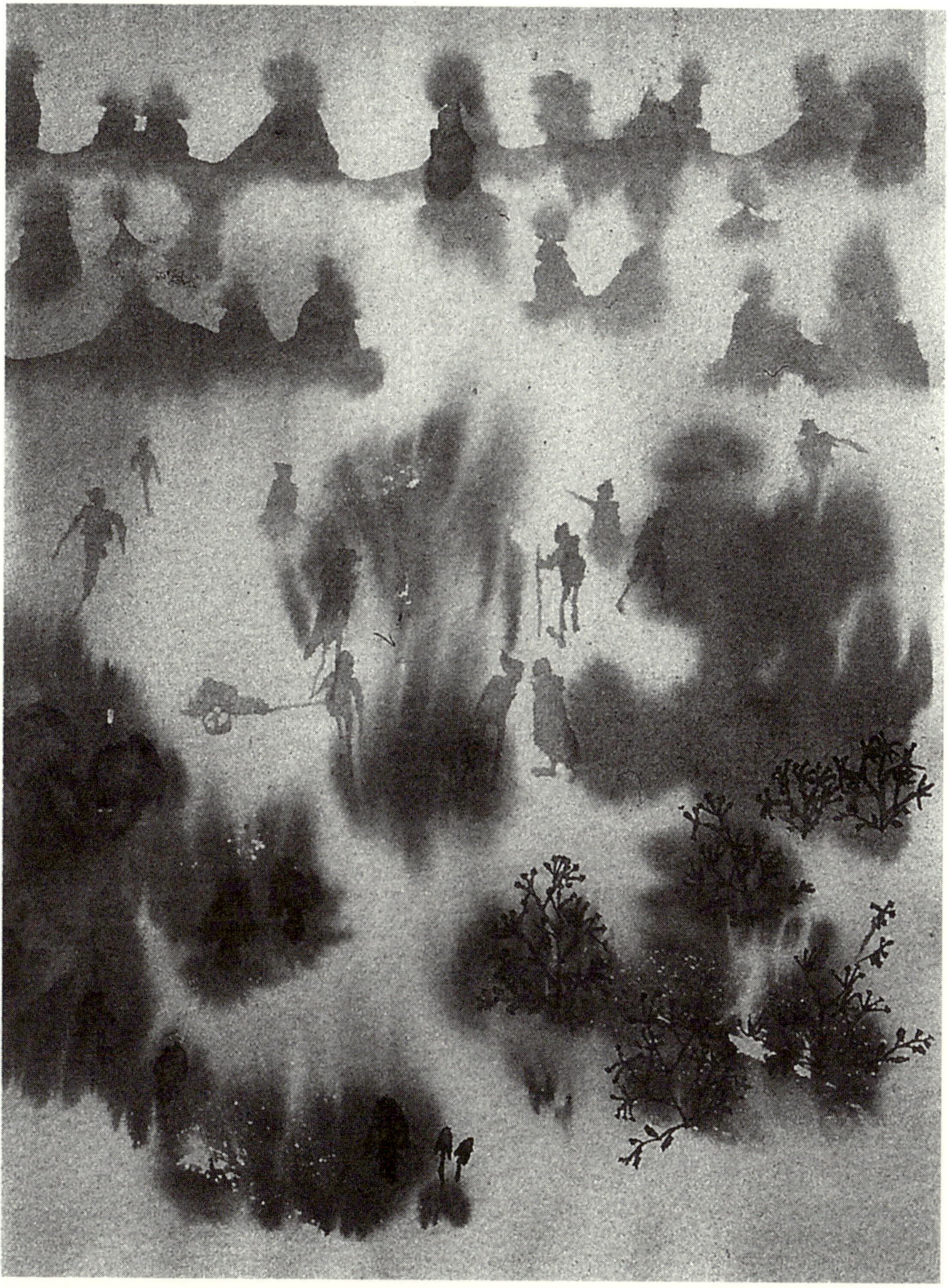

図22◉伝説のフートベルク（帽子山）には、足も腕も一本ずつで一つ目の生き物が棲むという。

愛馬に乗る蜃気楼の神だった(図150)。

空に映る山は、アルプス山脈でも目撃され、撮影もされている。頂上付近だけ空に映れば「帽子山」になり、眼のいい人なら「帽子」がただの雲ではないと見抜く。身近な現象には合わない「来世の幻像」——そこからフートベルクの伝承が生まれたのだろう。

狐の館

日本人は昔から自然に抱かれて暮らし、森羅万象に目を注いできた。だから蜃気楼も神話や伝統の中に濃い影を落としている。蜃気楼がよく起こる場所として晩春の富山湾が名高い。山から流れ下る冷たい雪解け水が湾の海面にかぶさって、湾のまわりに幻想世界をつくり出す。北海道にも目撃記録は多く、「幻の島」を見た船頭が船を座礁させた話もある。

日本の漁師たちは、蜃気楼を神々や海の怪物のしわざだと思い、そこから龍王や龍神の話が生まれた。龍神は白ひげの老人で、頭か背中に龍を乗せ、貝や珊瑚《さんご》を身にまとう。古代日本人の蜃気楼観を、次に紹介する蜃気楼の呼び名がよく伝える。

図23◉蜃気楼の「帽子」をかぶったグリーンランドの山(アルフレート・ヴェーゲナー撮影)。

図24◉日本の海上はるかにあるという「狐の館」。狐は島のいびつなシルエットの陰に隠れていて、ときどき姿を見せるという。

狐は人を化かすという。蜃気楼にも狐の妖術を想ったらしく、山形では「狐の館」と呼んでいた。魚津市の「狐の森」や「狐の松林」、岩手の「狐隊」、東北各地の「狐の盾」、青森の「狐の倉(蔵)」も同列の表現になる。

日本の蜃気楼という言葉は、古代中国に生まれた「蜃楼《シェンロウ》」に通じ、「蜃」はミズチ(巨大なハマグリ)を意味する。つまり東アジアの人々は、巨大な貝の吐く息が蜃気楼をつくると思っていた。日本各地にも「貝城」「貝の都」「貝櫓《やぐら》」「貝の高楼」という呼び名がある。西欧で「ガラスの塔」「世界柱」と表現するような蜃気楼(図43、カラー図Ⅳ)を日本人も見たのだろう。山口と広島には「龍王の遊び」「龍王の城」という表現があり、「海館」「海市」と呼ぶ地方も多い。広島や魚津市の呼び名「喜《き》見城《けんじょう》」とか「蓬莱《ほうらい》」は、まさに「神々の遊ぶ城」や「来世の楽園」という意味あいだ。

萩市の四〇キロ沖にある見島《みしま》は、ときどき三つに割れて見えたと伝説にいい、地元では「三島」とも呼ぶ。ものが三重に見える蜃気楼は珍しくない(たとえば図42)。

海上に不思議な宮殿・街・市場があるという話は中国の伝承にも見え、清朝からこんな物語が伝わる。「海中はるかに市《いち》が立つ。そこには海の乙女が七つの

図25◉魚津市の海岸に現れた「龍王の城」。

海から宝石をもちこみ、宝石を買いに一二ヶ国から商人が群れ集う。瑞雲《ずいうん》と荒波の中に身を置いた神々がそれを楽しげに眺める」。英雄たちも従者を連れて訪れる。「三日の旅のあと一行は、雲と水のはざまに、行き交う商船と宮殿を認めた。城壁は身の丈ほどの煉瓦を積んだもので、はるか天上の城に続いていた」。

古代中国では、三重の姿をした蓬莱の島（来世の楽園）が東海にあるという信仰が根強かった。だからこそ秦の始皇帝も、方士《ほうし》（神仙の術をつかう人）徐福《じょふく》を少年少女三〇〇〇人とともにそこへ向かわせ、不死の仙薬をもち帰るよう命じた。だが一行は戻らず、行方は杳《よう》として知れなかった（訳注：徐福は日本に漂着し、稲作や工芸を伝えたという説がある）。

蓬莱の島の先には「仙女の国」があったという。仙女は『オデュッセイア』のセイレーンに似て、嵐で漂着した男たちを誘惑したあげく殺してしまう。

日本の海岸には、麻縄《あさなわ》で結んだ一対の岩がよくある（図26）。そこには結ばれたい男女が詣でる。二つの岩は、イザナギ・イザナミの表現だろう。イザナギとイザナミは、玉で飾った天《あめ》の沼矛《ぬぼこ》を天《あま》つ神から賜って天《あめ》の浮《うき》橋《はし》に立ち、矛を海に差してかき混ぜた。引き上げた矛

図26◉麻縄で結ばれた日本の夫婦岩《めおと》（二見浦）。人々はここに詣でて願をかけた。

からしたたる海水が於能碁呂島《おのころじま》（ひとりでに固まった島）となる。二人は島に天《あめ》の御柱《みはしら》と八尋殿《やひろどの》（宮殿）を建てたあと、ほかの神々と大八島《おほやしま》（日本の島々）を生んだ。

こうした描写は、ことごとく蜃気楼の幻想世界としか思えない。海上はるかに仙女（妖女）の国があるという伝承がとりわけ目を引く。みごとな蜃気楼は、嵐が来る前のおだやかな大気中に現れ、嵐がやってくると消え失せる。だから、美しい乙女と交わりたくて近寄ったりすれば、やがて襲いかかる嵐に身を滅ぼしかねないのだ。

幻想の世界が、巨貝の棲む海底にあるという伝承も興味深い。不思議な光景がまず海上に現れ、またかき消えたのだろう。同じ現象をインド神話では、大きな貝から荒々しい悪魔ハヤグリーヴァが身を現す、という。「荒々しい」悪魔は、嵐の象徴ではないか？

日本列島の創造神話も蜃気楼が背景にありそうだ。イザナギとイザナミが海に下ろした「天の沼矛」（図110）、海水から「ひとりでに固まった島」、そこに立つ「天の御柱」と豪壮な「八尋殿」（図95）――どれも蜃気楼の世界にある。麻縄で結んだ岩（図26）も、縄で結ばれたような島の蜃気楼像（図82）から生まれたのかもしれない。

テメハニ山上の楽園

ソシエテ諸島のアリオイ族は、楽園ロフツ・ノアノア（かぐわしいロフツ）がライアテア島にあると言う。ライアテア島はポリネシアの宗教・政治の中心で、ポリネシア人の故郷「ハヴァイイ」だといまも思われている。ニュージーランドやハワイに向かう大航海は、たぶんライアテア島が起点だった。生者には見えない楽園が、島の北部、海抜七七二メートルのテメハニ・ウナウナ山の上空にあるらしい。そこは神ロマタネが支配し、遠くの島から来た死者の魂を調べる。尾根の分かれ道に着いた魂を、天国の番人が仕分けする。祝福される魂は右の道を行って山頂に着き、天上の楽園へ旅立つ。楽園には喜びが満ち、永遠の命がある。罪人は左の道を行き、溶岩原をたどったあと火口に突き落とされて地獄の責め苦にあう。勇敢なポリネシア人は小舟でハワイにたどり着き、高い火山のあるハワイ島に「霊の故郷」の名をつけた。ニュージーランドに渡ったポリネシア人も、自分たちの故郷は「ハヴァイキ」だと記憶に残している。

テメハニ山をめぐるタヒチ伝説を紹介しよう。主人

図27◉頂の真下に小穴の開いたモウアプタ山。タヒチから来た半神パイが穴を開けて縄を通し、魂の安息地ロトゥイ山をつなぎ止めた。ロトゥイ山が楽園の島ライアテアに移されないようにしたのだという。

公は戦士タファイと、黒髪を体に巻きつけた乙女ヒナ。新婚の二人は幸せだったが、ある日タファイが旅から戻るとヒナは死んで、まだ温かいまま石の祭壇に寝かされていた。タファイは妻の魂の行き先を神官にきく。いまは休憩地、モーレア島のロトゥイ山にいるが、やがてライアテア島のテメハニ山へ向かうのじゃ。……タファイは魔法のカヌーで追跡の旅に立ち、テメハニ山上の平地に着く。道が二つに分かれていた。右の道は「命の石」という崖に通じ、そこから魂は、雲中にある「甘い香りの楽園」に昇る。左の道は火口壁に通じ、そこで地獄「ポー」に落ちる。出逢った神トゥタホレアにタファイが問うと、ヒナの魂はまだ着いていない。ホッとして腰を下ろし、茂みに隠れて待ち受けた。ほどなくヒナの体が「命の石」めがけて飛んできた。タファイは跳躍いちばん妻の髪をつかみ、楽園を目の前にしてむずかる妻を抱き止めた。まだ時が来ていないのだと神トゥタホレアにさとされてヒナもうなずき、タファイに連れられて故郷へ帰った。二人はそれからも幸せな夫婦として生きた。

テメハニ山は、五キロ離れた隣のタハア島から、頂がときおり空に映って見えたのではないか。不思議な幻像が「命の石」となり、来世の想像に結びついたのだろう。

まとめ――「楽園との出逢い」と蜃気楼

楽園の神話を並べてみると、まず、出現の舞台が二種類あるのに気づく。ひとつは広い平原や水面、もうひとつが高山の頂。どちらの楽園も、はるか遠くから目撃されている。広い平原や水面は、空気より冷たければ、上向きの蜃気楼像を生む格好の舞台だ。とりわけ海面がそうだから、海神や不思議な島が楽園と結びつくのはうなずける。

いっぽう、ポリネシアのテメハニ山、日本の富士山、ギリシャのオリュンポス山のように海上から遠望できる山や、チベットのカイラーサ山のように広い氷原を隔てて眺める高峰も、楽園の情景を生む。シナイ山のような砂漠の山も、早朝の冷たい地面ごしに見ればそうなる。気象条件がよければアルプスの稜線も空に映る。聖なる山の伝説はたぶんこうして生まれた。

楽園は下界よりずっと豊かで、植物も果物もずいぶん大きい。また、水晶やダイヤモンドやガラスのように透き通っている。どちらも蜃気楼の特徴にぴたりと合う。仏教の楽園は涅槃《ねはん》(ニルヴァーナ)といい、彼岸《ひがん》(向こう岸)とも呼ばれる。涅槃をめざす座禅僧は、蜃気楼のように空中浮揚するという。僧が菩提樹の分身(ドッペルゲンガー)になるという教えも、蜃気楼の二重像と結びつく。楽園に生えた菩提樹(沙羅双樹《さらそうじゅ》)は、僧が決意を固めたら成長を始め、悟りを得たときに満開となる。

蜃気楼の楽園がどんなものかを、一七九三年に軍艦「ダンケルク」からブルターニュ沿岸の蜃気楼を見たディッカーソン師の文章がありありと伝える。「全員が甲板に出てどよめきをあげ続けた。日ごろおとなしい人たちも、人が変わったように感情をむき出しにした。まことに壮大な自然の大スペクタクルをわれわれは目撃したのだ」。

先史の人々は、いま身近にあふれる人工の幻像など知らなかった。たぶん先史人は、つらい現世の向こうにはずっと美しい別世界があると願う一心で、光の幻像に心をゆさぶられ、そこに楽園を見たのだろう。

幻想的な蜃気楼は、古代人の心を打ち、ついには神の想像へと結びついたはず。だとすれば、宗教・神話に登場する神々は、蜃気楼と同じ性質をもつにちがい

図28◉神々の住む聖山。

ない。それを次章で調べよう。

3章 神々の姿

図29◉一対の鳥をあしらった儀式用の乗り物。バルカン半島のグラシナック、前期鉄器時代の墓から出土。

三重の神々

ゲルマン神話には、ハンマーを振り回す神トールが登場する。トールは最高神オーディン（嵐の神）とヨルズ（大地の母）の子で、農耕神として天候をつかさどり、下位の神々と人間と収穫を守護した。デンマーク・ガレフス出土の金の角笛に刻まれたトールは、頭が三つある（図30）。父オーディンの象徴は三角形だ。三角形は、三叉の鉾《ほこ》、三弁の百合、三つ葉のクローバ、三脚とならんで「三位一体」を表すシンボルだった（図31）。

スラヴには軍神トリグラフ（三つの頭）がいて、シチェチン（ポーランド）とブランデンブルクで崇拝された。シチェチンの城内には動物の彫刻で飾りたてたトリグラフの神殿があり、神殿を三つの小山が囲んでいた、と古記録にいう。一二世紀の初頭、フォン・バンベルクが、スラヴのキリスト教化が完了したしるしに、トリグラフの木像から切りとった三つ頭をローマ教皇カリストゥス二世に送った。南スラヴの最高峰トリグラフ山（二八六三メートル）の名はこの神にちなみ、山を称える詩が残る。「強きトリグラフよ、汝に歌と挨拶を捧げよう。雪を頂く三つ頭を誇らかに伸ばせ。汝が名を受けた神のごとく」。そのむかしトリグラフ山は登頂禁止の聖山だった。頂には楽園があってズラトログ（黄金の角をもつ者）が住んでいた。トレンタの猟師が頂上まで

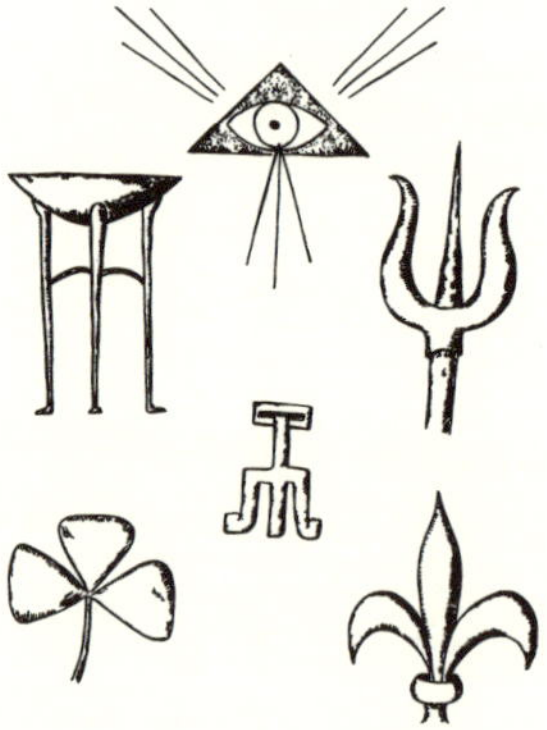

図30(**上**)◉ハンマーを振り回す三つ頭の神トール。トールは天候もつかさどった(デンマーク・ガレフス出土、金の角笛)。

図31(**下**)◉神々の三重性を表す古代のシンボル。最上図から時計まわりに、三角形(目と光線)、三叉の鉾(海神やシヴァ神のもちもの)、百合の紋章、三つ葉のクローバ、三脚(デルフォイ神殿)。中央は、三叉の鉾を思わせる神の舌(ペルー・ナスカ)。

図32◉風化した三重の神の絵(イタリア・フリウリ州サン・レオポルド村の農家で撮影)。三角形(神の父のシンボル)の中に、三つの顔をもつ神の頭部が納めてある。

登り、恋人への贈り物にしようと黄金の杯に手を伸ばして息絶えた……という伝説が残る。

古代インドにはトリムールティ(三位一体神)がいた。創造神ブラフマー、維持神ヴィシュヌ、破壊神シヴァである。一体に表せば、頭が三つで腕が六本(図33)か、三つの胴が生えた像(図34)になる。シヴァ神には目が三つあり、第三の目は「光を結晶させる」力をもっていた。光を結晶させるという表現には蜃気楼がにおう。

三重の神は古代エジプトにもいた。名高いのはオシリス・イシス・ホルスの組だが、ほかに、スカラベ(聖なる甲虫)を頭に乗せた神も、「プタハ・ソカル・オシリス(創造・死・来世)」の神を合体させたもので、紀元前一一〇〇年ごろの『アンハイのパピルス』に描かれている。このパピルスは、死者の魂をつつがなく来世に送る導きの言葉を連ねた『死者の書』である。

キリスト教の三位一体(父と子と精霊)も「三重性」の表現にほかならない。役割はおのおのちがうにせよ、ただひとつの神性を表す。ダンテは『神曲』で「三重性」を次のように表現した。ここにも蜃気楼の影がちらついている。

図33◉ブラフマー、ヴィシュヌ、シヴァの三神。バルカルにあるナラシムハ寺院の丸屋根の彫刻。

図34◉創造神ブラフマー、維持神ヴィシュヌ、破壊神シヴァの三位一体(トリムールティ)を表すインドの神像。アディプルヴァラ寺院。

気高い光の深くて鮮《あざ》やかなるうちに
大きさ同じで色の異なる三つの円が現れたり。
ひとつは虹と虹の関係のごとく、ほかのひとつから
反射を受け、
三つめは、ほかの二つが吸って吐く火のごとし。

ケルトの神にも三重性があった。そのひとつが、三体で「完全」を表現した神「サン・ジェルマンの三つ組み」(図36)。女神も泉の妖精もたいてい三人で登場する。「運命の女神」モリガンも三種の姿で現れたし、男神にもテウタテス・エスス・タラニスの三人組がいた。三頭の神像はいままで三一体が知られ、とりわけフランス・ランス市の像が名高い。三つの頭が双眼を共有してくっついているのは「完全さ」と「遍在」の表現か。ケルト社会で崇拝された動物も、角が三本の雄牛や、三羽の鶴がとまった雄牛のように三重性をもつ。ケルトのドルイド僧の秘教も天地の「三重の秩序」を裏打ちにしていた。地母神マトレス(マトローネ)は三つの姿をもつ。ちなみに現代の私たちも「三」を縁起のいい数とみる。

楽園の門は、三人のセイレーンや三人のヘスペリデ

図35◉三羽の小鳥をくっつけた聖霊のシンボル、鳩。ポルトガル・ポルト大聖堂にある聖櫃の飾り。

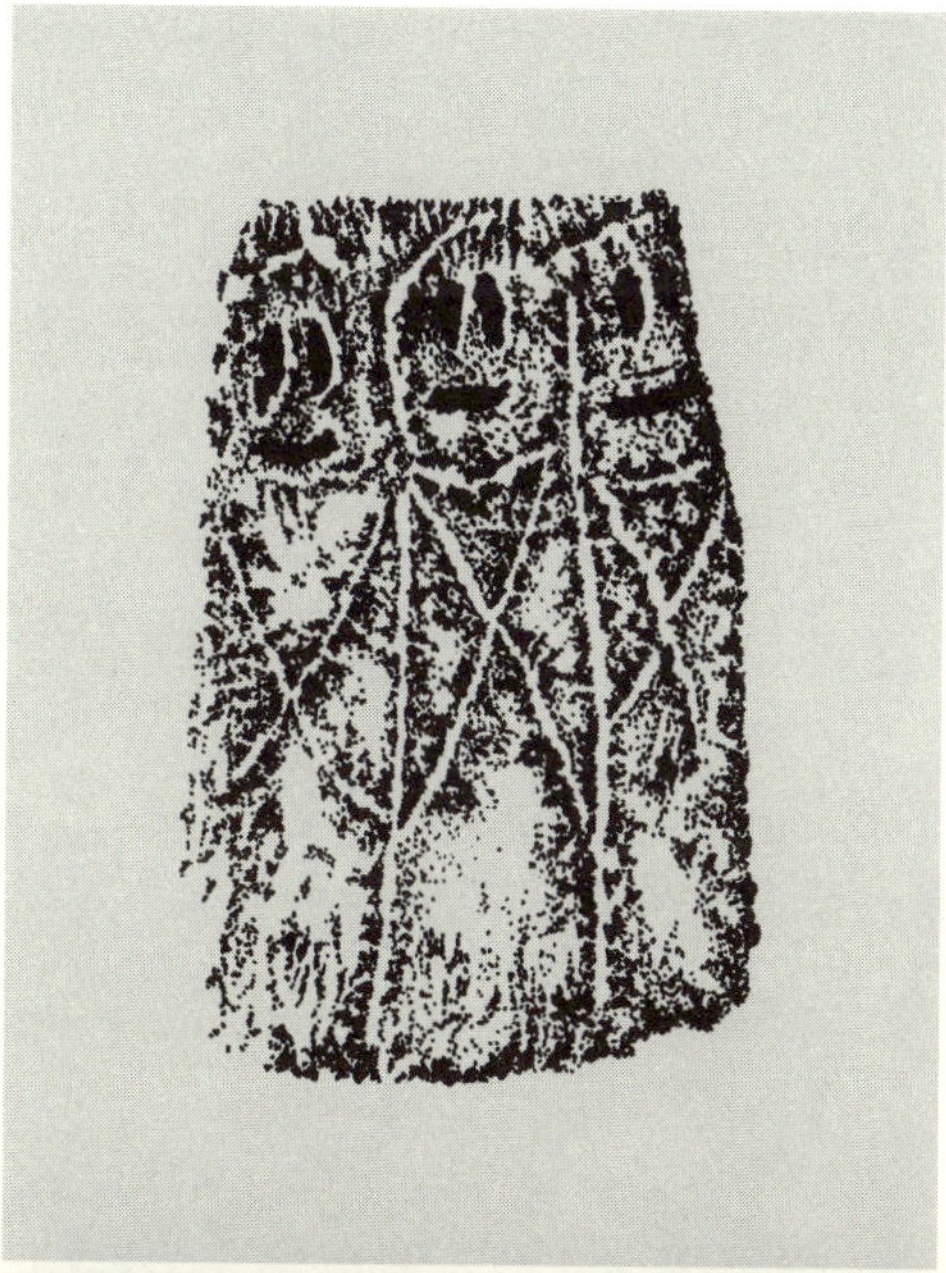

図36(上)◉「サン・ジェルマンの三つ組」。三重の姿をしたケルトの神の石刻。
図37(下)◉顔が三つの神。北仏・バヴェー出土、ケルト時代の水瓶か祭具。

図38◉ナスカの陶器に描かれた、三叉の鉾そっくりな舌をもつ創造神。

図39◉シヴァ神を象徴する三叉の鉾トゥリシュラ（ジョドプル、1825年作。ニューデリー、国立博物館）。

スが守っていた。地獄の番犬ケルベロスは頭が三つある。海の妖怪スキュラは尾が三つで歯が三列、足が一二本(四×三)だ。魔女キルケーの母、冥界の番人だったヘカテーは頭が三つに手が六本で、人間と獅子・馬・犬の混ざった姿をしている。「運命の女神」は、ゲルマンでは三人のノルン、ギリシャとローマでは三人の女性を体現するモイラだった。地獄に落ちた罪人に責め苦を与える復讐の女神も、泉の妖精も、三重の姿に描かれる。スカンジナヴィア神話でも、三重の神が天地創造を見守った。

　目を日本に転じれば、人間に病気や災いをもたらす「鬼」がいる。姿は人間に似ていても、目は三つ、角は三本、爪は三つある。空から飛び降りて死者の魂を奪おうとする鬼を、神官が「鬼やらい」で追い払う。

　ペルー・ナスカ文化は最高神を二重の姿に描いた(『蜃気楼文明』参照)。神は三叉の鉾そっくりの舌をもつ。イースター島に残る双頭の神像(モアイ・カヴァカヴァ)は、三本指の霊が頭に刻んである。二重の姿に三重性も混じえた神の表現は、まさしく「蜃気楼の神」にふさわしい。ナスカとイースター島で神の姿が似ている事実は、ペルーとイースター島の交流があったことをほのめか

図40◉チベット密教寺院の屋根にそびえ、悪魔と不幸を追い払うという三叉の鉾(中国・北チベットの青海省で撮影)。

し、かのトール・ヘイエルダールもそう推測した。

天の神、雷神、風神、海神はたいてい手に三叉の鉾をもつ。三脚も神権の象徴で、デルフォイの神殿では巫女《みこ》が三脚に座って神託を受けた。メソポタミア北西部のサービア教徒は、紀元一世紀でも三脚を祭式具につかっていて、それを描いたのがエデッサ(現ウルファ)に残る有名な「三脚のモザイク」である。

三重の蜃気楼像ほど心をゆさぶるものはない。冷たい地面や海面をS字形に見せるほど光が曲がれば、岩・山・木・島、あるいは地平線や水平線そのものが三重になり(図7D・J)、現実に撮影もされている(図42)。図14cでは、「天国の門」の中に水平な三重の帯が見える。2章で紹介した萩市沖の見島《みしま》(三島)も、ときどきそんな姿になったのではないか。

私もそんな蜃気楼を見た。カリフォルニア州サンタ・クルーズにいたとき、よく海岸をぶらついて、埠頭からモンテレー湾ごしに対岸を眺めた。二五キロ離れた対岸のモス・ランディングにある発電所が、日によっては驚くほど近くに見えた。一九九五年の二月二六日、無風で暑い日曜の午後遅く桟橋を散歩していたとき、海と陸の境がいつもとはちがっていた。あるは

図41◉神託を受けるデルフォイ神殿の三脚と、怪龍ピュトンを退治するアポロ(紀元前5世紀のコイン。ベルリン、国立貨幣博物館)。

ずの発電所が見えない……一分ほど目をこらすと、伸び上がった煙突の上に発電所が逆立ちして映り、その左右、対岸の一部もそうなっている。異様な光景は二〇分ほど続き、私を非現実の世界にいざなった。

蜃気楼の原因を知っている私とはちがって、こういう光景に出逢った古代人なら、来世をのぞいた気分になったろう。来世が三重なら、そこに住む神も同じ性質をもつはず――という想像が「三重の神」を生んだのではないか？

頭を三つもつゲルマンの神トールは、「天」と「大地」の息子なので、地平線が生んだにちがいない。地平線はまさに三重の蜃気楼が現れる場所だ。だから運命の女神も三つの神格を備え、デルフォイの巫女も三脚に座ったからこそ未来が見通せた。

古代世界では、神々も、神に近い人物も、「三重の死」を経て来世に行った。伝説のアーサー王に影のごとくつき添ったドルイド僧マーリンは、死期を悟ったとき、「まず棒で貫かれ、次に石で、最後に水で死ぬ」と、自分の三重の死を予告した。ケルトの神ルークもゲルマンの神オーディンも、そんな死にかたをしている。「三重の神」に殺されたか、「三重の来世」に行くという想像だろう。キリストの臨終にも「三」がつきまとう。三日目に復活できるようにと、三人の犠牲者が十字架にかけられた。キリストは、兵卒に横腹を槍で貫かれて死んだはずなのに、ぶどう酒を含ませた海綿を葦《あし》に結んで差し伸べたとき、また叫び声を上げてから息を引きとる。

ヘラクレスと水平線

ギリシャ神話のヘラクレスは、悪業をはたらいた罰として重い任務をいくつも神に命じられる。まず西の果てに「ヘラクレスの柱」（ジブラルタル）を立て、「三つの頭と胴」をもつゲリュオン王の牛を奪ってくる。次に「三人のヘスペリデス」が守る黄金のリンゴを手に入れる（そのためヘスペリデスの父アトラスに接触して、一時アトラスのかわりに天をかつぐ）。頭が三つある地獄の番犬ケルベロスをさらってくる。また、いくら斬っても蛇の首が生えてくるヒュドラと戦い、さらには海神ポセイドンの息子、魚の尾をもつトリトンと戦う。トリトンは三叉の鉾を手にし、ほら貝を吹いて地中海の波を鎮めていた。

ヘラクレスが戦ったのは、どれも来世に属する地平

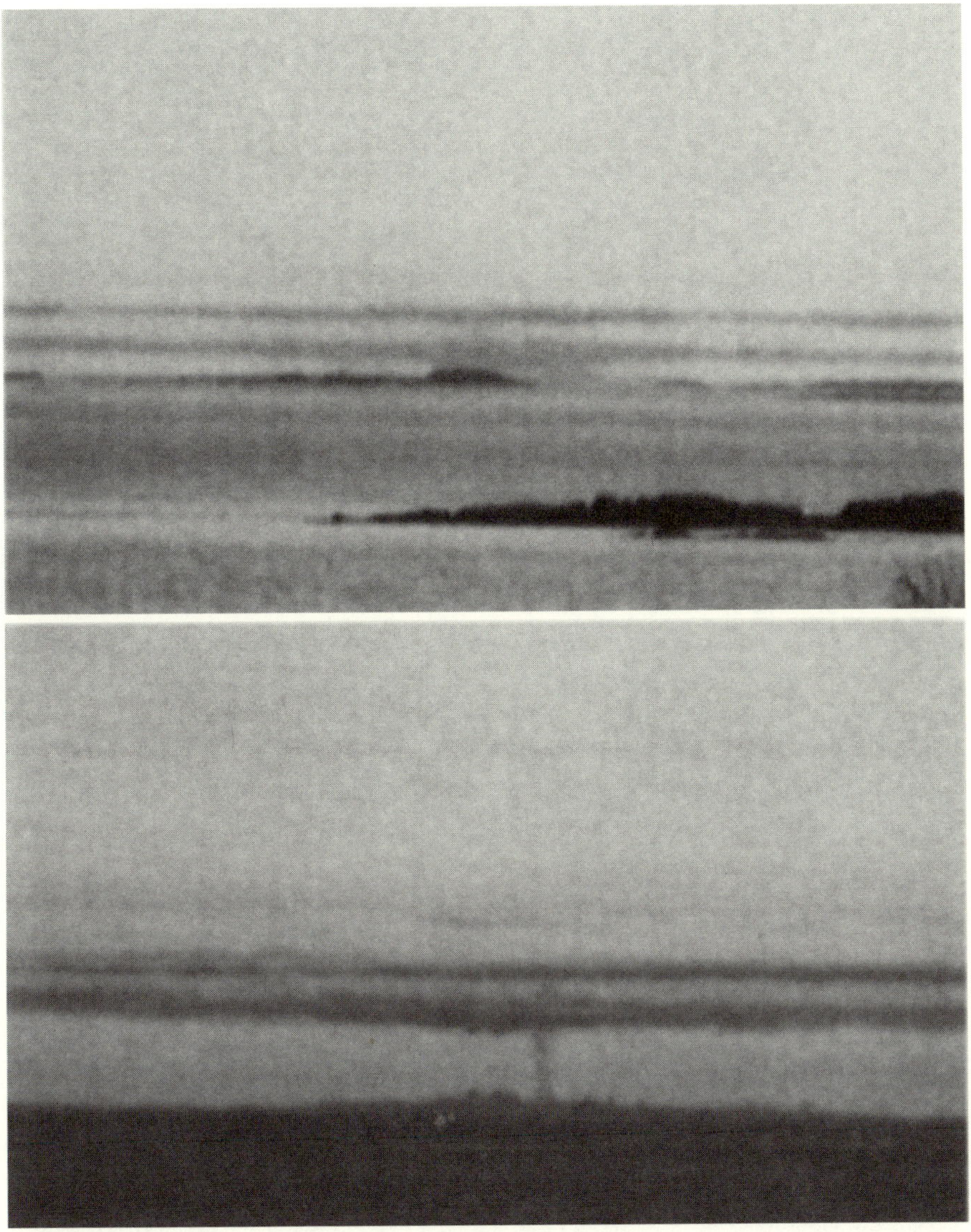

図42◉蜃気楼がつくった島の三重像(フィンランド海岸で撮影)
(上)中央と右手の島が、幅広の帯として空にくっきり見える。
(下)現実の島と鏡映像が「柱」でつながっている。

線の現象である。いっとき肩代わりしたアトラスの仕事、天を支える「世界の柱」も、水平線に現れる三重の蜃気楼像だろう。トリトンの「トリ」は「三」だし、ほら貝で鎮めたという荒海は、「嵐の前の静けさ」に現れた三重の蜃気楼像だったのではないか?

来世を支配したヘラクレス自身も、たぶん蜃気楼世界の一部をなす。彼がデルフォイで、聖なる三脚をめぐってアポロと戦った事実がそれをにおわす。

水上にある神の玉座

イスラムの伝統では、神はまず水をつくり、その上に玉座をすえた。水からたち昇る霧で天をつくったあと、水を乾かして陸地にし、それを七つの層に分けた。七層めの天は炎ででき、神を称える天使たちが住む。天使の頭は玉座の下にあり、玉座に触れることはない。天使の足は地面に触れている。玉座の下に広がる海があらゆる生物の食べ物を生み出す。

アレクサンダー大王物語のエチオピア版で、ある天使がこんな言葉を吐く。「神の玉座は水上にあり、神の霊が玉座の空に浮いている。神は天をつくってその

c

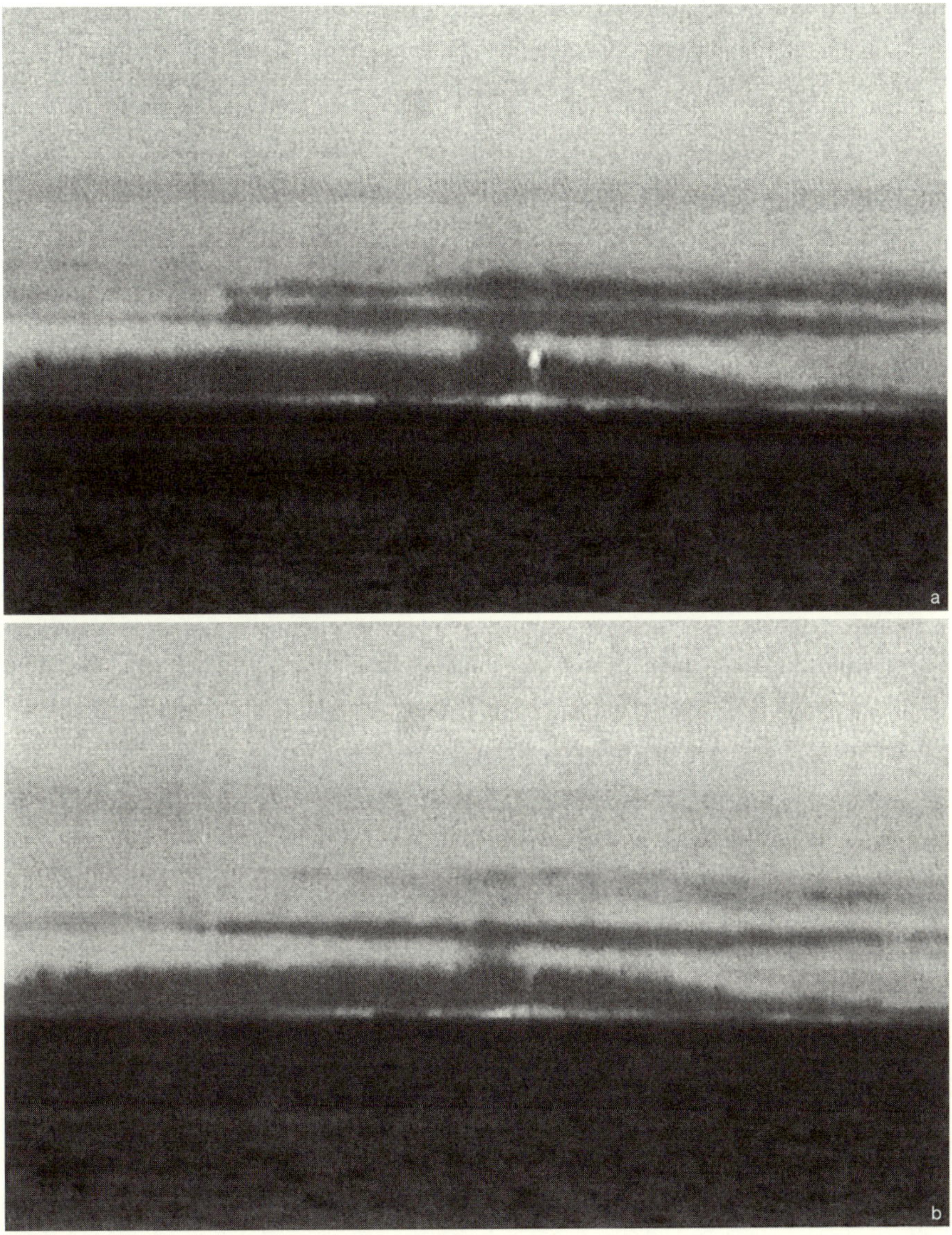

図43◉低い島が三段に見える蜃気楼(aとb)。cはaから6分後で、上下に伸びてはいるがひとつの島に戻っている。

上に立ちあがった。——神に栄光あれ！　次に神は炎と光からわれら天使をつくった。神は天に昇って栄光の玉座に座り、天使のひとりに世界の四方から運びこませた塵《ちり》で人間をこしらえた」。

ポリネシアの創造神話では、最高神タンガロアが「宇宙卵」から鳥の姿で現れる。やがて体には羽が生え、そのあと森の木々にもなった。

はるかな昔に生まれた来世想像が蜃気楼体験をもとにしているなら、水上の神の玉座も、そこから昇って天になる霧も、自然な描写だ。三重性も蜃気楼の本性である。紀元七世紀に、ある皇帝がアドリア海沿岸・グラドの総大司教に贈った神の玉座（石造）の横面には、三対の翼が生えた智天使ケルビムが刻んである。

ポリネシアの神タンガロアにも蜃気楼の香りがする。島の蜃気楼像は、ときおり巨大な卵に見えるだろう。それがちぎれて空に浮かべば、鳥に見えても不思議はない。だが近寄って見れば、あるのは島に茂る木々だというわけだ。

図44◉頭が三つある地獄の番犬ケルベロスを連れてきたヘラクレス（紀元前6世紀、エトルリアの水瓶。ルーブル美術館）。

三重の富士山

いまアイヌと呼ばれる日本の先住民は、富士山を聖なる山とみて、「火を噴く神」という意味の名前をつけた。その神は神道に引き継がれたあと、やさしい女神の木花開耶姫《このはなさくやひめ》に変身している。彼女は火口の上空に浮かぶ雲に住んだと伝説にいう。

五世紀のこんな説話がある。子供のない老夫婦が、富士山麓の竹やぶで輝くような女の赤ん坊を見つけ、かぐや姫（まわりを輝かせる子）と名づけて育てた。美しく成長した姫を貴族の若殿が妻に迎えた。かぐや姫は、自分が富士山の神だということを夫に長く隠していたが、ついにあるとき、頂にいる一族のもとに帰りたいと言い出す。形見として夫に一枚の鏡を手渡した。鏡には夫の好きなときに彼女の顔が映ったのだ。だが妻なしの暮らしに耐えられなくなった夫は火口まで妻を探しに行く。見つからないので絶望した夫は、鏡を胸に抱いて火口に身を投げた。そのとき夫の情熱が鏡を燃え上がらせ、たち昇った煙が火口の噴煙だという。

日本で富士山を最高の聖山とみる理由は、姿の美しさだけではなさそうだ。富士山を祀《まつ》る動きはたいそう

図45◉シチリア・アグリジェント出土のコイン（紀元前5世紀）に刻まれ、三種類の動物が合体した海の妖怪スキュラ（ヒルマー写真資料社提供）。

古い。富士を仏神にした「浅間大日《せんげんだいにち》」が、一八世紀には最高神の格を得た。浅間信仰を創始した直行身禄《じきぎょうみろく》（俗名：伊藤伊兵衛）が、飢饉の終息を祈って八合目の烏帽子《えぼし》岩で断食し、一七三三年に即身成仏した。いまも毎年、儀式用の鏡を火口壁まで運びこむ。鏡には神社の名「浅間」が刻んである。

富士山はなぜ神聖なのか？　ヒントになるのが浅間神社に残る一枚の絵『富士参詣曼荼羅《まんだら》』だ。ひとつのはずの山頂が三重に描かれてそれぞれ神像をもち、そこに向けて巡礼が登っていく（図46）。

海上から遠望できる山なら、蜃気楼でときおり三重像になる。その条件は富士山にも揃っている。富士の女神と鏡の組み合わせにも注目したい。女神は蜃気楼の鏡像から生まれたのではないか？　ヒンドゥー教の「世界山」メールも頂が三つあり、ブラフマー・ヴィシユヌ・シヴァ神が住んだ。来世も三つに分かれ、第一には死者、第二には誕生できなかった者、第三には魔人（アスラ）がいたというインド神話もある。

オリュンポス山の玉座

海抜二九一一メートルのオリュンポス山は、エーゲ海から遠望できる。上向きの蜃気楼で浮き上がるに絶好の条件だ。山上で古代の神々がさまざまな活動をしたという伝説も蜃気楼をほのめかす。紀元前九世紀のホメロスが『イーリアス』と『オデュッセイア』に書いているから、起源は少なくとも三千年さかのぼる。頂は当初、天神ゼウス、海神ポセイドン、冥府の神ハデスの三人兄弟が共同統治し、やがて加わる下位の神々も「三頭体制」に組みこまれた。はるか海上から眺めたとき、海面から伸び上がる山、その上空に逆立ちした山、その上に正立した第三の山を、それぞれ海神、冥府の神、天神と想像するのは自然だろう。

神話によればゼウスは、古いティタン族の出だった父クロノスに逆らう。やがてティタン族はオリュンポス山上のゼウスに襲いかかるが、敗れて冥界に落とされる。次に、大地の女神ガイアの息子、巨人たちが攻撃をかけてきた。巨人たちはオリュンポスを攻囲しようと、近くの二山、オサ山とペリオン山を「上下に積んで伸び上がらせ」た。巨人に勝てるのは下界の人間、

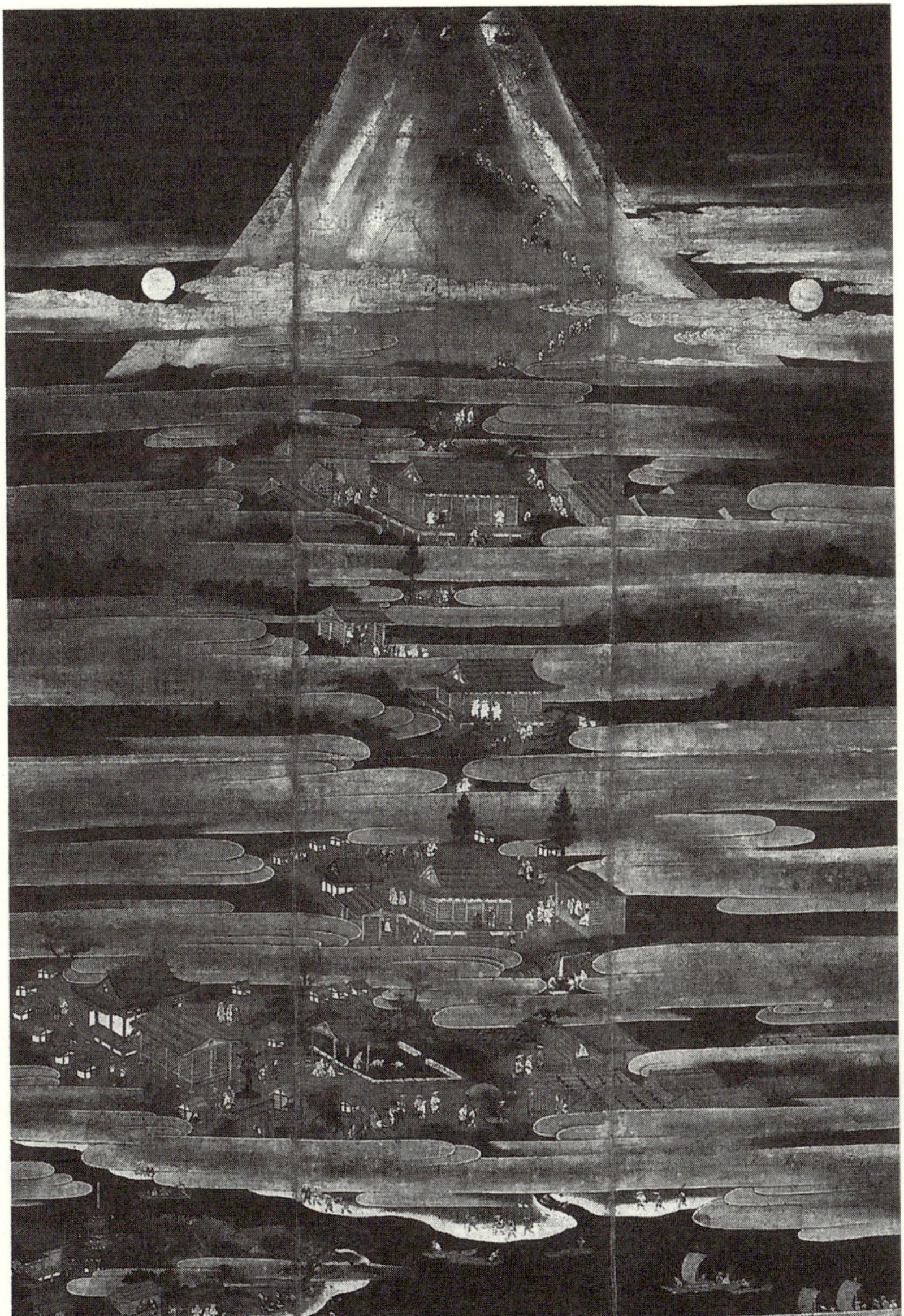

図46◉日本の浅間神社に残る『富士参詣曼荼羅』。

と神託が下ったため、オリュンポスの神々はやむなくヘラクレスに助けを求める。それに応えてヘラクレスは敵を撃退し、オリュンポスを守り抜いた。

別の伝承でゼウスは、怪龍テュポンをイタリア近海まで追う。島をつかんでテュポンに投げつけ、テュポンは火を吐くエトナ火山に身を変えて破滅を免れた。投げた島はシチリアだろうから、古代人は、エトナ山の上空に見た鏡映像を、ゼウスが投げ上げたと思ったのだろう。

『イーリアス』には、ほかにも蜃気楼をにおわす描写がある。たとえばゼウスがこんな言葉を吐く。「黄金の鎖を天から垂らし、……わしがその気になって鎖を引くならば、そなたらを大地ごと、海ごと引き上げてしまうであろう。そうしておいて、鎖をオリュンポスの峰の一つに結びつける。そうなれば全員が宙吊りになってしまうわけだ。それほどにもわしは、神々と人間の中で卓越しているのだ（松平千秋訳）」。ゼウス出現のシーンはこうだ。「テティス（アキレスの母）は……海の底から波間に浮かび上がると、朝まだき大空の彼方オリュンポスへ登って行った。折しも、遥かに見晴《はる》かすクロノスの子（ゼウス）が、いくつもの峰に分れたオリュン

図47◉海原を行く海神。主権を象徴する三叉の鉾が、魚の尾ひれについている（ポルトガル・ポルト大聖堂）。

ポスの一つの峰の頂上に、他の神々から離れて坐っていた（同）」。ゼウスは巨大な鷲のようだった、という描写もある。それも、頂あたりに見えた鏡映像だったのではないか？

オリュンポスには三神の玉座があった。ガイア（大地の女神）の息子は巨人だった。オリュンポス近隣の山々が「上下に積まれて伸び上がって」ゼウスをおびやかした。地と海が金の鎖でオリュンポス山頂まで吊り上げられた。そしてゼウスは巨大な鷲の姿で山頂に浮かんだ——すべてが蜃気楼を指し示す。こうした想像世界が無から生まれたはずはない。

ケルビムとセラフィム

旧約聖書「イザヤ書」六章一にこんな一節がある。「ウジヤ王の死にたる年、われ高くあがれる御座《みくら》にヱホバの坐し給《たま》ふを見しに、その衣裾《もすそ》は殿《との》にみちたり。セラピムその上にたつ。おのおの六《むつ》の翼あり。その二《ふたつ》をもて面《おも》をおほひ、その二《ふたつ》をもて足をおほひ、其二《そのふたつ》をもて飛翔《とびかけ》り」。

ヱホバ（ヤハウェ）のそばにいる不思議な生き物はセラ

図48◉4枚の翼と無数の目をもつ天使セラフィム（アルメニアの教会外壁の彫刻）。

フィムやケルビムと呼ばれ、近東世界ではずいぶん古い歴史をもつ。ケルビムの絵姿は、エルサレム神殿の内部にも、約櫃《やくひつ》(律法を納めた櫃)にも描かれていた、と聖書にいう。列王記には、オリーブの木で彫り、金箔を張った二体のケルビム像の話が出てくる。

別名を光の天使ともいうケルビムは、イスラム教では「カルビユン」になるが、よく似た役回りを演じる。イスタンブールにあるギリシャ正教の寺院、ハジア・ソフィア大聖堂の丸天井にも、イスラム化を免れてケルビムが生き延びている。

ダンテの描いたキリスト教の楽園で、ケルビムとセラフィムは最高位の天(水晶の天)に置かれ、位置はセラフィムのほうが神に近かった。また天は九層に分かれ、それぞれを三つの「聖なる存在」がつかさどっていた。

ケルビムとセラフィムは三重の神に仕え、神性をその身で表した。三対の翼は、蜃気楼の生む鳥の三重像から来ているのではないか。二人の天使を神に加えてできる三つ組みも「三重」だ。古代人が鳥の三重像に神を想ったなら、そんな鳥を神のすぐそばに配したのもうなずける。なお、三対の翼をもつキリストの像さえあって、そのひとつがヴェニス・サンマルコ寺院のバ

図49◉7つの災いを退ける壷を手にしたセラフィム(パドヴァ大聖堂の洗礼堂、ジウスト・デ・メナブオイ作のフレスコ画。14世紀)。

図50◉ハジア・ソフィア大聖堂の聖台に描かれた6枚翼のセラフィム（13世紀）。

ジリカ会堂に残る（図52）。

イヌイットの「海の母」

イヌイットの想像世界で「海の母」ほど大切な存在はない。あらゆる生き物を、とりわけ海の獣を支配するから、食物の確保は「海の母」にかかっている。バフィン島のヌグミウト族は「海の母」を「セドナ」と呼び、アラスカでもシベリアでも信仰はあつい。「海の母」が住む海底の家は、石や鯨の骨でつくるイヌイットの家に似てはいても、屋根はないという。

デンマークの探検家ラスムッセン（一八七九〜一九三三）がネツィリト族の村に滞在したとき、氷上に「海の母」が現れてひと騒動になった。罰《ばち》当たりな猟師がそれを銛で撃ったが、一瞬ののちにかき消えてしまった。

ノートン・サウンドで「トゥナクス（霊）」と呼ぶ「海の母」は、漁師たちも見たという。髪の長い女のようで、浮氷の端にマットを敷いて座り、「フー！」というような声を出した。氷上で猟師が銛《もり》を放ったが当たらず、「海の母」はマットと銛をつかんで水中に消えた。まもなく銛の刺さった大アザラシが浮き上がってきた。

図51◉戦う二羽のコンドル（ヒマラヤで撮影）。セラフィムの姿（図48〜50）は、こういうイメージから生まれたのではないか。

こんな話もある。ある猟師の目前で「海の母」が頭と肩だけ水面に見せた。大きさは人間の女くらいあり、肩まで届きそうな長い髪をまん中で分けていた。人魚のように、だいたい半身が人間、あと半身はアザラシか魚だった。カナダ・レゾリューション島の岸では、ときどき海峡の水面に「海の母」が顔を出して息をしていたという。

「海の母」は穏やかな海に現れて嵐を運んでくる、とイヌイットは言う。ときには内陸にも顔を出す。民族学者ボーアズ(一八五八～一九四二)の見聞記に、「海の母」が現れた場所は神聖なのでカリブーの毛皮の加工などは禁じられていた、とある。

「海の母」は、指がなかったり、手が一本だけだったり。シャーマンはそこにつけこんで、魂を彼女のほうへ飛ばし、髪を洗い梳《す》かしてやったりするらしい。

獲物がとれない時節、シャーマンは儀式で「海の母」を呼び出して助けを求める。「海の母」をおろそかに扱うと不幸を招くのだという。「海の母」を呼び寄せるときは釣り針をつかう。「海の母」には魚のような皮膚とヒレがあり、バフィン島のイヌイットは、一つ目の女だと言う。足の一方は体の下に折り曲げ、もう片方を

図52◉3対の翼が生えた十字架上のキリスト。二人の人物は聖フランシスコと聖アントニウス(ヴェニス・サンマルコ寺院のバジリカ会堂)。

前に伸ばして氷上を滑るらしい。

ラスムッセンも立ち会った儀式で、シャーマンが「海の母」を呼び出した。シャーマンはトランス状態になって海底にある「海の母」の家を訪れた。「海の母」は、しきたりを守らない村人にひどく腹を立てていた、とシャーマンが報告。

種族で少しずつちがうが、「海の母」の誕生物語もおもしろい。ある娘と父親が嵐に襲われた。娘の夫は巨鳥で、嵐はその夫が起こした。父親は娘を海中にほうり投げ、娘は必死で舟にしがみつく。父親は身の危険を感じてナイフをとり出し、娘の指をぶつぶつ切ってしまう。指は鯨・アザラシ・北極熊・セイウチに変わり、娘は海底に沈んで「海の母」になった。

「海の母」は、まちがいなく蜃気楼でゆがんだ海獣の姿だ。深くかがんで獲物に忍び寄る猟師は、蜃気楼の幻像を目にしやすい。ぴったりの視線に入れば、動物は思いもよらない姿に変わる。「海の母」が消えた場所に銛の刺さったアザラシが現れたのは、この解釈に合う。海の獣が蜃気楼で「毛だらけ」に見えたという記録は多い。「髪の毛」も「ヒレ」もそれだろう。

地面や氷上の人が水上を歩くかのように見える蜃気楼も多い(図70)。アザラシに近寄るシャーマンをそんな大気の中で見やれば、「海の母」に向かって海面を歩む人物も生まれる。

蜃気楼は「嵐の前の静けさ」に起きやすい。「海の母」はまさしくそんなタイミングで現れるから、「天気を操る能力」もうなずける。嵐は「海の母」の誕生物語にも現れた。巨鳥だという夫も、指の切れ端から生まれた動物も、蜃気楼の要素にほかならない。

きびしい自然に生きるイヌイットは、その目で見た不思議な自然現象を自分たちの体験・感情・欲求に合わせて整理したあげく、「海の母」を生んだのだろう。

伸び上がるロッキー羊

北米先住民のナヴァホ族は、祖先の聖者を砂絵に描いて儀式につかう。聖者はいくつものシンボルを身につけ、胴がひどく長い。聖なる山は四つあって、それぞれにナヴァホ族は聖者を想う(図53)。聖者のひとりはトウモロコシを、ひとりは雨を恵み、別のひとりは糸のつむぎかたを教えた。シャーマンは一族に代わってこうした聖者と交流する。

図53◉ナヴァホ族の四つの聖山。彩色のホーガン（土の家）に描かれる。頂に伸び上がるのが、文化をもたらし猟場を恵む「聖者」。天空を支える柱にも見える（ジェフ・キング画）。中央の絵は、イギリスのスコアズビー提督が海上に見た蜃気楼。インディアンは蜃気楼を神マニトゥの技だと思っている、と1800年ごろ北米西部を旅したデヴィッド・トンプソンの記録にある。

こんな伝承がある。動物の言葉がわかる夢見がちな若者がいた。屈強な二人の兄はこの弟をいつも馬鹿にしていた。あるとき弟は村外れで兄たちと出逢う。二人は獲物をたっぷり手にしていた。弟は、カラスに聞いたのだといって、猟のもようをこまかく知っていた。家路をたどる三人は丘の麓で休み、眼下の岩陰にちらちらする四匹のロッキー羊に気づく。一匹くらい倒せよ、と兄たちは弟を羊に向かわせた。弟は弓でねらったが、手が言うことをきかない。二度までそうだった。後ろに回りこんで羊の退路をふさごうとした。だがそのとき、近寄る羊の姿がみるみる変わり、大きく伸び上がった。羊はきらきらした光に包まれ、聖者になった。若者は動転し、弓矢は手から地面に落ちて、いつか気を失っていた。あとで思い返すと、聖者たちは若者を囲んで歌を歌い、正気に戻してくれた。目覚めたら聖者たちは羊に戻っていて、なんと自分も羊の姿だ。聖者たちが連れていってくれた宴《うたげ》の席で若者はたくさん秘技を学び、あとで一族に伝えたという。

若者が見たものは、ロッキー羊が蜃気楼で姿を変えるさまだったろう。羊が上下にぐっと伸びて見えたのだ（図7F）。「きらきらした光」は光の屈折が生む。この体験に心をゆさぶられた多感な若者は、人格が変わって「聖者」と人間の仲介者になった。聖者は、山上に立つ「世界柱」（図110参照）の趣で描かれる。こうした幻像も「聖なるもの」を想わせただろう。図53には、ナヴァホ族の絵を、イギリスのスコアズビー提督が目撃した岩礁の蜃気楼と比べてある。両者がそっくりなところをみると、ナヴァホ族の信仰はまちがいなく蜃気楼が刻印した。頂あたりに見えた伸び上がる幻像に、人々は聖者を、来世の使者を想った。神が「原初の丘」に登って混沌《こんとん》から世界を生んだという古い神話も源はたぶん同じだ。

キメラ（混合動物）の秘密

古代オリエントでは、人間とサソリの合体した動物が天国の門を守っていた。古代エジプトでも、楽園に入れない魂は「人食い魔女」が食べた。魔女は頭がワニで胴体が獅子、下半身がナイル馬のキメラだった。

翼の生えた獅子の像が、メソポタミア上流のテル・ハラフ、紀元前九世紀の遺跡から出土している。時代の少し下ったサマッラでは、双頭のカモシカを描いた。

図54◉ひと足で山から山へ渡る巨人（ドイツのメルヘンから）。

同様なキメラのグリフィン（頭が鷲で、翼の生えた獅子）やスフィンクスも、古代のシンボルと芸術に大きな足跡を残した。みんな来世の生き物である。

古代アメリカの想像世界にも、魂が現世と来世を行き来するキメラがいた。ペルーのパラカス文化では、ミイラを包む刺繍《ししゅう》の布に、混合動物や、動物のような突起をいくつも頭から出す神の絵をちりばめた。その体はしじゅう形を変えているように見える。

蜃気楼は、物体の見かけを激しく変え、空に浮き上がらせたり「砂漠の湖」に沈めたりもする。キメラ想像のきっかけとして、蜃気楼のほかに何が考えられよう？　変幻自在なさまを体から伸びた突起で表すのも自然だし、キメラ動物が来世に関係するのもうなずける。蜃気楼に来世を想った古代人は、その想像を固定しようとしてキメラを創造したのだ。

ホメロス時代のキメラは、三種類の動物（獅子・山羊・蛇）の合体で、ヘシオドスもそんなキメラを書き残している。ここにも蜃気楼の三重像がちらつく。

図55◉アラスカのマッキンリー山脈（デラニ）は、凍てつく平原を隔てて眺めると、ときおり華麗な蜃気楼像に変わる。

図56◉馬や鋤ごと農夫をエプロンにすくい上げ、両親に叱られてまたそっと下ろしてやる巨人の娘。ドイツの民話から。

巨人たちのぼやけた世界

ギリシャの神と同様、ゲルマンの神も巨人に悩まされた。顔も体も醜怪な「霜の巨人」が、北にある雪と氷の世界、ヨトゥンヘイムに住んでいた。巨人たちはおおむね山とのかかわりが深く、ワッツマン山やセルレス山は巨人が岩に変身したものだという民話が残る。

アラスカのマッキンレー山、現地語で「デラニ」と呼ぶ山の一帯では、冬場、冷えた地面の上空に蜃気楼現象がたびたび現れる。ある山は、神が自分のもとから逃げ出そうとした妻めがけて投げつけたもの、という伝説に蜃気楼がにおう。

ゲルマン伝説には、巨人たちがものをぶつけ合う話が多い。チューリンゲンの伝説では、草刈りしていた巨人が峰から峰へ砥石《といし》を投げる。谷ごしに酒盛りしていた巨人どうしが杯をぶつけ合い、それで喧嘩を始める話もある。別の伝説では、二人の巨人が、おかゆを巨大なスプーンで谷ごしに届け合う。彼らは夜な夜な樹冠や丘の上をさまよう。アルザスには、大きな娘が鋤や牛馬と一緒に農夫をエプロンに包んでもち上げ、父親に叱られてまた地面に下ろす民話がある。よく似た話が、スイスはケルンテン州、ローテントゥルン城の背後にある低い山にもあった。そこには巨人の住む城があり、大きな娘が農夫をエプロンに包んで、やはり母親に叱られる。

百姓家や村をそっくり運び、また元どおりに下ろす巨人もいた。巨人はひとっ飛びで谷を渡り、数歩で島をまたぐ。あるいは、ぐっと広げた両足で二つの山に立つ。山を一歩で飛び越える巨人、山から山へ、島から島へ飛び移る巨人もいた。アイスランドの伝説では、ノルウェーからアイスランドへ海を歩いて渡る大女が船に行きあう。深みにはまらないようにと大女は手を伸ばして船をつかもうとするがつかみそこね、海溝に落ちこんで溺れ死ぬ。

巨人と天気の関係も深い。巨人は雷雨や嵐を引き起こし、だいたいは光が嫌いで、強い光の中に長くはいられない。

山上や島の上に身を現し、谷を隔ててふざけ合ったり争ったりする巨人の伝説は、蜃気楼で解釈できる。山や丘が巨人に変わる話も同じだ。また巨人たちはよく「嵐の前の静けさ」に現れる。たとえばゲルマン神話で原初の巨人ユミルは、ムスペルヘイム(火の巨人の国)から来た暖気がニヴルヘイム（暗黒と死者の国）の冷気と混ざり合い、ギンヌンガガップという海ができたときに生まれた。まさに大気中の温度分布が生む蜃気楼ではないか。私たちの祖先は虚心に自然を見つめ、原因はわからないながら大胆な想像をしたのだろう。

人魚と嵐

アイスランドの船乗りは、海面で遊ぶ不思議な生物をたびたび見た。「海の女」や人魚の記録は一二世紀にさかのぼり、当時ノルウェーのスヴェリル王が編集させた『王室写本』にこんな一節がある。「そこ（グリーンランド）で怪物が目撃され、〈海の大女〉と呼ばれた。怪物の姿はかくのごとし。頭から腰までは人間の女で、大きな乳房がある。長い腕と柔らかそうな髪が見え、どこから見ても人間だった。両手は長いけれど指はなく、水かきがついていた。下半身は魚で、鱗が生え、尻尾と尾びれが見える。怪物は嵐の前にかぎって現れる。海に潜って浮き上がると手に魚をつかんでいる。怪物が船のほうを向いて魚とたわむれたり、魚を船のほうへ投げると、船乗りは嵐になるのではと心が騒ぐ。怪物

図57◉さまざまな文化が伝える不思議な海の生き物たち。[左上]南東ギリシャ・エジナ湾のスキュラ（BC480年ごろ）、[右上]アッシリア・サルゴン王宮に描かれた創造神オアネス（ホルサバード、BC720年ごろ）、[左下]インド・ヴィシュヌ神の十化身のひとつマツヤ、[右下]デンマーク・ゼーランド島のヴィゲルステド教会に描かれた尾びれ二本の人魚（1450年ごろ）。

の額は広くて目はぎょろ目、口は大きくて顎は皺《しわ》だらけ。怪物が魚をむしゃむしゃ食べるか、向こうのほうに投げるとき、船乗りは、たとえ大嵐が来てもやりすごせると安心するのだという」。

ジョン・スワンは一六三五年の『世界の鏡』にこう書いた。「人魚は珍しい魚かもしれない。だが悪魔や幽霊だと思う人もいる。人魚が叫ぶとたちまち風が吹き、海は荒れ、雲が降りてくるからだ」。スワンは天気との関係を重視し、「鶏のごとく空気の変化を感じとる」と書いている。アイスランドでは、庶民だけでなく王様さえ人魚を気にしていたらしく、一四世紀の羊皮紙にオーラヴ王が海の怪物を退治する絵があるし（図58）、民話にはこんな一節が見える。「人魚は頭が馬で、耳はとがり、鼻孔はふくらんでいる。顔には、とてつもなく大きい緑の目と大きい口がある。肩と前足は馬さながら。下半身は蛇のようにうねって尾びれがある」。

さまざまな海の民が、太古の時代から海の怪物に頭をひねってきた。アトランティス伝説ではネレイドという怪物が海神のお供をした。北海のジュルト諸島（ドイツ）では、船乗りを海に引きずりこむ半人半魚の「海の女」が知られていた。船の前方に見えたり波間に姿

図58◉海の妖怪を退治するオーラヴ王（14世紀の絵。アイスランド・レイキャビク、アルナマグノア研究所）。

を見せたりすると、船乗りは嵐の気配を感じてさっさと帆をたたんだらしい。

古代バビロニアとアッシリアには、知恵と文化をもたらした創造神オアネスがいる。ホルサバードにあるサルゴン王宮殿の壁に描かれたオアネス（図57）は、上半身は髭の生えた人間、下半身は鱗と尾びれのある魚で、海の波間を泳ぐという。

半人半魚はヒンドゥー教にもいた。ヴィシュヌ神が見せる十変身のひとつ「マツヤ化身《けしん》」は、裂けた口から人間の体が飛び出した巨魚である（図57）。

キリスト教会は「海の女」を神の被造物とみた。たとえばデンマーク・ユトランド半島のゲリルド教会、天井のフレスコ画に、魚と人魚を祝福する神が描いてある。魚の一匹はまだ神の手にあるが、長い尾びれをもつ二人の人魚は腕を伸ばして神を称えている。アンデルセンの『人魚姫』は、海底の城に住み、人間界を慕って陸に上がる人魚の話だった。

人魚は昔から芸術家の空想をかきたて、寺院や住居や貨幣を飾ってきた。目撃証言もあとを絶たない。たとえば一六一四年、ジョン・スミスという船長がカリブ海の島のそばで人魚を目撃し、こう書き残している。

図59◉コペンハーゲン沖を行く三人のセイレーン（修道士ダニエル・マイスナー画、1632年。コペンハーゲン、王立図書館）。

「目が大きく(丸すぎ)、鼻の形はきれい(少し短すぎ)、耳はやや長いけれど形はよくて、緑色の長い髪がなかなか魅力的」。じっと見つめていたら人魚はあわてたような動きをし、そのとき船長が目にした下半身は魚だったという。

「海の女」が現れると、まず嵐の前兆と受けとられる。海面が冷たくて「嵐の前の静けさ」なら、上向きの鏡映が起こりやすい。だから人魚の類は、海面に体を出した動物(アザラシ・セイウチ・イルカなど)が蜃気楼でゆがんだ姿だろう。海面より上の部分は、二重三重の蜃気楼が起これればひどくゆがむ。毛むくじゃらだとか髪が長いとかの証言は、光の散乱のせいにちがいない。海の動物なら魚を食べるし、しっぽもある。しっぽは逆立ち状態になれば見え、ときには二重にもなろう。デンマーク・ゼーラント島のヴィゲルステド教会に残る絵(図57)も、ハンガリー・チェンゲル教会の絵(図60)も、しっぽが二つの人魚を描いている。

大無間山の天女

遠江《とおとうみ》と駿河《するが》の境、今は南アルプスの一部をなす大無間《だいむげん》

図60◉尾の裂けたセイレーン(ハンガリー・チェンゲル教会、1745年)。

図61◉嵐の前の静けさに上向きの鏡映が起これば、水面の動物は不気味な姿にゆがんで見える。水の妖精は、こんなシーンが生んだのではないか。

山《ざん》（二三二九メートル）にこういう伝説が残る。五合目あたりに古い寺があって、田代村の美しい少女だけが詣《もう》でていた。一一〇七年のある日、母親の病気が早くよくなるようにと祈っていた少女に、いきなり人相の悪い男が襲いかかる。娘は叫んだけれど、誰も来てくれるはずはないと諦めた。そのとき一陣の冷風が吹いてきて木々の葉がざわめき、賊も娘も気を失ってしまう。やがて吹いてきたそよ風に娘は我にかえる。目の前に美しい女性が立っていた。白い着物を着て天女のようだった。顔は大無間山の雪さながらに純白で、唇は花の赤。「安心なさい。私は天女です」。娘は寺に詣るわけをこう説明した。「むかし父と母は長いあいだ子供ができないのでこの寺に願《がん》をかけました。それで私が産まれたんです」。「そうなの。これからも来てください。そのとき野の花を摘んできてね。花が大好きなのに、里に下れる身じゃないから」。それから二人はたびたび寺の境内で会った。

　ある日、娘は悲しそうな顔つきで寺に来た。「両親が結婚を決めたんですけど、どうなるのかわからなくて怖いの」。「だいじょうぶ。きっと幸せになるわ」。天女は娘に瓶をひとつ渡す。「これを飲めば二人一緒

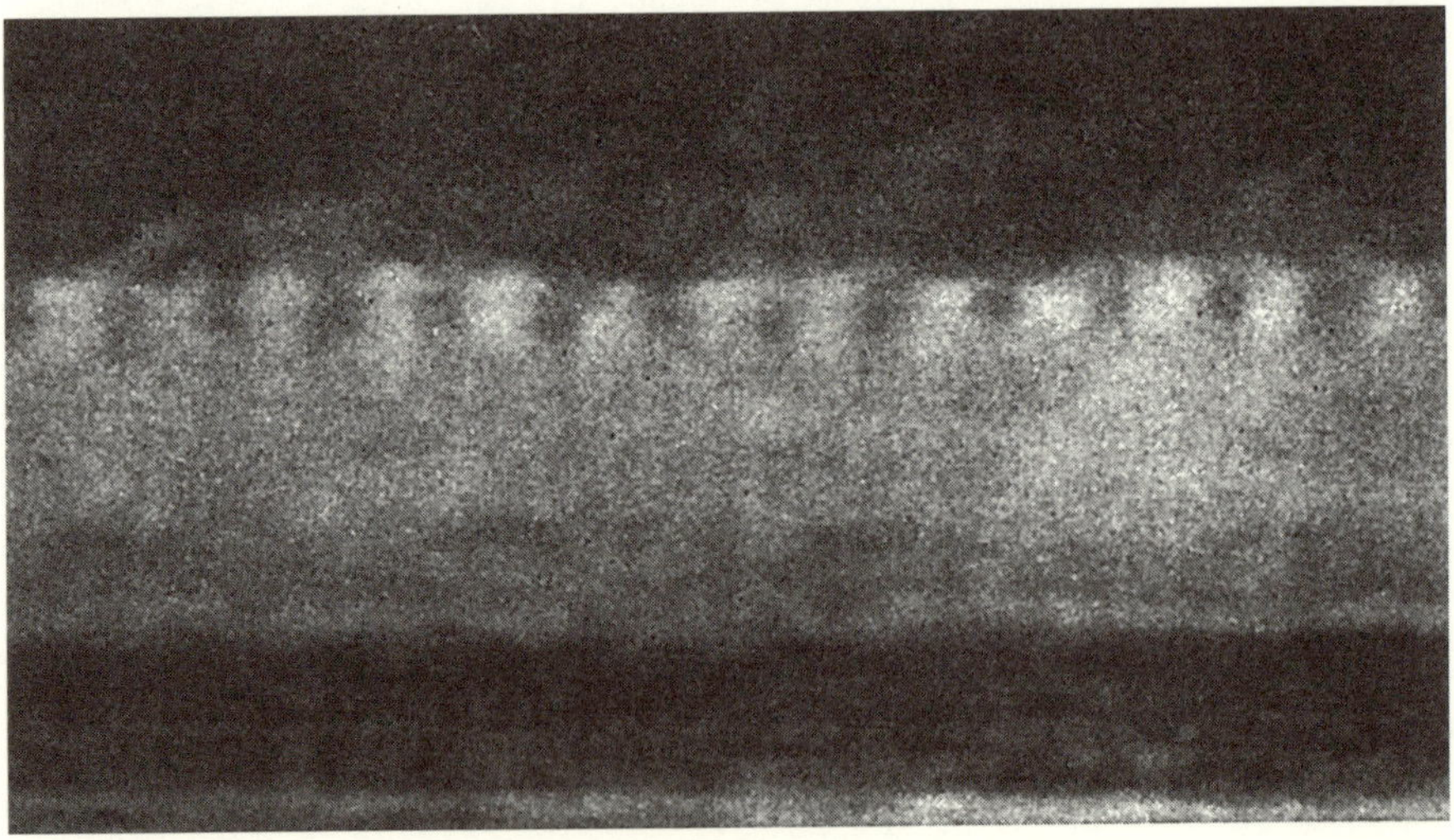

図62a◉水平方向の温度の周期変化が生む「柱の広間」。

に何百年も生きられるのよ」。

何日かあと、娘は夫と山に行き、小川の岸辺、花咲く野原に座って雪の大無間山を見ていた。突然、そばには桜の木もないのに花びらがはらはらと降ってきた。空を見上げると、大無間山のほうへたなびく白雲に乗った天女が見えた（カラー図Ⅲ）。雲は夕暮れどきまで頂のあたりにいた。夫婦はそれから何百年も若いままで生きたという。

天女は、顔が雪のように白く、花を摘みたくても里に下れず、暮れなずむまで雲に乗って空に浮かんでいた――という描写が、山頂の蜃気楼像をほのめかす。蜃気楼の幻像なら、ふつうの雲とは姿がちがうし、ときには「天女」に見えるかもしれない。現世のものとは思えないから、「永遠の生」にかかわる伝説を生んだのではないか？

神々の地上の住まい

古代アイルランド神話で、病んだ勇士が「来世の王はどこにお住まいか」と妖精にきく。妖精は答えた。「澄みきった海の上……舟も馬も、あの方の住む島のそば

図62b◉低い島が上向きに伸び、水平方向の温度変動が裂け目を入れて生まれた「柱の林立した神殿」（フィンランド海岸で撮影）。

を行き来し、……柱は銀と水晶。それがあの方のおいでになる家です」。

はるかな昔から人々は、自分たちは粗末な家に住みながら、神々のために豪壮な神殿を建て、高い柱で飾りたてた。巨石時代の環石や列石も、エジプト・ギリシャ・ローマに残る神殿もそうだった。古代の神官たちは、ああいう神殿をなぜつくろうと思ったのか？　あんな建物を神々はなぜ好むのか？　ともあれ神殿は、人間が神々に近づくための施設だったから、神々にはどんな住まいがいちばんふさわしいのかと古代の神官は自問したはずだ。

白い柱がずらりと空に並んだ趣の蜃気楼がある（図62a）。水平な向きに気温（密度）の周期変化があれば、光の屈折が「天の柱」を生む。目にしたら印象はいつまでもあとを引くだろう。たとえばイエズス会のアンジェルッチ神父が、メッシナ海峡でこんな目撃をした。「カラブリアの風景が半透明な水晶ないし鏡の風趣に変わって……その中にたちまち、みな同じ高さ、ほぼ等間隔で並ぶ青白い柱が一万本ほど現れた」。

似たような光景は、島や丘の上向き鏡映でも生まれ、石や柱がずらりと並んだ姿になる（図62b、カラー図V）。

図62c◉巨石文化が残したメンヒル（立石）の列（ブルターニュ・カルナック）。

図62d(上)◉太い柱のはざまに神々を置いたエジプトの神殿(上ナイル・ルクソールのカルナック神殿)。
図62e(下)◉シチリア・アグリジェントに残る古代ギリシャの神殿。

私はこれを目にしたとき思わず息を呑んだ。巨石時代の列石も環石も、ストーンヘンジも、この蜃気楼にそっくりではないか！

古代人はたぶん、空に見える「銀と水晶の柱」に神々の住まいを想った。住まいを空の幻像に似せれば神々の居心地がいちばんいいのだと彼らは考えた。四〇〇〇～六〇〇〇年前、巨石時代の人々も、だからあんな列石や環石をつくった。天上に現れる柱の列をコピーしたのである。

ブルターニュ半島西端の沖合いに浮かぶセン島もその例だ。島にいまなお立ち並ぶ巨石時代の石柱は、はるか遠くから見える。ローマの地理学者ポンポニウス・メラの著作によると、島にはケルトの巫女《みこ》が住んでいた。歌で荒海と暴風を鎮め、蜃気楼の幻像と同じように、姿を自在に変えもした。ドルイド教徒は、この島で息を引きとることを生涯の願いにしていた。

つまり神殿は、天上の「柱の宮殿」に住む神々を降臨させ、神官が接触するための施設だった。エジプトの神殿内部に並ぶ神々のさま（図62d）が、古代人の想像世界をありありと語る。石柱を立ち並べただけでも、その中に彼らは神の存在を感じたのだろう（図62b）。

豪壮な「柱の宮殿」は、アジアにはない。なぜか？アジアの神殿は、何層も屋根を重ねたパゴダ（塔）だった。ブッシュマンやイヌイットが語る神々の「二重の家」はまちがいなく蜃気楼の幻像だ。同じようにアジアのパゴダも、二重・三重の蜃気楼像から生まれたのではないか。パゴダ（図96）に似た幻像は、山並みの一部が上向きに鏡映すればできる（図217L）。

まとめ——「神々の姿」と蜃気楼

古代アラビア世界の、水上にある神の玉座と、水からたち昇る霧がつくった楽園の話は、神の生まれるきっかけをよく語る。神を想像するには、はっきりした意味をもつイメージがいる。近寄るとアザラシに変身するイヌイットの「海の母」も、「柱の神殿」に住まう神々も、そんなイメージが生んだ。「天国のもの」を想わせるイメージである。

神の性格でいちばん目立つのが「三重性」だろう。さまざまな宗教にそれがあるのはなぜか？　たいていの学者は「古代の謎」ですませてきた。だが壮大な蜃気楼は、事実として物体を三つに見せる。ときには、三つがまたひとつに合体するさまも目撃できる。だから私は、神々は蜃気楼の幻像から生まれたと確信している。古代の神官やシャーマンは不思議な光景のことを何世代にもわたって考えぬき、それが宗教の基礎になったのだろう。

いままで神々の「三重性」と自然現象を結びつけて考えた研究者はいない。海神や風神の手にした三叉の鉾、最高神が目や額につけた三角形、三弁の百合、デルフォイの三脚(図41)は、「三は昔から絶対権力のシンボルだった」などという説明で片づけられてきた。

神話や宗教物語に生気を与えるキメラ(混合動物)も、ただの空想ではなく、蜃気楼の産物にちがいない。そんなキメラがなぜいつも神の国や来世と関係して登場するのかも、蜃気楼を考えれば解ける。神を思わせる幻像の中に目撃されたからだ。

水の妖精、人魚、巨人たちが嵐を運んでくる理由も、蜃気楼を考えればたちどころに氷解する。蜃気楼は、嵐の前いっとき静まり返った大気の中、暖気と冷気が積み重なっているときに起こりやすいのだ。ゲルマン神話の巨人ユミルも、暖気と冷気の合流が生んだ。

さて蜃気楼は、ときおり地上の物体や景色を逆立ちさせて空に映す。となれば、神話や古い伝承には逆立ち世界の話があるにちがいない。蜃気楼は世界のどこでもくり返し目撃されたから、神話や宗教の想像世界が蜃気楼の産物なら、「逆立ち世界」は場所を問わずにしっかり伝わってきているはず。それを次の章で眺めよう。

4章 逆立ちの世界

あべこべ世界

オランダとデンマークの沖合いに浮かぶフリジア諸島のある港で、漁師からこんな話を聞いた。彼は漁をしながら、ふだんは見えないヘルゴランド島を水平線の上に見た。気味悪いことには、その真上にもうひとつ逆立ちのヘルゴランド島があり、民家の一軒一軒もくっきり見えたという。一九一一年には日本の乃木希典《のぎまれすけ》と東郷平八郎がスエズ運河を航行中、空に逆立ちで映った船やポートサイドの街、二倍くらい伸び上がった灯台を目にしている。

　死後の暮らしも神の国も、現世とはあべこべ——そんな考えが全世界にある。シベリアのサモエード族が想うあの世では、木は梢《こずえ》を下向きに伸ばし、太陽は西から昇って東に沈む。エニセイ河畔のオスチャーク族は、来世の川は水源に向けて流れると思っている。まわりの風景も、人生や日常生活の進みもさかさまだ。

　来世には「頭で歩く」人間がいた、と魂の「霊界飛行」から戻ったイヌイットのシャーマンが言う。ネツィリク族の想像では、この世でろくな仕事のできなかった仲間は、地面の真下にある「頭を下にした人間の集まる場所」に行く。シベリア東部に住むヤクート族のシャーマンは、トランス状態で来世に向かうとき、ひづめが後ろ向きの山羊に乗るという。

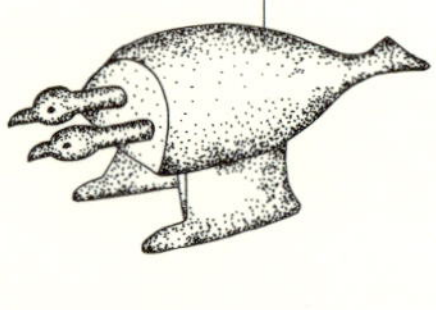

図63◉ブラジルのインディオ、シングー族の双頭のコンドル。

南米のイェクアナ族は、来世には「手で歩く人間」がいると思っている(図69)。アルタイ地方のタタール族も、来世に行ったら万事をあべこべにするのが正しいと言う。青銅器時代にも、戦士を埋葬するとき、剣は来世でもすぐ抜けるようにと右の腰に下げてやった。左利きをやや疎《うと》んじたり、うっかり左足からベッドに上って「明日はいい日じゃなさそうだ」と思ったりするのも、「あの世はあべこべ」感覚から来るのだろう。

シュメールやバビロニアで、来世の生き物は頭を下にして印章に彫った。トゥト・アンク・アメン(ツタンカーメン)の胸に名前が鏡文字で書いてあるのは、神々にすぐ身分をわからせるためだった。役人アニのような庶民の場合、死体に添える『死者の書』には、生前に犯した罪ではなく「犯さなかった」罪を並べたてた。どれも「あべこべ」の作法である。タオイズム(道教)にいう最高位の天、倒景《タオチン》も、文字どおり逆立ち世界の表現か。

葬式・埋葬・生け贄《にえ》・神託・魔術など、来世にからむことはみな「あべこべ」になる。身ぶり・衣装、物の配置、言葉、絵姿……すべて同じ。それを無視したりかるはずみに扱ったりすると祟《たた》りが怖い。遺体を家から運び出す際、生前につかった家具一式を上下ひっく

図64◉上向きの鏡映で空に映ったタク・イ・ケスラ宮殿の廃虚。メソポタミアのクテシフォン(目撃証言をもとにウンガー教授が描いた絵)。

り返す地方もある。ザクセンの一地域では昔から、土を手の甲に乗せて棺にふりかける。

魔女の目に人間は逆立ちで映るから、自分は人間だと悪魔にわからせたければ逆立ちする。魔女をだましたい女性は、「ヴァルプルギスの夜」の前夜、服を裏返しに着て十字路まで後ろ向きで歩く。教会に潜む魔女を見つけたければ服を裏返しに着る。ドイツのメルヘンでは、左手に剣をもつ勇士に魔女がすり寄る。

古代ローマ人は左手で生け贄を捧げた。ヴュルテンブルクでは、神に収穫を感謝するとき、最初に刈った三束だけはほかと逆向きに祭壇に供えた。バイエルンでは、作物にとりつく悪霊を払うため、四本のかぶらを逆立ちさせて地面に挿し、それで兎を囲んだ。かぶらの豊作を祈るのに、畑で「何もいらない。何もいりません」と、心とは裏腹のことをつぶやいた。オーストリアの伝説に、乳をよく出す山羊は魔法をかけられ、朝になると逆立ちしているという話がある。靴などを後にほうり投げる作法は、六世紀初めのゲルマン世界で公布された『サリカ法典』に見える。いままで学者たちは、そうすれば神の視線を避けられる、といったふうに説明してきた。

図65◉下向きに鏡映された遠景の山(タクラマカン砂漠東部で撮影)。

古代から人々は、来世の暮らしは現世のさかさまだと信じた。ハンガリーでは、独身のまま死んだ若者の棺に、来世で相手が見つかるようにと婚約の冠を入れてやった。

ドイツの民話には空中飛行の話が多い。いちばん名高い旅客はファウスト博士だろう。乗り物は馬・船・竜といろいろだが、チロルやスイスで人間は「後ろ向き」に乗る。

人間の誕生は、来世の魂がこの世に舞い降りること——そう考える世界では、誕生の折りに来世のこともしっかり考える。悪魔の目をくらまそうと、産婦に男の服を着せた地方もあった。アマゾンの先住民は、産婦の夫が陣痛のふりをする。病気も同じで、熱を下げたいときにシャツを裏返しに着た時代もある。

一九八七年に制作されたマリ共和国の映画が、バンバラ族の呪術師の召霊《しょうれい》儀式を紹介していた。杭の脇に坐った呪術師のほうへ向けて、人間の白子(アルビノ)と犬を後ろ向きで歩かせる。後ろ向きも白子も「さかさま世界」だ。アフリカが白子なら、ヨーロッパでは黒い人間が来世に属する。ポーランドのチェストホヴァ、バイエルンのアルテッティングなどの聖地では、いま

図66◉海上を行くアポロ(ヴェルサイユ宮殿)。

も黒のマドンナ（聖母）を崇め、先史の墓からもそんな副葬品が出ている。

古い神々も逆立ち世界にいた。「空に浮かぶ島」で生まれ、ガイアの龍を退治し、三脚をつかってデルフォイの神託をつかさどり、怪獣を供に海原を駆けた神アポロは、最高の美男、完全無欠な神……のはずだった。いまも美男を「アポロのような」と形容する。だがしかし、女たちはアポロを徹頭徹尾いやがった。まずカサンドラが求婚を拒絶。ダフネは求愛から逃れたくて月桂樹に変身する。やはり求愛を拒んだキュメの巫女《みこ》シビラにアポロは呪いをかけ、千年も生きるようにしてしまう。マルペッサは「美男」の妻になるよりも人間の女になるほうを選ぶ。あげくアポロは、「死ぬまで歳をとらないようにして」という法外な願いを受け入れ、妖精シノーペと結ばれるのが関の山だった。アポロの「美しさ」は、事実と裏腹の表現ではなかったか?

逆立ち世界はキリスト教にもあった。一〇八五年につくられたシュパイヤーの聖堂、半円形の側柱に、旧約聖書「イザヤ書」一一章六「死者の国」の一場面が彫ってある（図67）。人物は後ろ向きで獅子にまたがる。現世とちがって獅子も大蛇もおとなしく、蛇の口に人物が手をつっこんでいるし、獅子は肢もひづめも後ろ向き。

シベリアのサモエード族の伝承は蜃気楼の倒立像（図110、111）そのものだ。世界は逆立ちし、太陽は西から東に動く。中米の古い伝説にも、「彼は父祖のもとへ旅立った。永遠の忘却の場所、扉が左手にある場所だ」という話がある。

「あべこべ世界」の発想は、なぜこれほどに広まっているのだろう?　蜃気楼の逆立ち像が目撃され、その中に人々が来世を思い描いた――そう考えれば謎も晴れる。

スペイン東部の地中海に浮かぶバレアレス諸島、紀元前二〇〇〇年ごろの遺構から「死者の船（ナベータ）」が出土した。ずっと古い巨石時代の墳墓と同様、岩を船形に彫りこんで死者を葬ったものだ。ところが石船は逆立ちし、船底が上を向いている。石器時代の人たちは、蜃気楼で逆立ちした船に来世を想ったのだろう。バレアレス諸島には、ちょうど船を地面にかぶせたような石造建築も残り、それも墓だったとわかっている。たとえばミノルカ島のシウタデラ近郊、エルス・トゥドンスの「ナベータ」の下から百体以上の人骨が出土した。しかも「逆立ち船」は二階づくりだ。来世へ渡る死

図67◉ライン河畔・シュパイヤー聖堂（1085年建造）、半円形の側柱に彫られた「逆立ち世界」つまり「死者の国」。

者は、二階建てデッキに身を置いて旅をしたのだろうか？

上向きに根を伸ばす木

フィンランド人の祖先は東アジアから来た。神話もたいてい極東に源をもつ。そのひとつに、北の果てを流れる大河を渡って来世に渡る物語がある。「河はけわしい崖下を流れる。崖に生えた植物は根を上に伸ばし、花を下向きに咲かせる。急流の水面から針と剣と槍がそびえ立つ。河にかかる橋は糸のように細い。対岸にはぎいぎいきしむ鉄門があり、卵のようにつるつるな死者の山のほうに向いて〈鉄の歯〉が〈三匹の犬〉と一緒に座っている。生前に切った爪をもってこないと死者の山には登れない。山の向こうでは天と地がふれあい、死者の王国ポホヨラがある」。

逆立ちした植物も、水面の針・剣・細い橋(図82、84参照)も、蜃気楼の産物ではないか。「つるつるの山」は、ゲルマン世界の「ガラスの山」に通じる。もっと目を引くのが「三匹の犬(蜃気楼の三重像?)」「死者の国は天地のふれあう場所」という表現だ。

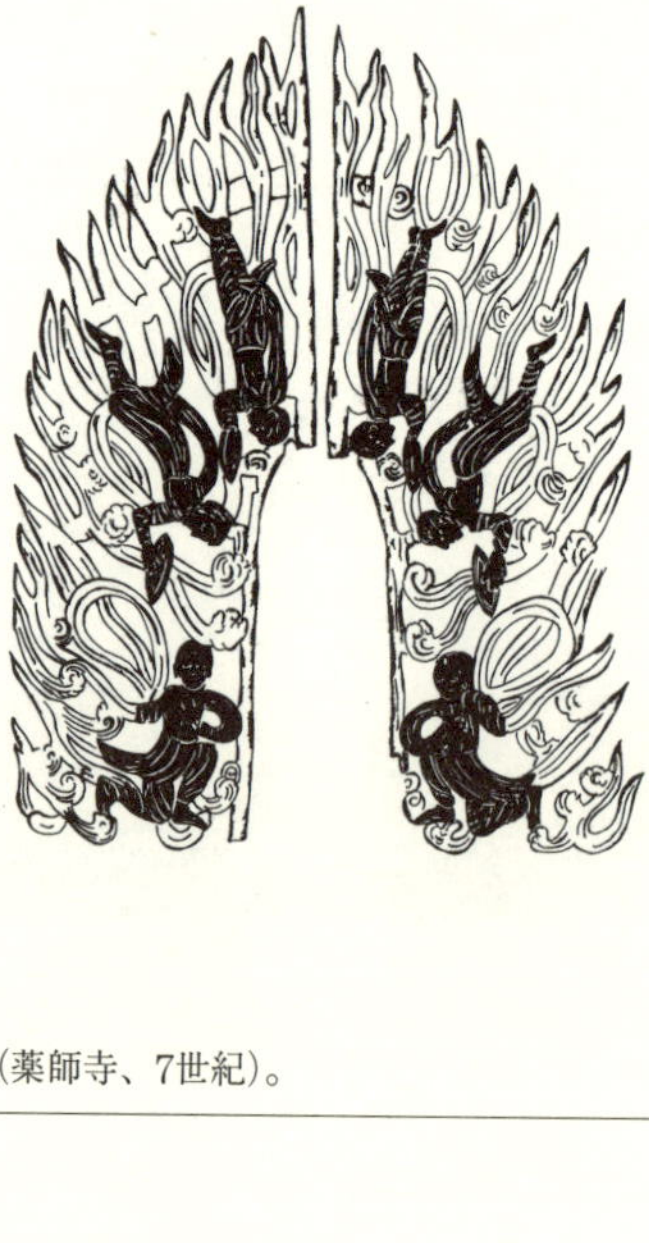

図68◉火災徐けの青銅の屋根飾り(薬師寺、7世紀)。

図69◉生き物が逆立ちして歩く来世がある、と南米のイェクアナ族は言う。

魔女と悪魔の国

魔女は、むかし善良な妖精か女神だったのに（ゲルマン圏の「フラウ・ホレ」や「春の女神」）、キリスト教が悪魔の一味にしてしまった。魔女と悪魔はハルツのブロッケン山に群れ集い、ゲーテの『ファウスト』が伝えるとおり、ヴァルプルギスの夜に浮かれ騒いだ。メフィストフェレスに連れられてファウスト博士がブロッケン山を訪れたときも宴たけなわ、魔女たちが恍惚状態で踊り狂っていた。踊りが禁止されていた中世のスカンジナヴィアに、魔女に混じって踊り狂い、足も胴もすり減って髑髏《どくろ》になった悪魔の話がある。

魔女も悪魔も「逆立ち世界」の存在だから、魔法にかけられた生き物は、逆立ちしたり何かにぶら下がったりする。

奈良の薬師寺を訪れたとき、高さ一九〇センチの青銅製屋根飾りに逆立ち世界を見た。火事よけの水炎《すいえん》というものだ（図68）。逆立ちの天女（飛天）を見た雷神が、自分と同じ逆立ち世界の生き物には雷を落とさない、という想像の世界ではなかろうか。

ドイツのブロッケン山はずいぶん遠くから見える。人々はその蜃気楼像に、かつては神々を、キリスト教化のあとは魔女と悪魔を想ったのだろう。そして、逆立ちの幻像を目にした古代の人々が、地上とは反対の性格を魔女や悪魔に想像したのではないか。

下に枝を伸ばすユーカリ

オーストラリア大陸のほぼ中央、ノーステリトリー南部にいたアランダ族の来世想像を、宣教師のシュトレーロウがくわしい記録に残している。はるかな北に、海（ライア）に囲まれて細長く伸び上がる島「イチャリクナ・アラ」がある。精霊の場所（イタナカ・トマラ）とも呼ばれ、ユーカリの一種、イルンバの木が生えている。「イルマ＝死ぬ」につながる死者の木だ。アランダ族は白を「死の色」とみる。死者の国では、白い猫・フクロアナグマ・トカゲ・蛇が地を這い、白いオウムや野鳥が飛び、水にはペリカンやアヒルが泳ぐ。死者の霊魂は白くてふわふわ、トカゲ・鼠・蛇・鳥の卵・芋虫・イチゴを食べて生きる。夜になると、ゴムの木（パラ・イルビルバ）の枝を足にゆわえ、束ねた草を頭に乗せて踊る。死者の島に生えるイルンバの木は、枝が空から半円(テニア)を描きつつ地面に向かう。

オーストラリアの先住民は、天上世界を「ゴムの木の国」とか「明るい雲の骨」とか表現する。水晶に満ちあふれた国、という言いかたも多い。

アボリジニは、白いユーカリの茂る景色が逆立ちした蜃気楼像に来世を思い描いたにちがいない(図7K)。「細長く伸びた島」も蜃気楼をにおわせる。ひたすら自然を見つめて暮らす祖先の生んだ来世想像を、彼らはしっかりと受け継いできたのだろう。

逆立ちで歩く来世

古代エジプト人は死後の運命を考えぬいた。ファラオはもちろん、役人も庶民もそうだった。墓のつくりにも、『死者の書』に書かれた祈りの言葉にもそれがよく現れている。『死者の書』は、来世でこんな暮らしをしたいと神々に願う文書で、そのひとつ『アンハイのパピルス』に、「来世では逆立ちで歩くことのないように」というくだりが見える。信心深い役人のアンハイは、逆立ち世界で暮らすのが不安だったのだ。

ペピ一世の来世行きを述べた次のピラミッド・テキ

図70◉樹皮が白(死者の色)のユーカリ。死者の国のユーカリは逆立ちし、天上から地面に向けてくねっている、と原住民は言う(オーストラリア、フリンダーズ・レンジで撮影)。

ストにも注目したい。「地平線へ通じる道、ラーのいる場所へ通じる道を汝（ペピ）に教えよう。汝のために天国の〈二重の扉〉が開いているはずだ」。さらに続く。「汝はラーに出逢う。ラーは汝に挨拶し、汝を天なる〈二重の宮殿〉に上げてオシリスの玉座へといざなう」。

前著『蜃気楼文明』で論じたとおり、古代エジプトの来世は逆立ちしていた。典型がトゥト・アンク・アメン王の胸に置かれた名札で、来世に着いたらすぐ読んでもらえるよう、名前が鏡文字で書いてある。ラーの「二重の宮殿」も蜃気楼像の表現だろう（図95）。

セイレーンたちの世界

ホメロスの『オデュッセイア』第一二書、魔女セイレーンが船乗りを誘惑する場面で、オデュッセウスは仲間にこんなことを言う（呉　茂一訳）。

まず最初には、不可思議なセイレーンたちの歌声と、
花がいちめん
咲き乱れる牧原とに心して、逃げるがよいと女神は
言うのだ、しかもその
声を聞くのは、私一人に限れと命じる、だがその私
とてもきびしく
帆柱のもとへまっすぐに縛りつけておけ、そのまま
そこに
しっかり動けぬままでいるよう、そこから太綱のは
しを結《いわ》えておいて。
それでまたもし君たちに綱を解けなど頼んだり、命
じたりした場合には、
そしたら君らは綱をいっそう幾重《いくえ》にもして、きびし
く私を縛ってくれ。
かように私は一々くわしく、仲間の者らに話して聞
かせたのでした、
そうこうするうちにも、たちまちにして、私どもの
こしらえのよい船が、
セイレーンらの棲む島にやって来たのも、快い順風
が船を進めて
くれたからです、それから間もなく風はぴったりと
止《や》み、鏡のような
凪《な》ぎになりましたのは、神さまが波を鎮めて下さ
ったので、
仲間の者らは立ち上がって、船の帆をみなおろして

巻き、
うつろに広い船の中へとそれを片づけ、今度は櫂《かい》の
傍にみなみな
坐り込みまして、よく磨かれた櫂を手に、白い波を
立て船を進めた。

次にオデュッセウスは、仲間の耳をロウでふさぐ。自
分の耳だけはふさがなかった。

彼らのほうでも船の中へ、私をまっすぐ帆柱のもと
へ、手も足も
みなひとつことに縛りつけ、そこから太綱のはしを
結《ゆ》わえたものです。
それで彼ら自身はまた櫂座《かいざ》につき、灰色の波を櫂で
打ちすすめてゆき、
さて早々に船が進んで、人が叫べばその声が届くく
らい、そのくらいの
へだたりまでやって来ますと、セイレーンどもは早
くも近くに、
海をはしこく航《ゆ》く船が進んで来たのに気がついて、
声高に歌いあげるよう、

「さあさあこちらへ。評判の高いオデュッセウスさ
ん、アカイア勢の
たいした誉れの。お船をどうかお寄せ下さい、私た
ちの声を聞いて頂ける
ようにね、だってこれ迄一人として、黒い船に乗り
ここを通っておいでの方で、
私どもの口を出る甘く楽しい歌声を、聞かずにすま
せた方はいません。
みんなもちろん楽しんでから、前よりもっと物識り
になりお帰りでしたわ。
なぜなら私どもは、すっかり知っているのですもの、
広々としたトロイアの里で
アルゴス勢とトロイア方《がた》とが、神々の御意向により
どんな苦労を重ねたかも。
何でも知っていますのよ、万物を養い育てる大地の
上で起こったことなら」。
こう皆して言うのでした、とてもきれいな声を出し
まして。そこで私も、
聞きたいものと心を動かし、仲間の者らに綱を解く
よう命じたのでした、
目を動かして合図をして。でもみないっそ体を前に

のしかけて漕ぎ進めるだけ、
間《ま》もあらせずに、ペリメーデースとエウリュロコス
とが立ち上がって、
なお幾重《いくえ》にも綱を重ねて私を縛り、いっそうきつく
抑えるのでした。
そのうちとうとうセイレーンたちのいる島あたりも
通りすぎ、それからもう早や
セイレーンたちの話し声も、歌のふしも聞こえて来
なくなりましたので、
さっそく私のよく役に立つ部下《てした》の者らは、以前に私
が
彼らの耳へ塗りこめた蝋を取り去り、綱も解《ほど》いてく
れたのでした。
ところがいよいよこの島を後《あと》にしようというとき
に、それからすぐと
大きな波と煙の立つのが眼に入りました、また轟音
の聞こえるのに、
みなみなすっかり恐怖に脅え、思わず手から櫂を飛
ばした……

この場面を描いたギリシャ時代の絵(図71)では、頭を

図71◉セイレーンの住む島のそばを行くオデュッセウスの船。アテネ出土のスタムノス(陶製の壷)(ロンドン、大英博物館)。

下にした鳥の姿のセイレーンが、オデュッセウスと仲間の前に浮いている。これは蜃気楼が生んだ情景ではないか。古代の船乗りは、地上の物体が逆立ちで崖の上に浮かび、姿を自在に変えるさまを見て鳥のようなセイレーンを想像したのだ。また、来世の門を守る生き物の例にもれず、セイレーンも三人ひと組である。

引用の一節には「嵐の前の静けさ」も活写してある。セイレーンのいる「花がいちめん咲き乱れる牧原」がまだ見えていたとき、オデュッセウスは、近づく嵐と、荒波と、重苦しいうなりに気づいた。静かな海上の「神さまが鎮めて下さった波」「花が咲き乱れる牧原」「よく磨かれた櫂の立てる波」は、蜃気楼の幻像としか思えない。ひょっとするとセイレーンの「歌声」も、近づく嵐のざわつきだったのではないか。

ヴェネディガーの小人

フォークトラント(ザクセン南西部)、シュレージエン、アルプスの一部には、秘術をつかう「ヴェネディガーの小人」の伝説がある。小人は空を飛び、自分たちの故郷「ヴェネディガーラント」に人間を空輸し、隠れた宝

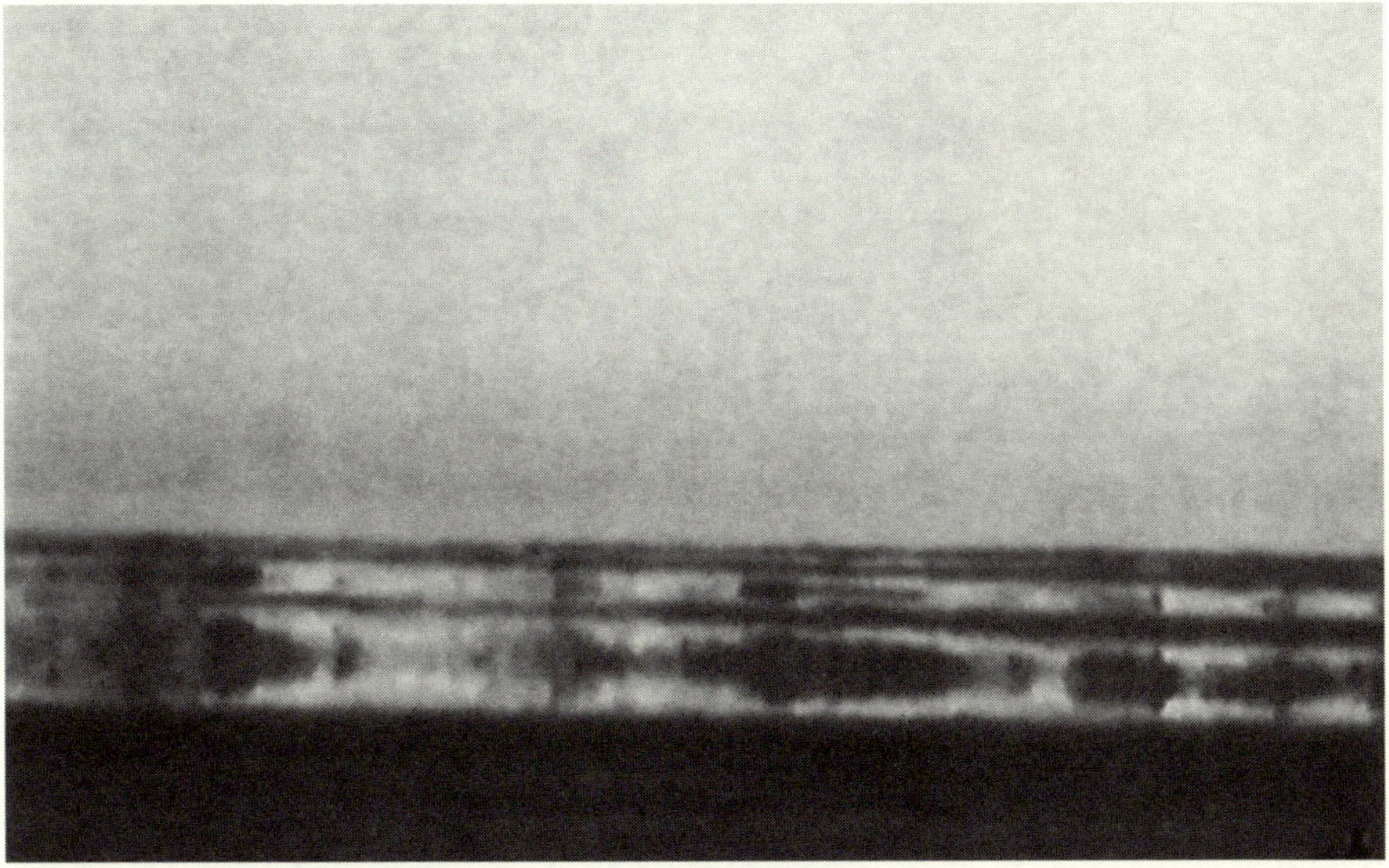

図72◉海上に現れた蜃気楼の多重像(フィンランドの海岸で撮影)。

を見つける能力があった。

彼らは「目に見えないロバ」で金の鉱石を運んだ。金のありかは魔法の鏡でつきとめる。スイス・ケルンテン州の伝説では、小人が鏡をもって山に登り、岩陰の貴金属を見つける。後をつけた農夫がようすをうかがっていると、鏡は小人の手から岩の裂け目に落ちてしまう。農夫が見下ろしたら、鏡には金の袋とハンマーと骸骨が映っていた。農夫は金持ちになるが、たちまち飲んだくれになって、鏡も魔力をなくす。別の伝説では、こっそり後をつけて金を横取りする人間に怒った小人たちが魔法の鏡で逆襲する。ひとりの小人が農夫に鏡を見せた。農夫の屋敷が映り、奥さんが牛の乳を搾っていた。小人は鏡の中の牛を撃つ。農夫が帰ってみたらたしかに牛は死んでいた。

魔法の鏡で鉱床を見つけ、見えないロバで鉱石を運び、人間も農家も空輸する——すべては山並の蜃気楼像につながる。山頂あたりの一部が空に映れば、像は岩(鉱石)に見える。「鉱石」は空に浮かんでいるから、人々は「目に見えないロバ」を想像したのだろう。

図73◉ヴェネーディガーの小人は、鏡で金を探知し、農家を運び去ったりもする。また、目に見えないロバをつかって鉱床をそっくりよそに移す。

精霊の森

ナミビア北部のエトシャ低地には、一平方キロほどの森があって、ワサビノキ科の木が茂る。この木は、とりわけ乾季には枝の伸びる向きがひんぱんに変わり、根が空に伸びたような不思議な姿をとる。森の中にたたずむと、地球外の自然界にさまよいこんだ気分になる。

現地の人はここを「精霊の森」と呼ぶ。天の国からまっすぐ落ちてきた木が生えているからだという。それなら、彼らの想う天の国では、地上と反対向きに木が成長することになる。蜃気楼の逆立ち像に来世を見る人々がここにもいる。

まとめ――「逆立ちの世界」と蜃気楼

いまなお原始のまま生きる民族にも、古代シュメール・バビロニア・エジプト・中国で高い文化を生んだ人々にも、来世は逆立ち世界だという想像がある。古代エジプトのファラオも臣下もそう思っていた。中世でも、魔女は悪魔が支配する逆立ち世界に心を通わせ、

図74◉「精霊の森」の光景。モリンガ・オウァフォリア属の木(ナミビア北部・エトシャ低地で撮影)。

魔法をかけられたものはいつも逆立ちで描かれた。キリスト教の邪教弾圧にもめげず逆立ち世界は連綿と生き延び、いまも私たちのいろいろな習慣の中にしっかり残っている。なぜだろう?

蜃気楼はときおり逆立ち風景を生み、それが現実に目撃される(たとえば図82)。下向きに伸びるユーカリの枝も、逆立ちして空に浮かぶセイレーンも、鏡映像そのものだ。つまり逆立ちの世界は、現実に目撃された「魔女モルガン」の作品なのである。蜃気楼の幻像に来世を想う人なら、来世は逆立ちしていると考えるのはわかりやすい。いろいろな文明が鏡に格別な意味をもたせた理由もたぶんここにある。「鏡像=あの世」だから、ぞんざいに扱うと不幸をもたらす。その例として、親族が死んだとき鏡を隠す風習がいまも各地に残る。

蜃気楼は、いつもくっきりした逆立ち像を生むわけではない。景色の一部とか、山頂付近とか、水平線の向こうに隠れた陸地の一部がぼんやり浮かぶだけの蜃気楼もある。島のような幻像が地平線に現われて、またかき消えてしまう。そんな出逢いが人間の空想力をどんなふうに刺激するのか、次の章で眺めよう。

5章 神話の島々

図75◉イースター島「鳥人儀礼」のシンボル、双頭の鳥。

ポリネシアの不思議な島

ときたま現れて空と海の境に浮かび、神の意のままに浮き沈みする島があった。神聖な島だから、見ても指差してはいけない。そんな島を、ハワイ神話でカネ・フナ・モツ(カネの隠れた島)という。神カネとカナロアの夫婦が治め、天国の飲み物アワを楽しみ、四季にかかわりなく実る果物を食べて暮らす。そこへ渡った霊魂には、あらゆる喜びが待ち受け、老いも死もなく労働もない。島にある池の水を飲めばいつまでも若く、病気も治る。そんな暮らしに飽きた霊魂は、そのまま地上に戻るもよし、人間の体にまたもぐりこんでもいい。

カネ・フナ・モツ島のこんな誕生物語が伝わる。好天の雲をつかさどる男神と、悪天の雲をつかさどる女神が交わって霧を生んだ。霧はピラミッド形の赤い雲になり、雲から島が生まれる。島には三つの層があり、最上層はカネの名からカネ・フナ・モツと名づけられた。中間層クエイヘラニには、カネの妻子と小人族が住む。最下層ウル・ハイ・マラマには、かぐわしい花が咲き乱れる。庭は精霊たちが守る。カウハイという精霊は夜だけ風を起こして島を動かす。島は神聖だから、決まったタブーの期間を除いて日中は見えなかった。カネはほかにも精霊の島をつくり、そのひとつパリウリが現地の歌によく出てくる。

ツアモツ島には、二つの不思議な島ウポルとハヴァイキの伝説がある。二つのちょうど中間に舟でさしかかったときだけ見える島だという。ハワイに伝わる「タネとキホ・ツムの話」では、訪れたタネに老神キホ・ツムが、「あの飛び駆ける島をつかめばおまえは英雄になれる」と告げた。歌のひとつが「飛び駆ける島」をこう描く。

> あれが飛び駆ける島、逃げ足の速い島、
> さあもう浮き上がって、ヒヴァヌイの岸へと長旅に出かける。
> ヒヴァヌイは真っ黒い大きな島。
> 渡り鳥たちが、海に映った飛び駆ける島の影を追い、
> 島も渡り鳥のごとく風に追われて、だんだん小さくなっていく。
> 島はいきなり現れ、まっしぐらに飛び駆けるのだ。

サモア、トンガ、フィジーには、楽園の島ブロトゥ（ポロトゥ）の伝承がある。人は上陸できないし、そばを漁師が通ったときは神が隠してしまう。島はサヴェ・ア・シウレオという名の半魚人が治め、宮殿の柱は殺

図76◉不気味な雰囲気を漂わせる島影（オレゴン州沿岸で撮影）。

した酋長の骨でできている。そこへ渡った霊魂は命の泉に浸って生き返る。ララトンガ島で、死んだ戦士は「ティキ（最初の人間）の葦の家」という名の楽園に行く。似た話はプカプカ島にもあり、死者の霊魂は海神が治める楽園レヴァルに迎えられる。

ハーヴェイ島民は楽園の島を「モツ・タプ」と呼ぶ。海の生命を産んだ神ティニラウが治め、妃は鮫の背に乗って島へ来た娘イナだった。ティニラウは魚を率いる神で、海の魚が減ったら養魚池の稚魚を海に放流していた。あるときティニラウは、放流の許しを得るため島の一部を海神ヴィテアに譲り、その交渉を海の怪物が見守っていた。ティニラウを浮島、ヴィテアを水平線とみれば、ここに蜃気楼の世界がある。

神カネが治めた浮島のひとつパリウリも、ポリネシア語「パ（場所）」と「リウラ（蜃気楼）」の合成語かもしれない。「ティキの葦の家」のティキは、蜃気楼の象徴ともいえる双頭の姿に表現されたりする（図78）。

「モツ・タプ」の島も、空に浮かぶ蜃気楼像から生まれたのではないか。娘イナが「鮫の背に乗って」たどり着いたという描写がそれをにおわす。こうしてみると、ポリネシア神話の島々は、蜃気楼の幻像を見た人々が

図77◉ハワイにあるポリネシア原住民の祭祀場所（マライ）。ここは「岩も地面から浮き上がり、マライの上空を飛ぶ影が海上から見える」、とクック諸島の伝承にいう。

思い描いた来世だったのだろう。

魂の跳ぶレインガ岬

一七九三年、イギリスのキング少尉は、ニュージーランドの地図をつくろうとしてマオリ族の酋長フルとトゥキに助けを頼んだ。そのとき、島の北端にある岬がどれほど大事かを二人はしきりに強調して、西海岸沿いに北上する二重線をくねくねと岬まで引き、終点には枝の垂れ下がった一本の木を描いた。民俗学者の見解によると、その岬(レインガ岬)は死者の魂が来世に向かう「跳躍板」で、二重線はそこへたどり着く道すじなのだった。

一八二四年、カイタイア村にいたパッキー師がレインガ岬に行こうとしたところ、ホウホラ村の酋長が抵抗した。岬に生える木(アカ)の根を切るんじゃないか、切れば島が壊れてしまう……と酋長は恐れたらしい。酋長はパッキー師の部下に、「われらの霊魂が来世に渡る梯子をぜったい切らせないようにしてくれ」と釘を差し、ようやく許しが出る。

レインガ岬の向こうにある来世はやや複雑らしく、

図78◉頭が二つあるポリネシアのティキ。

精霊は最上位の平原に住むという。ホキアンガ村で布教したサーヴァント師が一八四一年にこう書き残している。「死者は……ヘランギの丘を越えてレインガ岬に着く。岬ではまず海面下の国に入り、〈モタタウ〉の入り口にかかる透明なベールを裂いて空中の平原に行く。そこで陽の光に暖められたあと冥府へ戻る」。

訪れてみたレインガは、木々がちぢこまったように生え、風の吹きすさぶ変哲もない岬だった(図79)。マオリ族の心を動かし、代々語り継いだ光景とは、いったい何だったのか?

魂の「跳躍板」や、魂を乗せた小舟の出る場所——そんな話は世界各地にある。名高いのがブルターニュ半島突端のラーズ岬で、湾内の「死者の海」から魂が出発した。死期を悟ったドルイド僧は、沖合いのセン島で永眠するのが夢だった。ハワイのオアフ島にも、西端のカエナ岬のそばに「跳躍板」がある。霊魂は島々をめぐってからサヴァイ島の西端で来世に飛ぶ、とサモアの住民が言う。トンガ諸島やハーヴェイ群島でも、ほぼ全部の島にそういう特別な場所がある。

たぶんレインガ岬は、はるかなむかし蜃気楼が目撃されて聖地になった。来世に通じる橋も、垂れ下がる

図79◉レインガ岬。マオリ族は、死者の魂(ワイルア)がここから来世に旅立つと信じる。

枝や根も蜃気楼の幻像だ。途中で魂が着く海は、空に映った海面だろう（図83）。それなら、魂が「海」から「空中の平原」を経て太陽に向かうのもわかる。

　海に突き出て、海上や沿岸から遠望できる岬は蜃気楼の舞台となる。そうした地点の空に浮かび上がった幻像に、古代人は来世へ跳ぶ霊魂を想ったのだろう。

幻の島々

フィジーを訪れた折り、ある老婦人が、子どものころ曾祖母から聞いたというこんな話をしてくれた。ヴァヌアレヴ島の西南端にある岬に立つと、夕暮れどき洋上に島が見える。名をナイコボコボという（名前の由来は彼女も知らなかった）、海神ンデンゲイの王国だ。舟で近寄ると後退し、ついには消えてしまう。人影は見えないけれど、生い茂る熱帯の木々はくっきり見える。その島に向けて死者の魂が飛んでいく。

　ブルトゥクラという謎の島も、ナヤウ島の西方、ラウ群島の「どこか」にあるらしい。ときたま見えても上陸はできない。島に住む荒々しい女たちの声や喧騒《けんそう》も聞こえたという。

図80◉フィジーのマナヌカ群島で撮影した浮島（下向きの鏡映）。島の端がそり上がって見えれば嵐が近い、と漁民は言う。

もうひとつ、ヴィティレヴ島の西に精霊の島ブロッ（またはモロッ）があって、尾の生えた神ヒクレオが生命の泉を守っているという伝説がある。

ナイコボコボ島とブルトゥクラ島のおよその位置を地図に描くと（図81）、どちらも蜃気楼像だとわかる。大気が静かなら、一〇〇キロくらい先の島はときに逆立ちで空に映る。ナイコボコボ島は八〇〜一〇〇キロ先の西に連なるヤサワ群島のどれかだろうし、ブルトゥクラ島もやはり一〇〇キロほど西に浮かぶロマイヴィティ群島のどれかだろう。

「霊魂の島」の目撃は、東より西のほうが多い（図15）。海の国では、明け方と夕刻に大気上下の温度差が大きくなって蜃気楼を生みやすい。西に目撃された話のほうが多いのは、沈む太陽に古代人が来世を想ったからだろう。それに、睡眠中だったり仕事の準備で忙しかったりする早朝に比べ、海をゆっくり眺める時間は夕刻のほうがずっと長いはずだ。

綴りが二重の「ナイコボコボ」の名は、蜃気楼の二重像から来たのではないか。南アイルランド西の海上に目撃され、一四五〇年まで海図に載った幻の島「イ・ブラセル」も二重の姿に描かれた。ブルトゥクラ島か

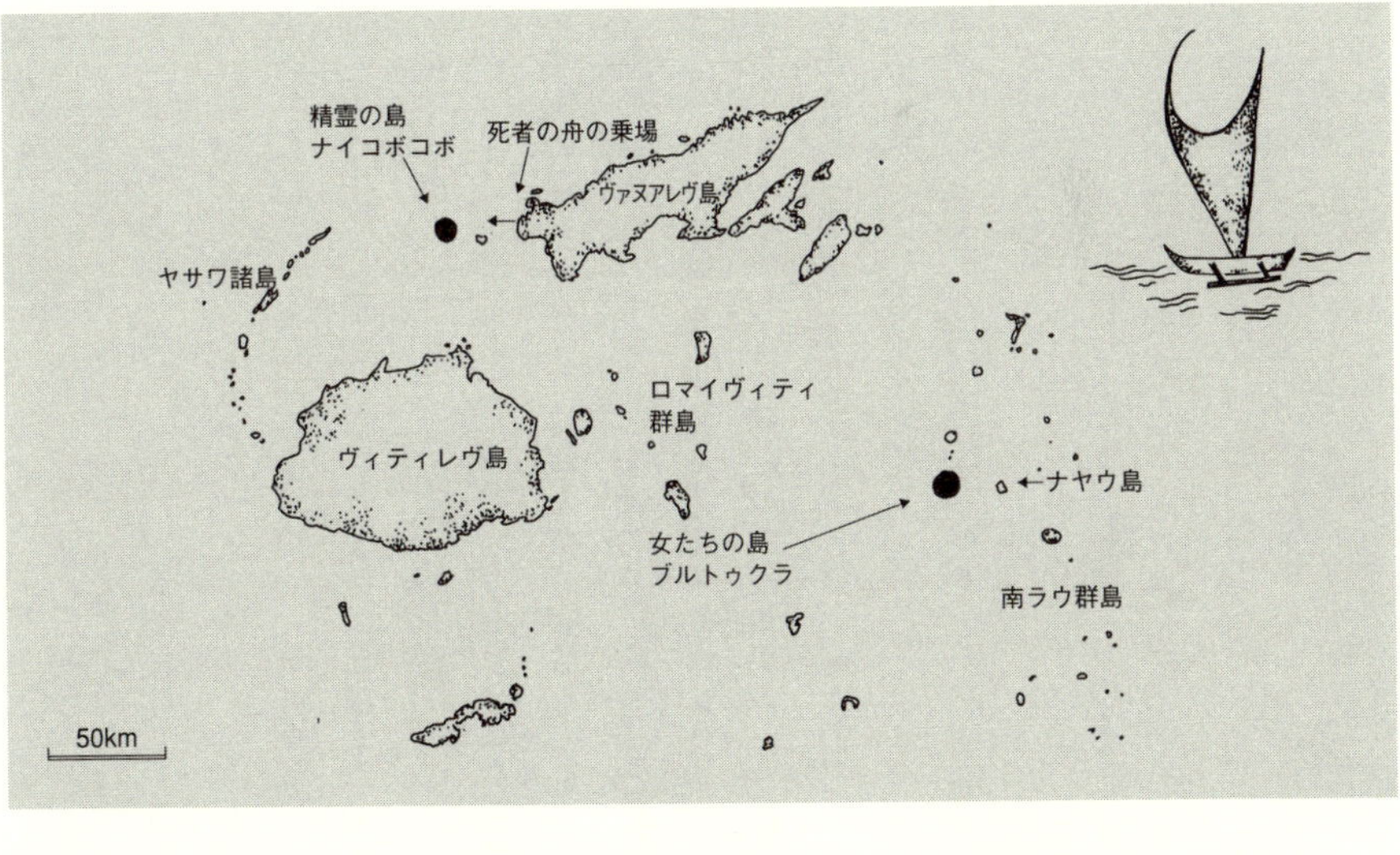

図81◉フィジー諸島で目撃された「幻の島」の大ざっぱな位置。ヴァヌアレヴ島西端の岬から魂が出発するという精霊の島ナイコボコボと、ラウ群島・ナヤウ島の西にあるという女たちの島ブルトゥクラ。

ら聞こえた「声や喧騒」も、「嵐の前の静けさ」のあと強まる風ではないか。幻の島を見たら船乗りが身がまえたという伝承も、それなら納得できる。

白い魂の国

オーストラリア、タスマニア、フィジー、トンガ、ハワイから西アフリカまで、黒人系種族の神話には、死者の魂が来世で「白い人間」になる話が多い。オーストラリアに植民が始まった初期のころ、収容所を脱走してアボリジニの村に逃げこんだ囚人を、村人が歓待した記録が残る。膚が白く、手にもつ槍が故人の槍そっくりだったので、故人が来世から戻ってきたと思ったらしい。「白い精霊」の話が祖先から連綿と伝わっていたのだろう。

　蜃気楼像は青白くて透明感があるから、来世の魂に白っぽい膚を想像するのはうなずけるし、蜃気楼の「逆立ち世界」を表した例のひとつかもしれない。

ティルムンと「天の帯」

シュメールの創造神エンキは、人間に技芸と農耕を伝え、地下に巨大な淡水湖をつくったという。世界創造の折りに海から上がってきた神で、半人半魚か、魚の尾をもつ山羊に描かれる。エンキに礼拝するバビロンの神官は魚のようなガウンを羽織った。

　エンキは地母神のニンフルサグ（山の貴婦人）を妃にして楽園の島ティルムンに住んだ。病気も死もなく、野生動物が平和に共存する楽園の島、四五〇〇年前のギルガメシュ伝説にも出てくるティルムンは、ペルシャ湾に浮かぶバーレーン島だったとわかっている（『蜃気楼文明』参照）。事実バーレーン島には、紀元前三千年紀につくられた一〇万基もの墳墓が残る。はるかな古代からメソポタミアの先住民は、バーレーン島に天国を想っていたのだ。

　「バーレーン」はアラビア語で「二つの海」を意味し、『コーラン』二五章にこんな一節がある。「二つの海（アル・バーレーン）を分け、ひとつは淡水で甘く、もうひとつは塩水で苦くしたのもあの方（アッラー）。あの方は二つの間に裂け目を入れ、混ざらないようにされた」。

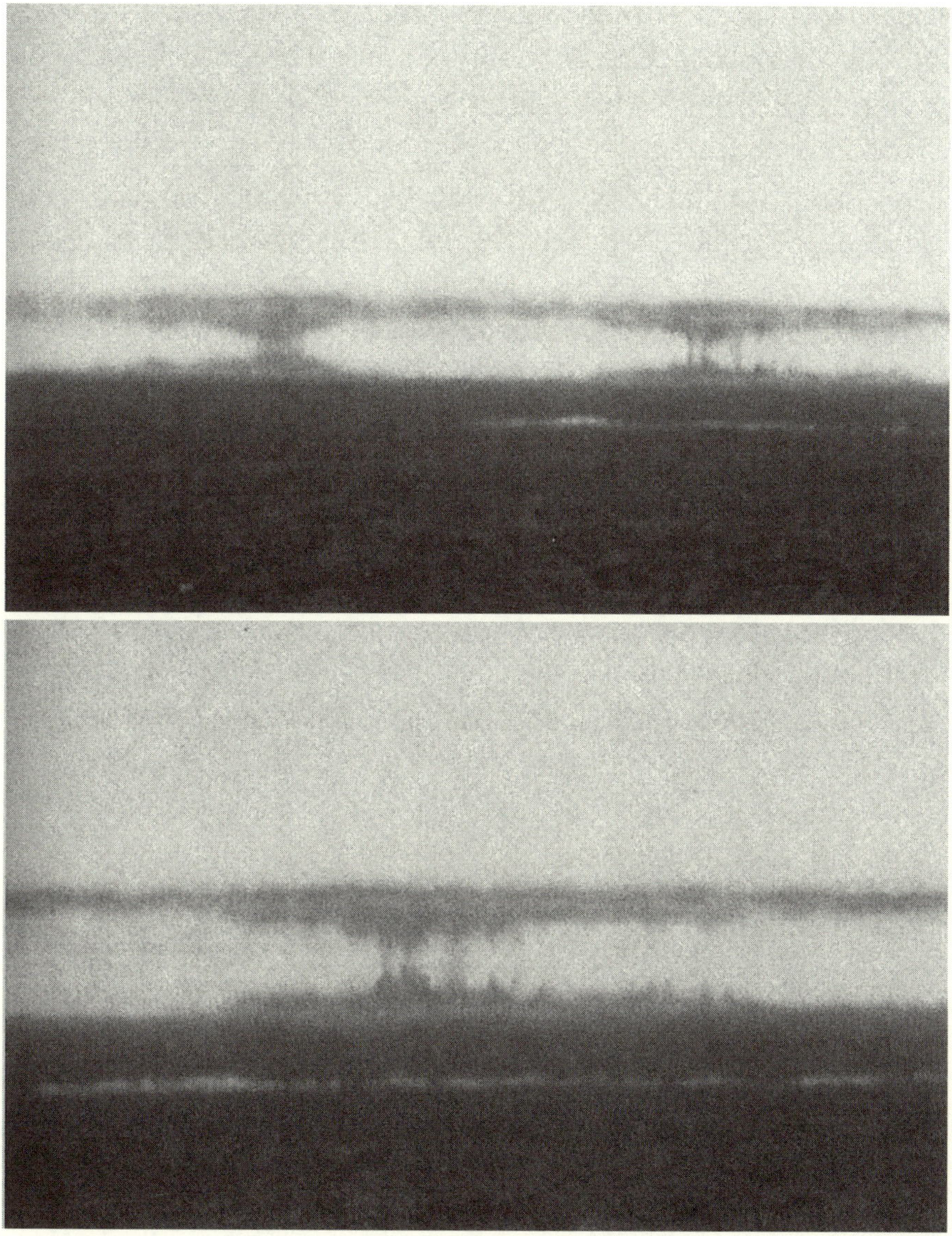

図82◉上向きに鏡映された島々（フィンランドの海岸で撮影）。ギルガメシュが天上の帯（水平線の鏡映像？）に渡ろうとして手に入れたかったのは、こんな「糸」ではなかったか？

古代史家は「淡水の海」をバーレーン島にある泉だと解釈するが、はたしてそうだろうか？

『コーラン』一八章で、モーセが永遠の命の泉を求めて旅立つ。旅の途中で出逢ったアッラーの使い、不死を得た人間に決意をこう伝える。「二つの海（アル・バーレーン）が合わさる場所につくまでは、たとえ八〇年かかろうと休まずに旅するぞ」。この場面は、古代のギルガメシュ伝説を改作したものかもしれない。

ウルクの王ギルガメシュはひたすら不死を求めた。半牛半人を供に連れ、神々の住むティルムンめざして旅に出る。道中で会った先祖が、不死を恵む植物を教えてくれた。だがあいにくギルガメシュはその植物を手に入れることができなかった。

欠落も多い粘土板の楔形文字が、ギルガメシュがティルムンを越えて天国に着く道程を記す。彼は「天の帯につながる」不思議な門「マシュー山」に登らなければいけない。この門は、翼と蛇を刻んだ階段に描かれる。神に門を開けてもらい、闇からまばゆい楽園へ歩み出たギルガメシュの眼前に、宝石をちりばめた庭が広がる。たわわに実る果物は紅玉髄《こうぎょくずい》、葉はラピスラズリ（菫青石《きんせいせき》）でできている。先祖のひとりウトナピシュティムが、「老いた人間が若くなる」という名前の水中植物を教えてくれた。苦労のすえ彼はそれを手に入れるが、帰りに水浴していたとき蛇に盗まれてしまう。生命を得る試みが水泡に帰したと知ってギルガメシュはさめざめと泣いた。

楽園ティルムンがバーレーン島の蜃気楼なら、物語の意味も氷解する。翼と蛇（地平線のシンボル）が守る階段、楽園の島へ通じる階段は、水平線の帯とともに空に映ったバーレーン島の蜃気楼像だったにちがいない（図82、83）。空に映った「淡水の海」は、実物の塩からい海と「裂け目」で隔てられる。雨は淡水だから、古代人は幻像に、命を養う「淡水の海」を想ったのだ。

ギルガメシュの「天の帯」はそういう「淡水の海」だろうし、アッラーが「裂け目」で分けた「二つの海」も、水平線の実物と蜃気楼像だろう。長く歴史家を悩ませてきた古代の謎も、蜃気楼を考えればすっきりする。

ギルガメシュが着いた楽園は宝石でできていた。古代オリエントには蜃気楼の景色を宝石になぞらえた話が多いし、四枚翼の動物がギルガメシュの従者（混合動物）をつかんでいる古代の絵も残る。ギルガメシュは「蜃気楼の天」に行きたかった。魔法の植物の名「老いた人間が若くなる」も、蜃気楼の逆立ち世界を語る。英雄ギルガメシュが一瞬だけ手にできたその植物を蛇(大地の象徴)が盗んで食べてしまう場面は、地上世界が逆立ち世界をまた「飲みこむ」情景、つまり蜃気楼像が消えるシーンの表現ではないか?

島を「永遠の命に至る門」とみる想像はメソポタミア近隣にも伝わった。キリスト教に染まってからのアラビア伝説にこんな話がある。「万能の神は〈彼らの服もガウンも脱がせよ〉と言い、天使たちに命じて着物を運び去らせた。天使たちは彼らを海上の島に連れていった。島には痛みも苦しみもなく、飢えも渇きも、寒さも暑さもない……歓喜と幸福、祝福、救済、安息に満ちていた」。この島は水晶にたとえられたり、「目にも鮮やかな色彩あふれる場所」と描写されたりする。

貝の楼台

水平線や空に現れる塔は、神に近い場所だということになっていて、『コーラン』八九章にもこんな一節がある。「……というのも、あの方(アッラー)が万物を監視なさろうとして塔にお立ちだからだ」。また八五章は「ご

図83◉島と水平線が空に映った蜃気楼像(フィンランドの海岸で撮影)。

自身の塔が立つ天におられる慈悲深きアッラーの名において……」と始まる。あるいは、「われらは天上に再び塔を建て、燦然《さんぜん》と輝かせた（一五章）」「天上に塔を置かれた神に祝福あれ（二五章）」という記述も見える。

中国では蜃気楼を蜃楼《シェンロウ》（巨貝がつくる塔）と呼ぶ。似た描写が、アレクサンダー大王伝のエチオピア版にもある。「われらは洋上に建物を見て通詞にきいた。〈あれは何か?〉〈王の墓で、中には黄金があふれております〉。その島へ舟を進めたかったが、友が押しとどめた。〈正体を確かめるまではあそこに行かせない〉。そこで廷臣八〇〇名を島へやった。一行が島に近づくと、海の妖怪が現れて舟をまるごと飲みこんだ」。海の妖怪は別の場面にも出てくる。「沖合いに島が見えたので、二人の部下にそこへ行くよう命じた。岸で見ていると、二人の前に妖怪が現れた。姿は人間そっくりでも人間よりはるかに大きく、ラクダのようでもあった。海中から伸び上がって兵士二〇人ともみ合い、兵士たちを海に投げこんでまた海中に没した」。

水平線の蜃気楼は、水平線の一部だけ空に映したり、島影を上下に大きく引き伸ばしたりして、塔や建物のイメージをつくる（図25）。そこに楽園を想えば「天上の塔」も生まれよう。

すでに紹介したとおり、日本人は海上の蜃気楼を「貝櫓《かいやぐら》」や「貝城」と名づけた。巨大な貝が吐く息の中に現れる塔、のイメージである。

冷たい海面ごしに水平線へ視線を走らせたとき、曲がる光がそこに幻想を描き出す。極地でも、地平線の一部が伸び上がれば塔のような幻像が現れる（図187）。「舟を飲みこんだ海の怪物」は、蜃気楼のあとで襲った嵐にちがいない。

妖魔の島

ノルウェーのレヴェヤ島は、かつて妖魔の島だったという。ほんのときたま目撃されるだけで、波間すれすれに細い帯のような姿を見せてからゆっくり伸び上がった。何人もがその島に行こうとしたが、近づくと海中に没した。祈りの言葉も効き目はない。本土のオルデンという農場に母豚と七匹の子豚がいた。くだんの島が見えた日、母豚と子豚は泳いでいって上陸した。豚たちは日がな島をぶらつき、夕べに戻ってきた。それが何日も続いた。だがある日の朝、農場主は呪縛を

図84◉塔や巨柱の林立を思わせる島の蜃気楼像。実物は低い島。二枚の写真は時間で40秒の差がある（フィンランドの海岸で撮影）。

破ってやろうと、母豚の首にナイフを結びつけた。その日以来、島はもう消えることなく、豊かな農場がいくつもある島になった。

島はたびたび蜃気楼の舞台になる。浮き上がったり沈んだり、ときには思いがけない場所に見えたりする。この島もそうだったのだろう。

まとめ――「神話の島々」と蜃気楼

図15でわかるように、霊魂が神秘の島に向かうという伝承は世界じゅうにある。アメリカ西海岸、ポリネシア、ヨーロッパの文明はお互い交流もなく歩んできたから、口伝えに広まったはずはない。島々の蜃気楼像を考えればわかる。生者は上陸できず、ときたま現れて海と雲の間を漂い、白っぽい動物が住み、命の泉が湧く――そんな島として、蜃気楼像のほかに何がありえよう？　四五〇〇年前のギルガメシュ叙事詩が、楽園の島、天の帯、永遠の若さの国に向けた憧れを語っている。海水と「裂け目」で分かれた「淡水の海」も蜃気楼像だ。シュメールやバビロニアの古代人が、地上に水を恵む楽園とみたのは、空に映る海のことだった。

ペルシャ湾の「来世へ移る場所」も、さまようポリネシアの島も、人々の空想心をかきたてた。そこで生まれた宗教心が、本能だけで生きる段階から脱け出ようとしていたころの祖先たちを導いたのだ。

蜃気楼が古代人の心に宗教感情を印したなら、蜃気楼は宗教や文化のシンボルにも足跡を残しているはずだ。はるかな昔から、鳥は天の、蛇は地のシンボルだった。それなら、天と地の出逢う地平線にぴったりのシンボルが生まれる。羽の生えた蛇、翼をもつ蛇、蛇をからみつかせた鳥……である。

6章 羽のある蛇

羽蛇と翼龍

古代メキシコのアステカ王国は祖先神をケツァルコアトルと呼んだ。一〇世紀の神官も、神の名を名乗った。「ケツァル」は麗鳥の名、「コアトル」は蛇だから、ケツァルコアトルは「羽の生えた蛇（羽蛇）」になる。羽蛇の姿があちこちの神殿を飾りたてる（図100）。

翼をもつ蛇は、古代エジプトの宗教でも大切なシンボルだった。ファラオや役人の墓、神殿の門（図86）、ファラオの冠を飾りたて、昇天する魂につき添った。トゥト・アンク・アメン（ツタンカーメン）のミイラを包む布に、このシンボルが一七個もちりばめてある。

図85◉ビザンチン文化が残した双頭の鳥（絹織物の刺繍）。

頭が鷹の神ホルスは、蛇の姿をした冥界の女神アポピス（アペプ）としじゅう闘った。天国に昇るファラオの魂を迎えたのは、頭が三つで足が四本あり、翼の生えた蛇だった（図87）。翼（空）と蛇（大地）の対は地平線を表し、三つ頭も三重の蜃気楼像に通じる。ギリシャ神話に出てくる地獄の番犬ケルベロスも女神ヘカテーも頭が三つだし、楽園の門を守ったヘスペリデスも三人いた。どれも自然観察から生まれた生き物である。

中国には空を飛ぶ蛇、龍がいた（図93）。黄帝の息子とされる寓虢《ぐうごう》も、顔は人間なのに胴体は鳥で、耳に蛇をぶら下げている。

インドのヴィシュヌ神は、頭が四つの世界蛇アナタ

図86(上)◉上ナイルのカルナック神殿に残る、翼をもつ蛇。
図87(下)◉古代エジプトで楽園(天国)の門を守った蛇。頭が三つで翼がある。

図88◉デンマークのキリスト教化に際してハーラル青歯王(850〜933)が父ホルムのために建てた墓石。ゲルマン世界の翼龍が刻まれている。

セーシャを退治し、神鳥ガルダで飛び回った(図165)。ヴィシュヌの妃ラクシュミーは水平線の波頭から生まれている。

ゲルマン世界も同じ。世界樹ユグドラシルの梢《こずえ》には鷲が棲み、根元には巨大な蛇がとぐろを巻く(図107)。一〇〇〇年前にキリストの十字架が達した最北点、デンマークのイェリングに残るルーン文字(古代ゲルマン文字)の石碑に、翼龍を押さえつけた僧が刻まれている(図88)。先史の翼龍は、中世に建ったシャルトルの聖堂にもなお描かれた。

キリスト教も鳥と蛇は捨てなかった。楽園の門に立ち、やってきた霊魂をつつがなく天国に送りこむ大天使ミカエルは、背に翼を生やし、龍を退治している。つまりキリスト教徒も初期のころは、天国を地平線に思い描いていたのだ。

四万年前から孤立してオーストラリア大陸に住むアボリジニの信仰世界にも、蛇と翼の組み合わせが見える。命を恵み、魂の再生をつかさどる豊穣の母神エインガナは、大きな腹をしてうめきながら陸地を創造する蛇だった。英雄バライヤがエインガナの腹を槍で割き、人間と動物が産まれ出た。エインガナは「虹の蛇」

図89◉北イタリア、自然石を刻んだ第一次大戦の記念碑。剣で蛇を押さえつける大天使ミカエルが、戦死者の霊を天国へ導く。翼(天)と蛇(地)を組み合わせ、天国に通じる地平線を表現したもの。

も産んでいる。アボリジニは、エインガナや虹の蛇を樹皮に描くとき、頭に羽飾りをつける(図90、91)。ジャウアン族は羽飾りをジャンマル(エインガナ)、チャマラン(虹の蛇)と呼ぶ。

羽蛇や翼龍——こういう手の込んだ生き物が、世界各地の古代宗教を彩っていた。たまたまそうなったはずは絶対にない。共通の起源があるとすれば自然現象、それも、翼(天)と蛇(地)の出逢う地平線や水平線の蜃気楼像だったろう(図43)。

虹の蛇

アボリジニがこんな神話をもつ。ワウィラクの姉妹がいた。同じ一族の男と妹が交わり、罰が怖くなって二人は草原に逃げる。乳飲み子を抱えてさまよったあげく、とある池に着く。一族を生んだ虹の蛇ジュルルングルの棲む池だった。ジュルルングルはふだん水中にいるが、ときにはとぐろを解いて高く伸び上がり、北は海中の島々まで、南は草原の果ての大砂漠まで見晴らせた。その姿勢でほかの蛇たちと対話する声は、雲の中から雷鳴のように轟いたという。

図90◉羽をもつ虹の蛇(レインボースネーク)。オーストラリア・ドラヴァン族の絵。

まずいことに妹は産後の出血で池の水を汚す。蛇は眠りから醒めて怒り狂い、伸び上がって噴水のように水を吐く。恐ろしい雷雨が来た。雨が小止みになったころ、虹の蛇は頭を雲から地面のほうへ下げてきた。見上げると、巨大な丘かと思える蛇の頭が見えた。必死に祈る姉妹を虹の蛇は赤ん坊もろとも飲みこみ、頭をまた雲の中までもち上げた。騒ぎをいぶかしんだほかの蛇たちが住みかから身を出し、ぐっと伸び上がるが虹の蛇ほど高くはなれない。虹の蛇は伸び上がりすぎ、かろうじて尻尾の先だけが池の中。ほかの蛇に力を見せつけてやろうと強風を起こすが、勢いあまって地面にどさりと倒れてしまう。

アボリジニは虹の蛇を、とさか(羽)つきで描く。池や氾濫原から伸び上がる姿を目にしたら、嵐の気配を感じるのだという。すると「轟く声」は遠雷ではないか。どれも、「嵐の前の静けさ」に起こりやすい蜃気楼にぴたりと合う(図82、111参照)。

アステカの「天の蛇」も似ていて、雨の神トラロックと一緒に現れて嵐を起こす。鏡像の姿に描かれる天の蛇(図13)は蜃気楼にふさわしい。

北オーストラリアのローラ地区では、虹の蛇(ガレル)

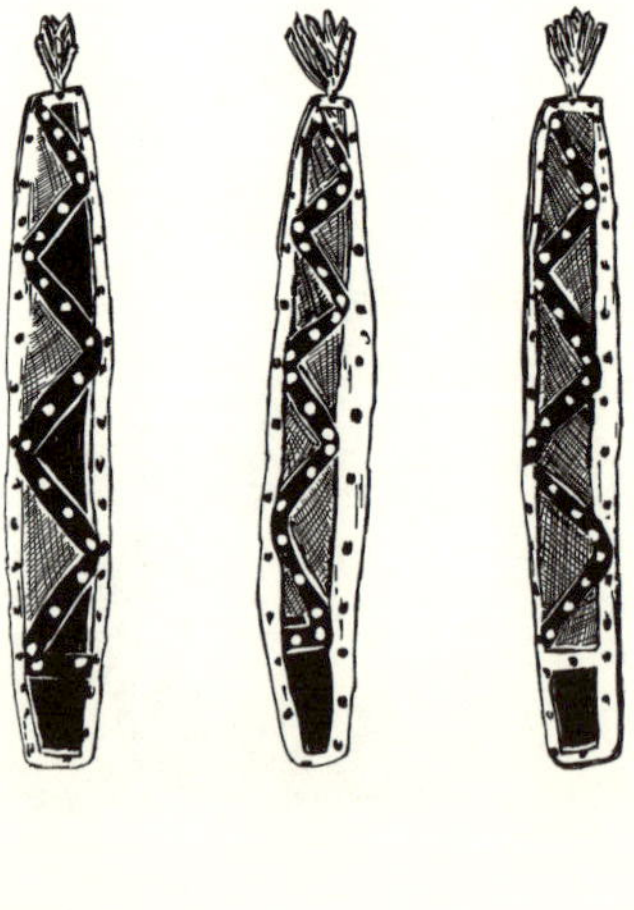

図91◉オーストラリア・ジャウアン族が儀式につかう杭の樹皮絵。氾濫原から立ち昇る、とさかをもつ虹の蛇。

を、全身に短い針がびっしり生えた姿に描く。蛇に体毛はないから、針は羽だろう。そっくりな蛇が、大西洋の彼方、南アフリカに住むブッシュマンの岩絵にも見つかり（図92）、やはり水と豊作のシンボルだ。ブッシュマンの蛇は、いびつな姿をした「雨の生き物」と一緒に描かれる。嵐の直前、静かな水面の上空に浮かんだ蜃気楼像が源にちがいない。

ニューギニアでも人類学者のミードが、岩や池に不思議な生き物が棲むという話をアラペシュ族から聞いた。名を「マサライ」といい、みごとな斑点と縞がある双頭の蛇かトカゲだという。

中国の龍

中国の神話には龍がひんぱんに出てくる。空飛ぶ龍の話は、紀元前六〜五世紀の孔子が集成したと伝えられる『易経《えききょう》（変転の書）』（訳注：実際の完成は紀元前三世紀ごろ）に見える。紀元前一世紀の司馬遷《しばせん》『史記』にも、年号を信用すれば紀元前二六九七年の事件になるけれど、黄帝が龍に乗って天へ昇った話がある。以後の皇帝たちはみな龍を権力の象徴にし、衣装も宮殿も龍の絵で飾りた

図92◉南アフリカのブッシュマンが描いた、角と羽（体表の突起）をもつ不思議な大蛇。大蛇は泉にいて、空に浮かんだという（カテドラル・ピークのものと、イースト・ケープ地域のもの）。

てた。天空や海上を行く龍の伝説はひきもきらない。中国に龍がこれほど深く根を下ろしたのは、最初の人間を龍が産んだという信仰があったからだろう、などと解釈する学者もいる。だが、苦しい想像をしなくても、龍の姿には蜃気楼の幻想世界がくっきりと見てとれるのだ。

　龍は海から産まれ、姿形を自在に変える趣の生き物である。体つきは蛇で、鳥のように空を飛ぶ「地平線の生き物」だ。北京・故宮の「九龍壁」に、色あざやかな龍たちが波間で力強い動きをしている（カバー裏折返し）。紫禁城の雲龍階石（図93）、天壇の外装（図94）など、龍がたいてい一対（二重像）に描かれるのも蜃気楼をほのめかす。龍は「完璧」のシンボルである真珠とたわむれ、そばには后妃を象徴する鳳凰（フェニックス）がいる。

　龍が現れるとやがて嵐や洪水、雷が来る。龍は「嵐の前の静けさ」に目撃されたのだろう。中国の歴代皇帝は、自分が力強い「天の生物」の、つまり天界が地上に派遣した使者の体現だと民衆に思わせたくて、龍を象徴にしたのだ。

　浙江省の仙都に丹鳳《タンファン》という山がある。頂にある池、三脚湖に伝わる話を紹介しよう。宿敵の蚩尤《しゅう》を倒した黄帝は、巨大な三脚をつくって祝勝会を催した。宴たけなわのころ、にわかに雷鳴が轟き、降りてきた彩雲の中から黄金の鱗をもつ龍が現れた。頭を三脚にもたれかけて髭をだらりと下げ、胴を空に泳がせていた。黄帝はいたく喜んで龍にまたがり、天帝のもとへ昇る。人々もわれがちに龍の髭をつかんだ。抜け落ちた髭が草になり、その草をいまも「龍の髭」と呼ぶ。

　この龍はたぶん山頂の蜃気楼像だった。不思議な光景だったため、地上の人々はそこに黄帝の天国行きを想った。三脚も私の目を引く。三脚はデルフォイの神殿に欠かせない祭具で、三叉の鉾とともに神の「三重性」を象徴するものだった（図31）。

　鳳凰は灰の中から復活する。古代エジプト人はその大きさを「オアシス」「九つの山」にたとえたが、たぶん蜃気楼で空に映った（灰から生まれた）地面だった。中国で二千年以上も前から皇帝夫妻の象徴だった龍と鳳凰は、だからどちらも蜃気楼につながる。

霊虚殿の物語

中国にこんな創世神話がある。まだ大河がなかったこ

図93◉北京・故宮の雲龍階石。龍はたいてい一対に表現される。

ろ、東海に棲む四匹の龍が陸地の上を飛んでいた。天帝が水を恵まないせいで、民衆が渇きに苦しんでいる。見かねた龍たちは、口に湧く唾を雨にして降らした。勝手な行動を怒った天帝は、龍の処罰を山の神に命じる。神は「四つの山を空高く飛ばして」龍の上に落とした。つぶれた龍の体は水源に変わり、四つの大河が大地を潤しつつ海へ注ぐようになったという。

こういう語もある。東海の龍王と九匹の子龍が地上に雨を恵んだとき、暴風が見舞って海は大荒れになり、漁船が転覆する。ほうり出された漁師をあわれんだ子龍は、鱗でつくった蓮華《れんげ》形の小舟を浮かべてやった。そのとき天魔が龍に戦いを挑む。なんとか切りぬけて龍たちが難破船のところへ戻ると、漁師は海中に沈んでしまっていた。やがてそこに生まれた蓮華そっくりの山が、いまの天台山だという。

唐の儀鳳《ぎほう》時代、六七六年の出来事とされる伝説を紹介しよう。洞庭《どうてい》湖に住む龍王が、涇川《けいせん》の龍王の次男に娘を嫁がせた。娘は夫にいじめられ、みすぼらしいなりで羊の世話をさせられていた。そこへ、科挙の試験に落ちて故郷に向かう青年柳毅《りゅうき》が馬で通りかかる。娘は柳毅に身の上を語り、父親に手紙を届けてほしいと

図94◉北京・天壇、皇帝と后妃を象徴するそれぞれ一対の龍と鳳凰。

頼んだ。柳は洞庭湖におもむく。言われたとおり橘《たちばな》の大木を帯で三回たたくと波間から兵士が現れ、湖面の沖へ柳を連れていった。着いたところは、「無数の楼台や殿閣が連なる龍宮」霊虚殿《れいきょでん》だった。柱は白玉(翡翠《ひすい》)、階段は碧玉《へきぎょく》、壁は水晶、柱や板も青玉・琥珀《こはく》・瑠璃《るり》ででき、柳は「言うに言えない美しさ、底知れぬ深さ」に心うたれる。兵士が言う。「わが陛下は龍で、陛下の神通力のもとは水です。その一滴で山も谷も水びたしにできます」。龍王は娘の手紙を読んではらはらと涙をこぼす。そこに登場した龍王の弟、銭塘《せんとう》が一件を聞いて猛り狂い、義理の甥を罰しに出発する。銭塘は娘をとり返してきた。

　龍王は柳に娘をもらってくれと頼むが、柳は固辞して人間界に戻る。やがて結ばれた二人の女性は相次いで早死にした。三人目の妻になったのが、結婚したあとでわかったが龍王の娘だった。二人は幸せに暮らした。まるで歳をとらない柳の噂を聞きこんだ皇帝が、八方手を尽くして秘密を探ろうとする。不安になった柳は、ついに妻を連れて洞庭湖へ戻った。

　ある晴れた日、柳毅の従弟にあたる薛嘏《せっこ》が洞庭湖を渡っていたら、遠くに「波間から伸び上がる緑なす山」

図95◉海上に現れた「龍王の城」(フィンランドの海岸で撮影)。

が忽然《こつぜん》と現れた。船頭は「ここには山などない。妖怪の仕業か」と棒立ちになる。だが山はたちまち舟に近づき、柳が姿を見せて出迎えた。柳は相変わらず若々しかった。

水上に現れた透明な水晶やガラスの宮殿も、緑なす幻の島も蜃気楼の幻像だろう（図95）。暴風雨や洪水をにおわす記述も蜃気楼にふさわしい。「常若《とこわか》の国」も、ケルト神話と同じく、蜃気楼の幻像に来世を想う古代人が生んだ。

ウルムチの赤い龍

新疆《シンチャン》ウィグル自治区の首都、百万都市のウルムチは、天山山脈の北東、海抜六〇〇〜九〇〇メートルの草原に広がる。街を流れるウルムチ川のほとりに赤っぽい満山《マンシャン》という丘があり、一七八八年の建造、煉瓦づくりの九重の塔が頂に立つ。対岸にある「霊の丘」にも塔が立っている（図96）。伝承によると、一七八五年に「天の海」から赤い龍が満山の頂に降り、長い胴体を橋のように対岸の丘まで伸ばした。ウルムチ川が氾濫して堤防が切れたときに目撃されたのだという。龍の体が流れをせき止めて洪水になった、と人々は思い、以後は胴体が川面に触れないようにと、市当局は二つの塔を建てたのだ。

川の増水で地下水面が上がり、地面が冷えて上向きの蜃気楼が起こりやすくなったため、満山の丘も対岸の丘も、両者をはさむ地面も空に浮かんで見えたのだろう。赤っぽい満山の鏡映像なら、赤い龍のイメージになる。幻像は民衆の心を大きくゆさぶったから、塔を二つも建てるという難事業もすらすら進んだ。くわしい記録が残るこの二〇〇年前の出来事は、蜃気楼の力をよく伝えるし、龍が中国にしっかり根を下ろしている理由も納得させてくれる。

ウィンバラク山の蛇

オーストラリア中部のアボリジニは、まわりの地形に「夢の時代」の英雄を想い、特別な場所は大がかりな儀式で祀《まつ》る。そんなひとつがウィンバラク山、頂は岩がむき出しで、山肌に溝を刻む一対の山だ。片方の頂には蛇男ジャラピリが棲み、頂にある岩は彼の体だった。東にある別の峰にはジャラピリの息子たち、やや低い

図96◉ウルムチに残る一対のパゴダ。空から下ってきた赤い龍が体で架けた橋の両端を表すという。

峰には盲目の蛇ジャラピリ・ボンバが棲んだ。あるとき北西からナバヌンガの女が二人やってきて、ジャラピリを自分たちの亭主にして連れ帰ろうと、ウィンバラク山を攻めたてた。だがジャラピリは頑固にとぐろを巻いたまま。

やがて、北西に広がる平原にいろいろな蛇が集まって祭を始める。ところが盲目のジャラピリ・ボンバが全部の出し物にしゃしゃり出るせいで祭はうまく進まず、みんな嫌気がさして散り散りになる。こういう先史のドラマを、アボリジニは舞台をしつらえて演じる。

山頂にある岩（ジャラピリの体）から「命のもと（クルンダ）」を飛び出させる場面がおもしろい。クルンダを浴びた草原の雌蛇が妊娠し、アボリジニの大事な食糧になるわけだ。

目立つ地形に「夢の時代」の英雄を想い、儀式で目覚めさせるアボリジニの宗教世界も、祖先たちの蜃気楼体験が生んだのだろう。夜間に地面が冷える砂漠では、山頂がたびたび幻像になる。アボリジニの空想心は、それを役者にする蜃気楼のドラマを生んだ。ジャラピリが飛ばす「命のもと」も、透明感のある蜃気楼像にふさわしい。精液なら、新しい命を恵む来世の想像にもつながる。何万年も前の祖先たちは、自然観察を生命の輪廻《りんね》に結びつけ、宗教にまで高めたのである。

龍王の遊び

明治三五年に林顕三という人の著した『北海資料』が、小樽海岸の蜃気楼をこんなふうに伝える。「……わずか一点の島と覚えし岩礁の大きくなるや否や、その島、青黄赤白の色を顕《あら》はし、紫摩黄金《しまわうごん》の光を放ち、此方《こなた》より帆かけ行く筵《むしろ》帆、頓《たちまち》に金繍綾羅《きんしうりようら》の帳《とばり》と変じ、彼方《かなた》の苫屋《とまや》と思ひし漁舎は宮殿楼閣となり、珊瑚瑠璃《さんごるり》の甍《いらか》を葺《ふ》きたるばかりに見えしか、あれよあれよと指さし眺むる間に、三陣の西風にて吹《ふき》消されたり。さてその理由を水夫《かこ》の言ふに、今宵若《もし》くは明日は雨降るべしと。……」。明くる日まさしく雨が来た。

こうした現象を日本では「龍王の遊び」という。むかしの人々は蜃気楼に、海上でいたずらする龍王を想ったのだ。色とりどりの幻像も、やがて来る雨と蜃気楼のかかわりも、みごとに書きとめられている。

図97◉日本の伝説にいう「龍王の城」のイメージ。伸び上がって整然と並ぶ幻像は、寺院の塔を思わせる（図217L参照）。

五千年前のメソポタミアに高い文明を築いたシュメール人は、祭祀のもようを粘土板に楔形文字で書き残した。それを読むと、当時の神官も庶民も、ティグリス・ユーフラテスの流れる地上世界と同じものが鏡像の姿で天にもあり、神々や英雄たちが住むと思っていたらしい。祭祀用の高い塔(ジッグラト)の銘板に、「塔は天神アンと地の女神キューの両方に捧げる」と刻んである。シュメールの王はジッグラトの最上階に登り、天の女神イナンナとの婚礼儀式をとり行った。

祭祀の意味は、蜃気楼を考えればすぐわかる。メソポタミアでは蜃気楼がことのほか起こりやすい。バビロンを調査した考古学者も、ビル・ニムルド神殿の塔が逆立ちして空に映るのをたびたび見た。廃虚の丘(テル)の倒立像を見た人もいる(図64)。真夏の昼間なら蜃気楼は日常茶飯事だったという。ノルドという男爵も、川や城・塔・森・庭園などの蜃気楼像を目撃し、空に現れた緑の野原を「地上とまったくちがう姿で空に浮かんでいた」と書き残す。

バビロンの守護神マルドゥクの聖殿は「天と地の基礎をなす家」と呼ばれた。ジッグラトの最上階は、蜃気楼の鏡映が生む「天宮」や神々と心を通わす場所だったのだろう。そんな幻像は、たぶん旧約聖書「創世記」一一章にいうバベルの塔の原型でもあった。蜃気楼の像だから、天上へ行きたいという願いもかなわなかったのだけれど。

ジッグラト祭祀の主役は女神イナンナだった。天神アンと地母神キューの娘、まさしく地平線の神である。シュメール人は、都市の繁栄には「メー(百神の力)」が欠かせないと考えた。メーの管理者がイナンナだから、メーとは、街が空に映る能力だったのだろう。イナンナはエリドゥの街のメーを盗み、新しい都市ウルクへ運びこんだ。この伝承は、エリドゥが砂漠化して地下水面が下がり、地面が冷えなくて蜃気楼が起こりにくくなった事実の脚色にちがいない。

巫女《みこ》はイナンナの代役となって天神ドゥムジと婚礼した。「エンキと世界秩序」というシュメール神話で、ドゥムジはアマ・ウシュムガル・アンナ(天の龍)とも呼ばれる。別の神話に「龍は地上に投げつけられた。天にはもう居場所がないからだ」とある。ドゥムジは別名をパズズといい、悪霊と雷神の王、「聖山を汚す者」

だった。四枚の翼をもつ姿、蜃気楼の生む「二重の鳥」に表現されるパズズは、山のいびつな蜃気楼像から生まれたのではないか。バビロンに引きとられてからはタムズ、のちベル・マルドゥクと呼ばれ、ついにはバビロンの神となる。

バビロンの城壁に、混合動物ティアマトの絵がちりばめられている。ティアマトは、はるかな昔にベル・マルドゥクを征服した。胴には鱗が生えて頭は蛇、後肢には鳥の爪があり、前肢は獅子、尾はサソリの針だ。姿をさまざまに変える、地平線や水平線の幻像だろう。じっさいバビロニア神話に、「大地の塩水はティアマト龍の姿になる」という一節が見える。ティアマトはそのむかし、海と空の出逢うゾーンから生まれたのだ。

ベルリンのペルガモン博物館に納まるバビロンのイシュタル門には、ティアマト龍と並んで、嵐の神アダドが雄牛の姿に描かれている(図99)。蜃気楼と嵐のかかわりについて説明はもう不要だろう。バビロン城壁のティアマト龍は、バビロンの街を敵の目から隠す蜃気楼が起こってくれるように、との願いを表すものではなかったか？　ティアマトは、いつも現世の秩序を乱そうとする「混沌《こんとん》の龍」として伝承の中に語られる。

図98◉古代シュメールの「天の龍」、翼四枚の神パズズ（別名ドゥムジ、タムズ）。BC8世紀、アッシリア出土のブロンズ像。

龍に似た混合動物は中近東の神話を染め上げた。イランのアフリマンも、バビロンの龍ティアマトやヒッタイトの龍イルジャンカにそっくりだ。アフリマンが創造したアジ・ダハカ(頭が三つの龍)は、身をくねらせながら天高く昇る。人民を苦しめた龍を「猛々しき者」火の神アッタルが陸上と海上を追い回し、最後は山頂に鎖でしばりつけた。このなりゆきほど、上向きの蜃気楼が生む山の三重像にぴったりのものはない。ヘブライ人は混沌の龍ティアマトをレヴィアタン(リヴァイアサン)として引きとり、「泉上の奈落《ならく》」に棲む怪物に描いた。

古代インドの王たちも毎年、愛と豊穣の女神(ラクシュミー)との婚礼祭祀をとり行った。ラクシュミーは、夫のヴィシュヌ神と並んでガルダ鳥の背に乗った。ガルダ鳥と蜃気楼のかかわりは9章で考えよう。

世界を生む「混沌の龍」

バビロンの神マルドゥクは激戦のすえ「混沌の龍」ティアマトを倒し、その体を割いて半分から天を、あと半分から大地をつくったという。

そっくりな話は中米先住民の創造神話にもある。世

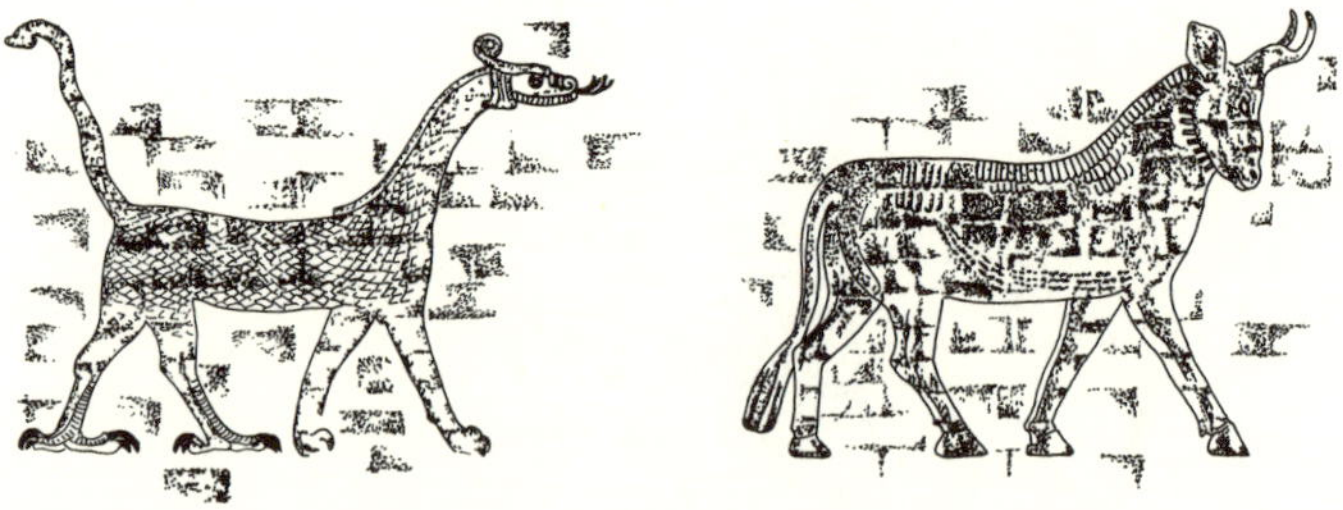

図99◉バビロン城壁、イシュタル門に刻まれた「バビロンの赤い龍」と、天気の神アダドを象徴する雄牛。龍は蜃気楼の産物で、天気の神は気象を操る。

界ができる前、神ケツァルコアトルは、テスカトリポカ（煙を吐く鏡）と手を組んで、荒れ狂う大地の怪物（伸び上がる蜃気楼像？）と戦う（図100）。ケツァルコアトルは「羽蛇」だし、「煙を吐く鏡」は蜃気楼の幻像にぴったりだから、どちらも地平線の蜃気楼にからむ。人格化された「羽蛇」はナクシトル（四本足）の名でも呼ばれた。ケツァルコアトルの父の名も蜃気楼にふさわしいミスコアトル（雲の龍）で、母親は大地の女神チマルマン（地面に横たわる楯）だった。

ケツァルコアトルもテスカトリポカも、ひとりでは「大地の怪物」に勝てなかった。二人が合体して巨大な蛇になったとき、ようやく勝てて怪物を裂いた。その半身から天を、別の半身から大地を創造し、「大地の半身」から植物と水を生んで地上の風景をつくる。こういう創造神話は、古代人の蜃気楼体験から出たにちがいない。

シンドバッドの鳥と蛇

巨鳥ロック（ルーク）の物語は、マルコ・ポーロも旅行記に書きとめた。いちばん名高いのが『千一夜物語』で、

図100◉「羽をもつ蛇」ケツァルコアトル（右手）と、ライバルの「煙を吐く鏡」テスカトリポカ（ブルボン王朝写本の細密画。パリ、国立図書館）。両端に頭のある小さい蛇は、天気を司る雨の神トラロック。

船乗りシンドバッドがロックに出逢う。シンドバッドは、漂着した無人島で巨大な丸い物体を見た。首をかしげていたら、空がさあっと暗くなる。とてつもなく大きな鳥が飛んでいた。彼はいつか旅人から聞いた話を思い出す。ある島にロックという巨鳥が棲み、雛《ひな》に象を食わせている……そうか、あの白いドームはロックの卵だ。「見ていると巨鳥は卵を抱き始めた。卵を翼で包みこみ、二本の肢を後ろに投げ出して。そのまま眠りこんだ」。また町に戻りたいシンドバッドは、ターバンをほどいて体をロックの肢に結びつける。明くる朝、鋭い叫び声を上げて巨鳥は身を起こし、空高く舞い上がった。「空の果てまで行くのだろうか?」巨鳥はゆっくり降り始め、とある丘の上に着陸。シンドバッドは急いでターバンをほどく。「あいつは爪に何かつかんで、また飛び上がった。見ると、ものすごく太くて長い蛇だった」。シンドバッドの眼下には大きな谷が口を開けていた。まわりは巨山が連なり、木も川もない、やりきれないほどの荒野なのに、谷あいの岩はことごとくダイヤモンドだった。

五度目の旅で着いた島にもロックの卵があった。シンドバッドが警告する間もなく、仲間は卵を割って雛を裂いていた。そのとき空がにわかにかき曇る。ロックだった。人間どもの凶行を悟ったロックは高くひと声鳴き、連れ合いに知らせる。「二羽は船の上空をぐるぐると回り、雷のような声で叫び続けた」。二羽はいったん飛び去ってから戻ってきて、爪につかんだ巨岩を船の上に落とした。船は沈んでもシンドバッドはなんとか一命をとりとめ、また次の冒険に旅立つ。

巨大な卵と、その上に降りる巨大な鳥は、水平線の蜃気楼を思えばわかりやすい。島の上空に見えた物体がまた島と合体するような幻像はよく現れる。巨鳥が飛び上がるイメージも蜃気楼が生む。木も川もない荒野も、「ダイヤモンド」の山も蜃気楼にふさわしい。オリエント世界には、陸地の蜃気楼像をダイヤモンドのように透明だと形容した記録が多い。巨鳥ロックは陸には降りず、世界の軸(天地の結び目)カーフ山だけに降りた、とアラビアの伝説にいう。

二つ目の物語には二羽の巨鳥が現れた。島や岩礁が上向きの蜃気楼で二重像になったものだろう。巨鳥たちが投げ下ろした岩は、ときおり鏡映像どうしを結ぶような形で現れる暗い「帯」だったのではないか?

嘴《くちばし》に三頭の象をくわえたロックの絵がペルシャに残

る。たぶん蜃気楼の三重像だろう。古代インドにも、三つ頭の象に乗る神インドラの絵があった。マイソールのマハラジャ宮殿に描かれたロックは頭が二つあり、嘴に一頭ずつ象をくわえている。

ロックの物語は、嵐の前の静かな海面上に船乗りが見た蜃気楼像の脚色ではないか。ロックの声は、轟いてきた遠雷に思える。巨鳥は空のシンボル、それが運んだ蛇は大地のシンボルだから、ここにも翼蛇がいる。「ロック」や「ルーク」の語源はペルシャ語だと言われるけれど、ペルシャ語のRookh（頬）ではつじつまが合わない。「息」や「霊」を意味するアラビア語の「ルー（Ruh）」から来たのでは、と私は思う。

ロックの島が現世の島ではなかったことは、一四〇〇年ごろにいたアラビアの詩人アル・ディミリの作品からもうかがえる。ロックの雛を食べたあと、白髪まじりの男たちの髪が黒くなって、再び白く戻ることはなかったという。つまりこのとき男たちは天国の門にいたのだ。

まとめ――「羽のある蛇」と蜃気楼

鳥と蛇の特徴を二つながらに備えた不思議な生き物が、宗教・文化史に深い刻印を残している。「神が望まれる」力の表象で、それを、メキシコのケツァルコアトルも、エジプトのファラオも、シュメールとバビロニアの王も、中国の皇帝もつかった。いろいろな民族が何千年も、羽のある蛇に支配されてきた。それだけではない。はるかな先史のころ、純朴な遊牧民も同じシンボルに囲まれて生き、そして死んだ。羽のある蛇が表現するものは、人々の心に計りしれない印象を刻んだはずだ。だからこそ近年の王朝や諸国家さえ、権力を表現するのにつかってきた。

羽のある蛇は天と地のはざまに生まれた。水平線に現れ、巨蛇を食べたロックが典型だろう。羽のある蛇は、水平線や地平線に現れる不思議な世界、神々の王国を象徴している。かつてシャーマンたちは、蜃気楼の知識を活用して庶民を導いた。だからこそモンマスのジェフリーも、作品の中でドルイド僧マーリンに、「ガラブスの谷に現れ、谷を巨山ほどに伸び上がらせる恐ろしい鳥」の予言をさせたりしたのだ。

地面や島が上向きに鏡映されたとき、水平な細い筋や、そびえ立つ塔のような幻像が、羽のある蛇を生んだにちがいない。中国ではこの幻像を、皇帝が権力を委任された天帝の化身、空に棲む龍とみた。龍が現れる山は、天帝と交流する聖地になった。アボリジニの伝承にも二匹の羽蛇(虹の蛇)が登場し、一匹は天に棲むエインガナ、もう一匹は地に棲むボロングだった。蛇たちは命と生活の源でもある。そのむかし虹の蛇が陸地の地形をつくったという伝承は、地平線のシルエットをゆがめる蜃気楼にふさわしい。

鳥と蛇の組み合わせは、先史時代から強い力をもっていた。壮麗な蜃気楼は見る人の心を激しくゆさぶり、はてしない時間の中でくり返し目撃されたため、このシンボルが人間の心に根を下ろしたのだろう。

いままで神話学者は、神話や宗教のシンボルをまるで別のふうに解釈してきた。すべてが人間の空想力の産物である、という解釈だった。神々の三重性も、逆立ち世界も、神話の島々も、ただただ人間の心が生んだのだという。そんな説明と、はっきりした自然現象が産みの母だという説明とでは、どちらのほうがわかりやすいだろうか?

7章 天と地を結ぶもの

図101◉二羽のコンドルをあしらった陶器の人物像（エクアドル・モチカ文化の出土品）。

世界の柱

「世界山」や「宇宙の柱」を通って英雄が神の国にたどり着く物語が、はるかな昔にたくさん生まれた。インドの大叙事詩『マハーバーラタ』の終わり近くでは、英雄ユディシュティラが妻と四人の弟を連れてメールの山頂をめざす。途中の山道で最高神インドラが一行の心を試し、沈着に応じたユディシュティラだけが神の国に受け入れられる。いまもヒンドゥー教や仏教の巡礼者は、ユディシュティラの辛い旅を追体験し、悟りを開こうとして聖山に登る。

日本でも、七八二年に補陀洛《ふだらく》山（男体山）の頂をきわめた勝道《しょうどう》上人が、決意をこう述べた。「鳳凰の棲む補陀洛へは道なき道を登らねばならぬが、あの頂に立たぬかぎりわが悟りはない」。九世紀の石碑にそう書いてある。

世界山の伝承は中央アジアにもある。小山がみるみる伸び上がって神々の住む巨山になった、とシベリアの諸部族が言い伝える。旧約聖書「イザヤ書」一四章には「北の極《はて》なる集會《つどひ》の山」が出てくる。フィンランド古詩の一節「あれなる天のへその緒に、気高き山の頂に」は、もとシベリアに住んでいた先祖が運びこんだ神話のなごりだろう。

チベットの曼荼羅《まんだら》は、神々の住まいを絵にしたものだ。地獄の深みから天国の高みまで通じる巨山を中心にすえ、まわりの同心円に世界（山・海・陸）を配している。聖なる山を、ヒンドゥー教徒はメール、仏教徒はスメール（須弥山《しゅみせん》）と名づけた。頂には、雷光（ヴァジュラ）で空飛ぶ山を撃ち落した最高神インドラの宮殿が立つ。『マハーバーラタ』によるとメール山はインドの北方、世界の中心にそびえていた。頂はあくまで高く、太陽も月も畏《おそ》れかしこみながら頂をめぐる。麓からは聖なる四本の川が流れ出る。メールは峰が三つあり、それぞれブラフマー神、ヴィシュヌ神、シヴァ神が住まう。信者たちは、究極の悟りを求めて頂に至る道をたどる。

世界山の想像はアジアの文化を彩ってきた。集落のそばにある丘や山を世界山の代用にし、頂や中腹に寺院を建てた。ジャワ島の最高峰も「スメル」と呼ばれ、神々が天から「針のごとく」打ちこんだ、と伝承にいう。チベットの聖山カイラーサは、ヒンドゥー教徒や仏教徒にとって、メールやスメールの現世版だった。

ミャンマーでも七世紀ごろから王宮や官庁を世界山のイメージをもとに設計した。王は中心の宮殿に住み、メールの神と同じように人民を支配する。古代カンボジアのクメール人も、メール山の模倣物を中心に置いて首都を造営した。模倣物はギリス（山）と呼ばれる寺院だった。その一例が、一五世紀になぜか見捨てられてしまった名高いアンコール・ワットだ。

どこまでも高くそびえる山を想わせ、人々の心にいつまでも残る——そんな自然現象は、山の蜃気楼しかありえない。伸び上がる山の神話は、北米先住民のミドゥ族ももつ。蜃気楼で山が上下に拡大されるのはよくあることだし、二重・三重の鏡映を受ければ柱のように伸び上がって見える（図8）。そんな山の伝説はモンゴル（同じスメール山）、チベット（シュヌル・オオラ山）、イラン、中国にもあり、ミャンマーでは「ミエンモ（楽園）山」という。

エチオピアに残るアレクサンダー大王遠征記で大王は、精霊の国へ向かう道すがら、山を高々とさし上げた天使に出逢う（図103）。何をしているのかときいたら答えていわく、これは万山の父、大地をつなぎ止めている山なのです。ほかの山はみなこの山から生まれました。人間が動かさないよう押さえておけと神がお命じになったのです。……この「山」が、浮き上がった蜃気楼像なら、天使は蜃気楼そのものをみごとに象徴して

図102◉カンボジア・クメール王国(12世紀)の首都だったアンコール・ワットの寺院(中央の「神殿の山」から撮影)。中央の神殿は「世界山」メールを象徴し、山脈に囲まれた高原の趣で、四角い大型構造の中につくられている。

いよう。

中米の先住民も「世界山」の伝承をもつ。山はトナカテペクといい、地上の大河はみなその麓から流れ出る。コロンブスもそんな話を耳にした。山麓の湧水とは、蜃気楼像のまわりにたびたび現れる水のような幻像だったのではないか？

砂時計の「世界山」

世界の中心にそびえ、天と地を結ぶ山が、おびただしい古記録に残る。古代中国の「世界山」は砂時計に似ていたという。上に向け、いったんすぼまってからまた広がり、天まで届く山だ。

日本の古い伝承にも、三重の塔を思わせる山の話がある。そんな塔は樹に似ているから、「生命の樹」にもつながる。じじつ、世界山と生命の樹を結びつけた想像世界もあり、中央アジアの物語に、三層の世界山の上にそびえる生命の樹が出てくる。想像の源が蜃気楼だったなら、同じような神話は世界各地にあるはずだ。

たとえばモンゴルにこんな伝承がある。人間界に毒をまき散らす巨大な海蛇と戦うよう、神が英雄オチル

図103◉死者の国への道すがらアレクサンダー大王が出逢った天使。

ヴァニに命じた。だがオチルヴァニは力が足らず、あやうく命を落とすところだった。非力を悟った英雄は世界山スメールに登り、頂で巨大な「ガリデ鳥」に変身する。ガリデ鳥は海蛇に襲いかかり、海蛇を爪につかんで世界山に三度ぐるぐると巻きつけ、岩でその頭を砕いた。

ゲルマン神話のニドホグという龍も毒をまき散らす。ニドホグは世界樹ユグドラシル(トネリコの巨木)の根元にいて、梢《こずえ》に棲む巨大な鷲に対抗する(図107)……こういう話から、世界山と世界樹が共通の源をもつことがうかがえる。

砂時計のような山は、上向きに鏡映された山にちがいない。目撃記録は多く、大陸移動説で名高いヴェーゲナーもグリーンランド探検調査の折りに撮影した(図23)。チベット高地のカイラーサ山も、そんな蜃気楼が起きる条件を備えている。カイラーサは全アジアでいちばん神聖な山、ヒンドゥー教でも仏教でも最高の崇拝を集める山だ。冷たい高原にそびえ、はるか遠くから見えるため、上向きの鏡映を受ければ「砂時計」になる。だからこそ三千年以上も前からおびただしい巡礼を引きつけたのだろう。カイラーサ山は『マハーバー

図104◉蜃気楼で「砂時計」になったアラスカの山並み(フェアバンクス大学のテイト教授撮影)。

ラタ』と『ラーマーヤナ』にも出てくる。チベットでは岡仁波斉《カンリンポーチエ》と呼ぶが、「リンポーチェ」がダライ・ラマの称号だという事実を思えば、どれほど崇拝されているかがわかる。

高地の冷たい平原は、蜃気楼を通じて来世と交流するのにぴったりの場所だ。アッサム高地のシンフォ族も、死者の魂は高原の故郷に帰っていくと言う。

スメール山はときに花のような姿に描かれる。上に向けて少しずつ開き、神々の住む層が続いて、最後はインドラ神の宮殿に至る。砂時計の上半分に似て、逆立ちした山そっくりである。砂時計のように上に向けて開く蓮の山が、北京のチベット密教寺院、雍和宮《ようわ》にも残る。神の玉座を乗せたカイラーサ山もまさしく砂時計だ(図104、106)。

山をぎざぎざに見せる蜃気楼も珍しくない。大気中に複雑な温度分布があると、二重・三重の像と、上下にぐっと圧縮された筋ができる(図72)。世界山や世界樹で戦う鳥や蛇も、根は同じだろう。なにしろ鳥(天)と蛇(地)の組み合せは、蜃気楼の舞台、地平線を表しているのだ。

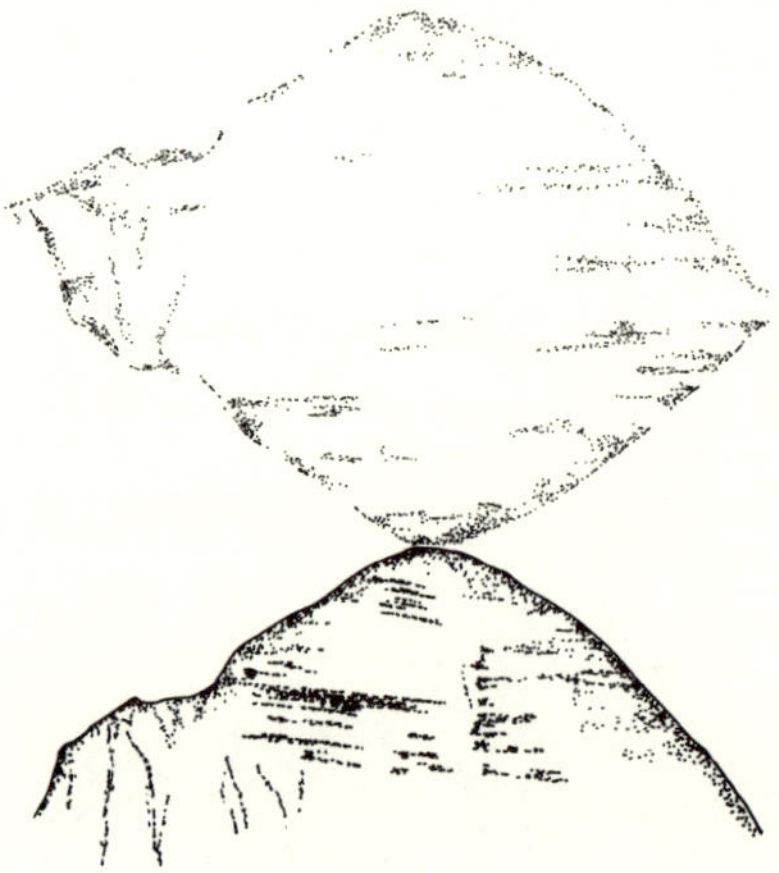

図105◉上向きの鏡映で三重像になったチベットの聖山カイラーサ(想像図)。

図106◉シヴァ神一家の住むカイラーサ山(ロンドン、ヴィクトリア・アルバート美術館)。

「生命の樹」の神話は、アジアとヨーロッパに広く分布している。おそらくは最古の文明までさかのぼるだろう。

シベリアのヤクート族がこんな伝承をもつ。最初の人間が、自分の生まれを知りたがった。彼がそばの樹に近寄って見ると、梢は天の三層を突きぬけ、枝々をかぐわしい水が流れていた。幹の裂け目に、上半身だけ現した女性の霊がいて、汝は人類の父になるのじゃと告げる。また、こんな物語もある。最初の人間の目前に明るい平原が広がっていた。平原には大きな丘がそびえ、頂に巨木が生えている。梢は天も突きぬけ、葉は神々と語り合い、根は果てしない深みまで伸びて、その深みには不思議な生き物たちが棲む。

古代セム人の創造神話では、最初の人間は楽園の中、生命の樹のそばに暮らしていた。イランの伝説に出てくる生命の樹は、地上のあらゆる河川の源だった。

アイルランドのケルト神話によると、来世の木々は水晶でできていたり、銀色だったりで、果実は三〇〇人を養える。インドの神話でも、世界山スメールに生

図107◉ゲルマン神話の世界樹ユグドラシル。梢には鷲が、根元には巨大な蛇が棲む。世界樹は天を支え、三本の根の間にある泉には運命の女神が三人いる。三羽の白鳥が生命の泉に浮かぶ。

える世界樹がいろいろな生き物を養う。

アイスランドの『エッダ』に残る北欧神話では、生命を恵む世界樹（トネリコ）をユグドラシルと呼ぶ。ユグドラシルは「最高神オーディンの馬」という意味で、宇宙をそっくり支え、梢が天まで届く。葉はヘイドルンという山羊が食べ、その乳はすべての神々を養う。根元からは万病をいやす泉が湧き出て、泉を三人の「運命の女神」が守る。梢にまとわりつく黒雲の中には一羽の鷲が棲み、三本ある根の下では一匹の蛇が目を光らす。中央アジアでは生命の樹の幹に蛇が巻きつき、梢にガリデ鳥（インドのガルダ鳥）がとまっている。楽園の山と生命の樹は、バビロニアにもあった。こうしてみると「生命の樹」の想像はそうとうに古い。

数千年前にアジアからアリューシャン列島づたいで移り住んだ南米の先住民も、生命の樹を語り継ぐ。人を寄せつけない巨山「テプイ・アウタナ」がベネズエラのサバンナにそびえ、不思議な植物が茂り、頂には全生物を養う巨木が生えていた、とピアロア族の神話にいう。

オーストラリア先住民も、枝を全天に広げた巨木の伝承をもつ（図108参照）。あるときカンガルーの英雄が、

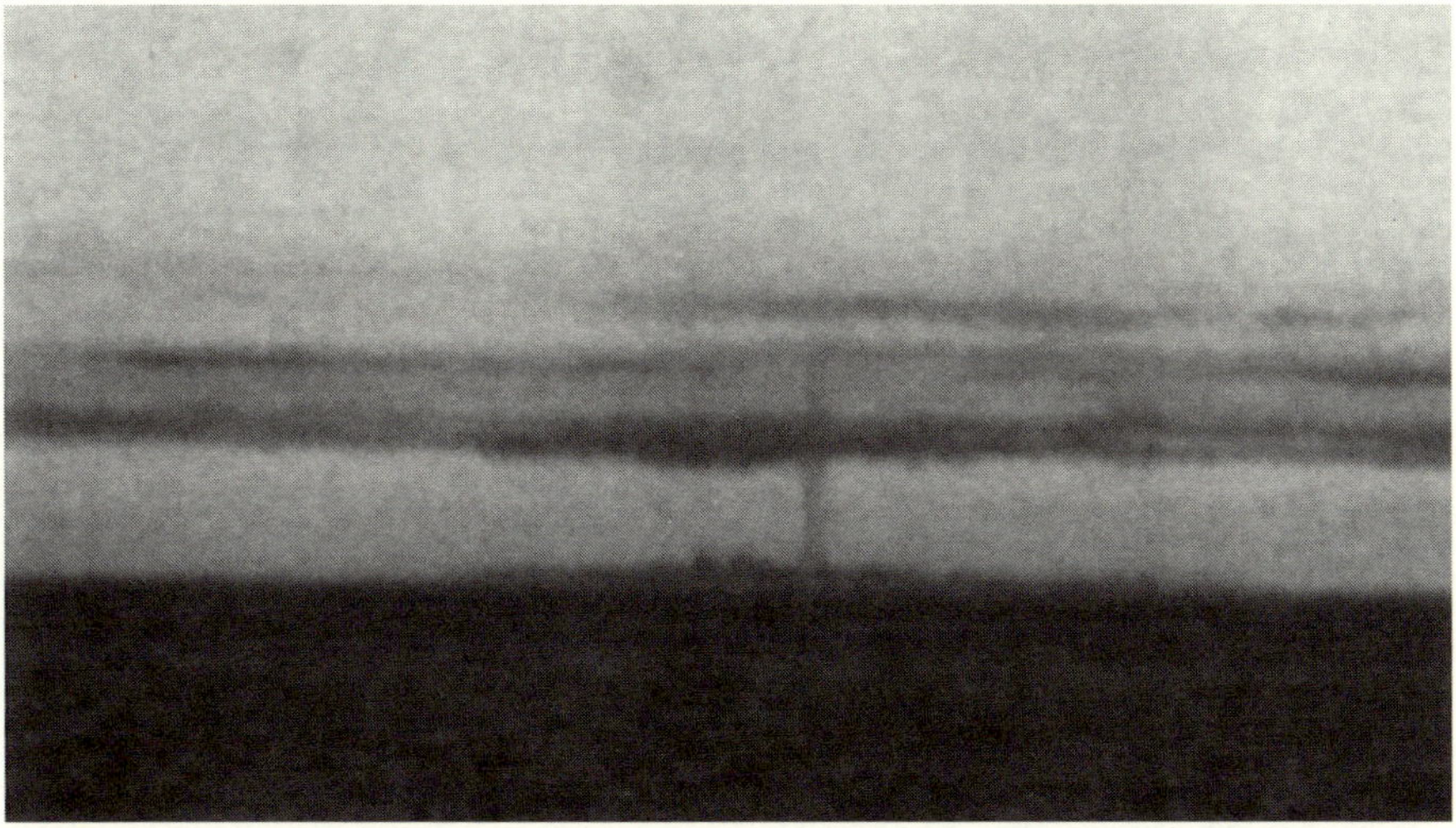

図108◉低い島と水平線が何重もの鏡映を受け、枝をどこまでも伸ばす巨木のような蜃気楼像（フィンランドの海岸で撮影）。

ビラワルの幼木を魔法で巨木に変えたのだという。

蜃気楼の幻想的な形と色は、楽園の想像を生んだ。神アトラスも、楽園にすっくと立ち上がって天を支える。島が上向き鏡映で三重像になったら、すきまに見える「柱」は巨人の姿に見え、巨木にも見える。地上の実物は、樹木でもよく、低い丘や連山でもいい(図176)。ベネズエラの「生命の樹」も山の蜃気楼像から生まれたのだろう。

北欧伝説の世界樹は「三」という数に縁が深い。根は三本だし、根元の泉には女神が三人いる。根源は三重の蜃気楼像ではないか？　また各地の世界樹には「二」も共通している。一本の枝を共有した二本の樹、鏡像のように並ぶ二本の樹、根が共通の二本の幹など、二重の樹は蜃気楼像にふさわしい。ヒンドゥー教の生命の樹は、一本(ディティ＝地上の樹)の上にもう一本(アディティ＝天の樹)が乗っていた。これも蜃気楼をにおわす。ディティはやがてヴィシュヌ神が斧で切り倒す。古代イランには、太い「世界の柱」の頂に生える白い天の樹(ハオマ)と、その鏡像の趣をもつ黄色い地の樹があった。やはり蜃気楼体験の生んだ世界ではないか？　ゲルマンの世界樹ユグドラシルが「オーディンの馬」という意味で、オーディンの愛馬(図150)には肢が八本あった事実も、二重の蜃気楼像にぴったり合う。

生命の樹は、枝が分かれてまた合流したり、二本がもつれ合った姿に描かれる。『リグ・ヴェーダ』に出てくる生命の樹(アシュヴァッタ)は、根を天界に、枝を下界に広げている。

生命の樹は、起源がインドではないか？　インドで起こった蜃気楼を、一九世紀前半の旅行者がこんなふうに描写している。

「こげ茶色の煙でできた高い壁がいきなり目の前に立ちはだかった。上端は、地平線ほどの高さだったり、はるかに高く見えたりした。壁はしだいに透明度を増して、光を反射し、屈折させた。低い茂みが巨木のように伸び上がる。突如、一筋の光が壁を裂き貫いたかと思うと、かすむ壁の向こうに城や塔や樹木の像が相次いで現れた。まるで魔法の世界だ。日の光が強まるにつれて幻影のたたずまいも変わっていく。切れ目のない煙の壁だったのが、おびただしい霧塊の集まりになって、塊それぞれが巨大なルーペのはたらきをした。陽がさらに強まると霧塊は薄くなり、城も塔も樹木も、大気に溶けるようにかき消えた」。

図109◉菩提樹の陰で座禅を組むブッダ。パキスタン北西部の旧シルクロード、タルパン橋に近いカラコルム街道の休息地に立つ石碑。6〜7世紀にインドから中国へ旅した仏僧の作か。

近年の学識ある旅行者さえこれほど強い印象を受けたのだ。昔の人たちなら肝をつぶしたにちがいない。低い茂みが巨木のように伸び上がるさまを大勢が目撃して、生命の樹が生まれたのだろう。巨木のイメージは、平たい島が空に鏡映してもできる(図108)。

天空を支える柱

イヌイットのイグルリク族に、むかし世界の柱がぽきりと折れて万物が破壊された、という神話がある。サモエード族の民話では、ウラル山脈の巨岩が天を支え、シャーマンは岩がくずれないように見張る。天の支えは、柱(シベリア、エジプト、ノルウェー)、神(ポリネシア、インド、アステカ)、山や樹だったりといろいろ。タヒチには大ダコが足で天を支える伝説がある。

杭《くい》や棒を、天を支える柱に見立て、鳥の羽で飾る民族も多い。来世と交流するシャーマンの力を表すのだろう。古代日本の神官も同じだった。飾り気のない優美な神社(図112)は、神々が降臨するときの目印を用意するのが役目で、目印になる柱や幟《のぼり》を依代《よりしろ》という。お祓《はら》いの儀式をすると神が依代に宿る。皇室の聖所・伊勢

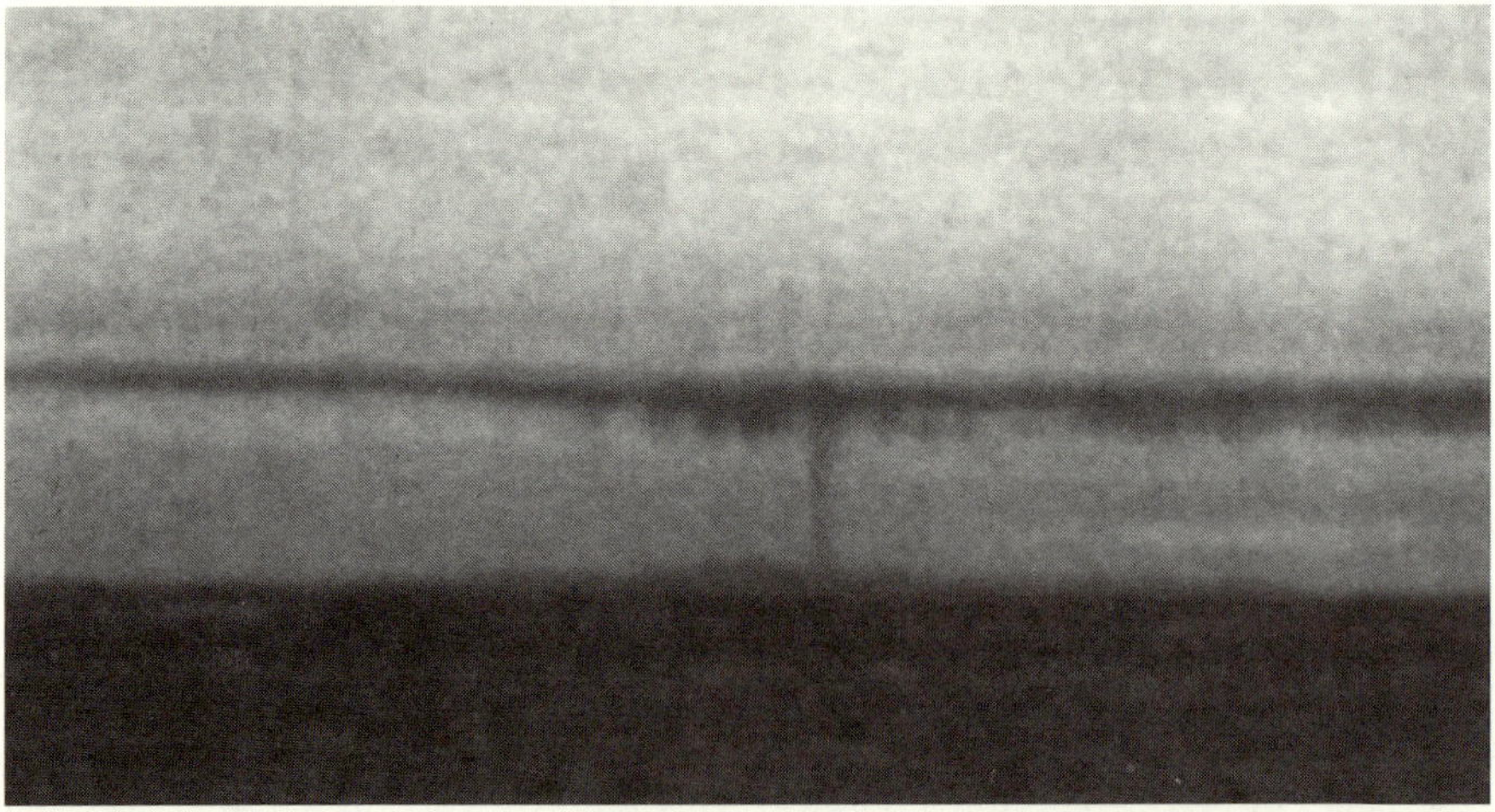

図110◉低い島の蜃気楼が生んだ、「天国への門」で天を支える柱。逆立ち像には島の輪郭と水平線がくっきり認められる。中央部には、温度のムラが光を発散させ、黒い「柱」ができている(フィンランドの海岸で撮影)。

神宮では、心御柱《しんのみはしら》と呼ばれる白木《しらき》の依代が正殿の床下に秘蔵されているという。依代を宇宙柱の一種とみる学者もいる。古い民家にあった大黒柱は、依代の代用品かもしれない。

ゲルマン世界では、世界樹ユグドラシルの代用に、イルミンスルという柱を儀式につかった。異教の撲滅をめざすカール大帝が七七二年、ザクセンにあったイルミンスルを倒させている。

世界柱は天界と心を通わせる舞台装置で、世界山と同じく、根源は蜃気楼の幻像だろう（図110）。ケルト人は「天が落ちてくる」のをひたすら恐れていた、とカエサルが『ガリア戦記』に書き残す。ケルト人も壮大な蜃気楼に神の意思を感じたにちがいない。

地中海地方だと、天を支える柱は巨人アトラスになる。そばには楽園の門もあった。海中から伸び上がり、天を支えるアトラスが何を表現したものか、三千年前のホメロスも考えあぐねている。当時もう、アトラスの出自は忘却の彼方にあったのだ。

アトラスは、伝説の国アトランティスの王でもあった。謎だらけのアトランティス文明とはいったい何だったのか、それを私は旧著『アトランティスのガラス

図111◉南太平洋の島々では、巨大なタコが太い足で天を支えているという。こんな蜃気楼像を目撃すればそんな想像も生まれよう。

の塔』で考察した。アトラスの巨体は、島の蜃気楼像だったにちがいない。「柱」はときに極彩色を帯び、大気の密度が変わると躍動感も生まれる(図14d)。魔法の世界、メルヘンの光景だ。カラー頁の図Ⅳでありありとわかるように、「柱」の外見はめまぐるしく変わり、水晶に似た白っぽい「柱」も現れる。

楽園への門

天国のイメージは、シャーマンや神官が地平線の幻像をもとにつくったなら、そこへ至る道も考えてあるはずだ。なにしろシャーマンは現世と来世を仲立ちしなければいけない。

シベリア・チュクチュ族のシャーマンは、鳥たちは冬に天国へ向かうと語る。海の果てには別の陸と海が続き、その先に「鳥の門」がある。そこは天の端が地に落ちかかる場所で、天がいつも昇降をくり返している。門をくぐれば鳥たちの国だ。

バフィン島のシャーマンは、トランス状態になって天上にある鳥たちの島へ飛ぶ。そのとき、鳥の羽で飾ったお守りを身につけ、こんな歌を歌う。

さあ行くぞ！　用意はできた、
天上の国、鳥たちの国まで行く用意が。
はてあれは？　行く手に見えるあれは何だ？
大きな化け物が二匹、おのれの肉を食らっている。
あそこを通るには、マントの端を食いちぎられても
まん中をさっと抜ければいい。

さあ行くぞ！　用意はできた、
天上の国、鳥たちの国まで行く用意が。
はてあれは？　行く手に見えるあれは何だ？
大きな石の板が二枚、互いどうしを打ち合っている。
あそこを通るには、石にマントの端をちぎられても
すきまをさっと抜ければいい。

シャーマンが天界飛行をこう語る。「水平線めがけてまっすぐ天地の境まで行けばよい。そこから天国に昇れる」。天地の境には三段の階段がある。段が高いから、一段登るだけでひと苦労だ。階段は人の血が流れてつるつるし、登りにくいという。

同じような想像世界は各地にある。中米の先住民は、

図112◉伊勢神宮。正殿の床下には、神の降臨する特別な白木の依代(世界柱)が秘蔵されているという。

魂が「とっ組み合う二枚岩」を通って冥界に入るという。ギリシャ神話の舟「アルゴ号」も似ていた。ミャンマーのカレン族は、開閉をくり返す巨大な二枚の岩盤を西のほうに想う。メラネシアでは、天国へ向かおうとする魂に怪物が石斧で襲いかかる。マルケサス諸島には、岩の上で死者の魂を精霊と悪霊が奪い合う物語がある。オリエントでは、人間とサソリの混合動物が二匹、天国への門を見張っていた。そんな門には、古代ギリシャのハデス（冥界）にいた三つ頭の妖犬ケルベロス、イヌイットの獰猛《どうもう》なアザラシ、中米先住民の蛇と鰐《わに》など、ほかの怪物もうろつく。

川や海を通って来世へ渡る霊魂は舟をつかう。その舟は、古代ケルトではガラス、北米先住民の諸族では白い石、チブチャ族では蜘蛛《くも》の糸、フィジーでは透明な材料ででき、船頭は鳥だったりする（ゲルマン、アボリジニ、北米の神話）。

私は、来世の手前にあるという「巨大な裂け目」にとりわけ目を引かれる。

イヌイットのシャーマンは、空に映った陸の蜃気楼像に「鳥と魂の国」を想った。蜃気楼が起こったとき、地平線（水平線）とつかず離れずの感じで細い筋が空に浮かぶ。現実の地平線と空中の幻像は、裂け分かれることが多い。打ち合う石板や、わが肉を食らう怪物のイメージは、広がったりせばまったりする「裂け目」の幻像が生んだにちがいない。そのすきまを通って魂が来世に渡るという想像もじつにわかりやすい（図113）。

蜃気楼の染め上げた来世想像はほかにも多い。フィリピンでは、死者の魂が「三つの島」を越えて来世に渡る。最初の島は、木も鳥も水も漆黒《しっこく》。二番目は万物が目にも綾《あや》な色をもち、第三の島はあたりいちめん白い。島が鏡映されたとき、像は高い場所ほど青白く、明るくなる。ガラスや白い石、蜘蛛の糸で織った舟は、だから水平線の蜃気楼像がもとだろう。

むろんそれは墓石の美術にも残る。紀元前三〇〇年エトルリアのチェルヴェテリ墓地、「レリーフの墓」には、地獄の番犬ケルベロス（図44）と並んで妖怪スキュラ（図45）が描いてある。同じエトルリアのチェルトーサ墓地に残る戦士の墓碑（紀元前五〇〇年）にも、死者を天国にいざなう生物だろう、一匹の龍と、魚の尾をもつ馬が彫ってある。

アル・キドルと生命の泉

アレクサンダー大王伝は、六世紀のイエメンから伝わる『カリステネス偽書』にある「アル・キドルの冒険談」が出典らしい。不死の秘密を求める「聖杯の騎士」物語の一種で、ズール・カルナイン(アレクサンダー)とイエメンの騎士が登場する。一行は、命の水を求めて「駱駝も馬も兵士も大地に立てない」谷にさしかかる。谷は「ルビーの谷」といい、そこには、直視できないほどまぶしく輝く岩があった。

よじ登りたいズール・カルナインは、岩に布をかぶせて光をさえぎる。いざ登ろうとしたが岩はぐらぐら震え、退くと震えは止まった。二度目、三度目も同じ。やアル・キドルが近寄ったら岩は不動のままだった。やむなくズール・カルナインはアル・キドルだけを岩に登らせる。彼はどんどん登って雲の中に着く。どこからともなく声が聞こえてきた。「どんどん登れ。さすれば命の泉が見つかるだろう」。彼は声に従って登り続け、天の水をたたえた泉に着いた(図114)。

この物語は、浮き上がった山の幻像への憧れを描く。馬も駱駝も立てない(浮き上がる)谷、ルビーに似た(透明な)

図113◉鳥たちと魂の国へ行くときは、互いに打ち合う石板や、大きな裂け目、巨大な鰐の口を通るという伝説がある。この蜃気楼像がその雰囲気をよく漂わす(フィンランドの海岸で撮影)。

図114◉駱駝が地面に立てない（空に浮かぶ）谷、宝石だらけの（透明な）谷を通ってアレクサンダー大王とイエメン人の騎士が着いた山は、近寄ると動いてしまう。ひとりアル・キドルの前では不動だった。アル・キドルはどんどん登り、雲の上にある「命の泉」に着く（詩人ニザーミの描いた細密画。1530年作。ダブリン、チェスター・ビーティー図書館）。遠景、上向きに幅を広げる山々（図23、82、104参照）のすきまからのぞいているのがアレクサンダー大王。

谷、ズール・カルナイン（角をもつ人）の前で後退した山……みな蜃気楼の光景である。古代人は、蜃気楼像の果てに不死の泉と天国を想った。これより千年ほど前のギルガメシュも、蜃気楼像を伝って楽園の島ティルムンに入ろうとした。

伸び上がるアンデスの山

二〇世紀の中期、登山家たちはアンデスにそびえる六〇〇〇メートル級の山を次々と征服した。苦労のすえ頂に立った彼らは目を疑う。荒涼としたアンデス高地を見晴らす頂には、巨大な壁や祭壇、小屋、牧場の柵があったのだ。何千メートルも下った砂漠のオアシスに生える木もあり、山頂の地盤とはくっきりちがう土層も見つかった。

ユヤイヤコ山（六七二三メートル）の発掘調査では、織物と羽毛で飾りたてた金銀の像、貝の像、衣服や動物、食物、コカの葉が出た。古代人が神々に捧げたものだ。エル・プロモ山とセッロ・エル・トロ山の頂には、乾いた冷気にミイラ化した不気味な子供の体もあった。晴れ着を着せコカで麻酔し、生け贄に捧げたのだろう。

図115◉サン・ペドロ・アタカマと近隣に住むオアシスの住民は、乾季になると神に犠牲を捧げ、そびえる火山が「結婚」して雨を恵んでくれるよう祈った。

たぶんインカ時代の出来事である。

文字の記録は何ひとつ残っていないため、異様な祭祀の意味はよくわからない。わかっているのは、祭祀をやったのが機械文明とはかかわりのない古代の先住民だということだけだ。

アンデスの冷たい高地（アルティプラーノ）にそびえる火山は、遠くからくっきり見える。となればやはり蜃気楼がカギだろう。証拠はいくつかある。まず、先住民は大洪水の神話をもつ。洪水が見舞ったとき、山々は「溺《おぼ》れてはならじと伸び上がった」、つまり姿を変えたという。

ペルー先住民は山の神をアプー（支配者）と呼ぶ。神は宮殿に住んで臣下を従え、ピューマ、狐、ビクーニャ、グアナコを山上に飼っている。コンドルは神の使いとして下界に降りる。村人はコンドルをとらえて儀式をとり行い、すんだら放して主人のもとへ帰らせる。

ペルー低地の住民は、超自然の力があるからと高山には登りたがらない。山の神と交流するのはシャーマンの仕事だ。クスコの南東、インカ神話の舞台にもなるアウサンガテ山（六三九四メートル）の神は、「コア」という神獣を使者にしてシャーマンと交流する。コアは斑

図116◉チリ・アタカマ砂漠に残るグアナコの石刻。

点のある黒いピューマで、雲を身にまとって空を飛ぶ。雹《ひょう》を吐き、雨を降らせ、目から稲妻をほとばしらせる。山奥の巣には里からくすねたトウモロコシを貯めている。死者の魂は、万年雪をいただくアウサンガテの頂で、神に見守られながら救いの時を待つ。救いが来るまで、生前に犯した罪をつぐなうため、重い氷を背負って峰をぐるぐる回らなければいけない。南ペルーの高峰コロプーナ山（六四二五メートル）にも、死者の魂が宿る場所があるという。

神獣ピューマ、グアナコ、コンドルを、アンデス美術ではたいてい二重の姿に描く（図117、118）。蜃気楼体験の名残だろう。エクアドル沿岸、モチカ文化が残した陶器に、二羽のコンドルを頭に乗せた男が見え（図101）、そこにこういう神話がある。二人の兄弟が、あるとき高山の頂に逃げなければいけなくなった。山頂に着いた二人を、二羽の鳥が世話した。鳥たちは、誰も見ていないときだけ素顔に戻った。ふとしたはずみに兄弟は鳥たちが美しい女性だと知る。弟はひとりと結ばれ、カナリバンバの住民はこの夫婦の子孫だという（二羽の鳥が妖精に変身する話は、ケルト神話にそっくりだ）。

山上に浮かぶピューマも、背伸びする山も、蜃気楼

図117◉アタカマ砂漠に残る石刻。二重の体をもつグアナコの上で植物を手にした神。不毛の地に豊穣を恵む山の神か。

の作品にちがいない。不思議な命が宿る山は、神の使者を下界に送りこむ。使者は神の怒りを伝えるほか、天気を変えたりもした。山の姿は大気条件で変わるから、山の神が天気をつかさどると想像するのは理にかなう。

雨がほとんど降らないアタカマ砂漠のソカイレ村では、雨乞いの儀式をするとき、リカンカブルなどの高山に生け贄を捧げて祈る。

リカンカブル山麓の村サン・ペドロ・デ・アタカマとトコナオでも、はるかな昔から、ひどい乾季にはラマ、アルパカ、コカの葉を山の神に捧げて雨乞いをした。リカンカブル山は男神で、女の山と結婚させれば雨を降らせてくれる(つまり精液を出す)。山々が交わるのを見た、と住民は言い伝える。二つの山が並んでいるなら、霧や雲の中で神々が秘めやかに交わるという想像はしやすい。だがリカンカブル山は孤立した山だ。どうやって「結婚」するというのだろう？　たぶん、リカンカブル山の上空にときおり蜃気楼の鏡映像が現れた(図82参照)。蜃気楼は前線が来る前の静かな大気に現れやすいから、やがて雨が来る。住民たちは、空に映った「もうひとつの山」とリカンカブル山が結ばれ、雨

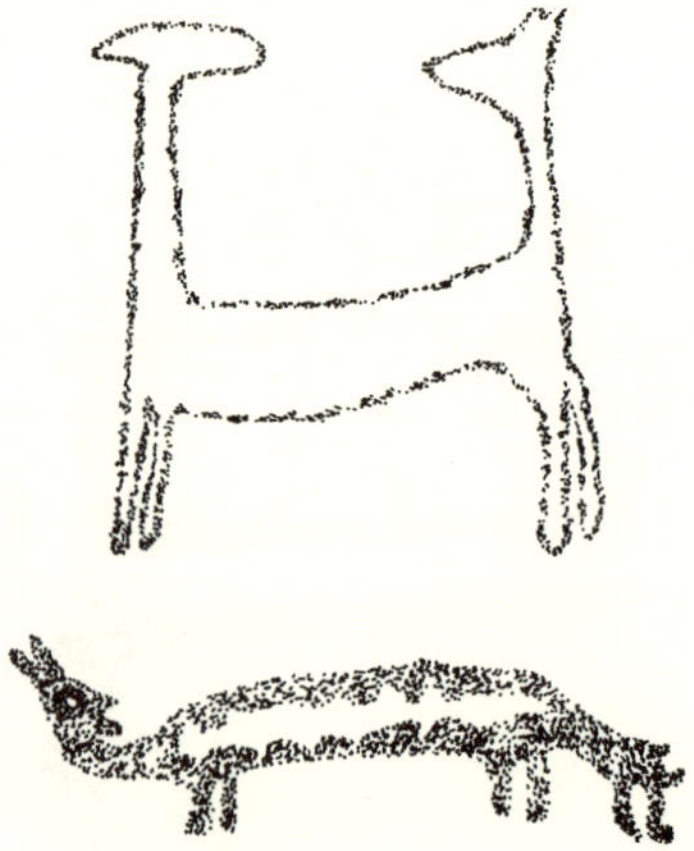

図118◉頭を二つもつグアナコと猛獣(ピューマ？)。アタカマ砂漠の石刻。チリ、エル・ロア県アントファガスタの町。

図119（上）◉パタゴニアのコルディエラ・デル・パイネで出逢ったグアナコ。
図120（下）◉山の蜃気楼（アタカマ砂漠で撮影）。

を恵んでくれるようにと生け贄を捧げたのだ。

山の娘と結ばれたシヴァ神

目をインド亜大陸に転じると、こんな伝承が見つかる。かつて悪魔が世界を苦しめていた。神々は相談のすえ、カイラーサ山で修行しているシヴァ神の子孫だけが世界を救えると結論をくだす。しかしそのころシヴァは独身を誓っていた。そこで、ヒマーラヤ神の娘パールヴァティーを送って誘惑させようとした。娘はかわいそうに何千年もシヴァのそばで瞑想を続けるが、とうとうシヴァの心をとらえる。だがその瞬間、愛の神カーマ(キューピッドのインド版)が輝く矢でシヴァを射ようとしていた。シヴァは間一髪それを察し、額についた第三の目から光を発して矢を燃やしてしまう。二人はヒマーラヤの神殿で結ばれ、カイラーサ山に新居をかまえた。二人の息子、いくつも頭と腕をもつカールッティケーヤと、頭が象のガネーシャが産まれた。

天神と山の結合を語るこの話は、蜃気楼を考えればわかりやすい。カイラーサ山は、冷たくて広い高原にそびえる。ストゥーパ(卒塔婆)に似たそのシルエットは、

図121◉アタカマ砂漠の端にそびえる聖山リカンカブル(5921m)。

はるか遠くからでも見え、蜃気楼の幻像を生むのに願ってもない条件をもつのだ。

頭と腕がいくつもある息子も、頭が象の息子も、たぶん光のたわむれが産んだ。シヴァ神は、第三の目で光を「結晶化」させ、蜃気楼の幻と戦ったのではないか?

天国の住まい

オーストラリア北部に住むウォンカマラ族の神話に、アラウォトヤという英雄が登場する。彼は西クイーンズランドに泉をつくってから天国に帰った。髪で編んだ綱を天から垂らし、創造主ムラムラ・アンクリチャの一族と犬を天国に迎え入れたという。

砂漠の地面は明け方に冷える。朝日が大気を温め、地上の村が空に映る――そんな情景が目撃されたのだろう。犬まで出てくるからには、よほどこまかく見えたはず。オーストラリアの神話に多い「髪の綱」は、地上と鏡映像を結ぶ幻像にちがいない(図125参照)。

アボリジニは来世が水平線のすぐ上にあると思っていた、と民俗学者マウントフォードが言う。清らかな

図122◉石器時代初期の人々は、遠くから見える場所に共同墓地をつくった。平原にそびえる丘(アイルランドのラフクルー=写真)や、広い平原(イングランドのストーンヘンジ)、半島、海上の低い島は、蜃気楼を通じて来世と心を通わせる場所だった。

川が流れて木々が陰を恵み、食べ物は豊かでいつも好天の国らしい。

北西から移り住んだアボリジニは「ヤラナリ」の国を語る。半分だけ宙に浮かび、タマネギがよく育つすばらしい国。神話の時代、カンガルーのマンガバンが虹の梯子でヤラナリに昇った。先住民はいまも、天地のはざまにぶら下がった黒いマンガバンを見るという。

天国に通じるココ椰子

ハワイ諸島、マルケサス諸島、ラロトンガ島、ツアモツ諸島を含むポリネシア一帯に、神の国まで届くという木の神話がある。ハワイではその木をニウ・ロア・ヒキといい、似た話はマウイ(ポリネシアの英雄)の叔父ヌ・ロ・ヒキの物語にも出てくる。マウイの叔父はカヌーに変身し、娘ヒナを乗せて恋人が待つカウアイ島のワイルアへ、そしてマウイ島の空に伸び上がるココ椰子の木まで連れていった。ほかの伝説でマウイは、天をもち上げたり、昇ろうとする朝日を止めたり、島々を海から釣り上げたりと、蜃気楼像としか思えない行動をする。下界の人間に「永遠の命の泉」を与えようとしたとき、マウイは神に殺された。

トンガには、神トンガロア・エイトゥマトゥプアがモクマオウの木を伝って天から降り、人間の娘と結ばれる物語がある。神は、産まれた息子アホエイトゥにひとくれの土とヤムイモ一個を与えて天に去る。母親は、父に会いたがるアホエイトゥを伸び上がる木に乗せて天に行かせた。父は息子に食べ物と、カヴァという飲み物をやり、兄弟たちと投げ槍遊びに行かせる。兄弟たちはアホエイトゥを殺して食べ、骨と頭だけにしてしまったが、父親はアホエイトゥの体を生き返らせる。アホエイトゥは改心した兄弟と下界に戻り、酋長トゥイトンガの跡継ぎになったという。

伸び上がる木は、天体に昇る梯子にもなる。ツアモツ諸島の英雄タハキは、伸び上がる椰子によじ登って、月に住む女神ヒナの風呂に落ちた。ラロトンガ島では、「伸び上がる椰子の木を登りたい」といえば「自殺したい」の意味になる。ココ椰子は幹にも果実にも魔力を宿すらしく、マルケサス諸島では、「伸び上がるココ椰子」でつくった舟は足が速いと言い伝える。フィジーの住民も、伸び上がるココ椰子の汁を飲めば老眼が治ると言う。

図123◉アボリジニの伝説では、空に浮かぶ草の小屋は入り口が二つあった。アフリカのブッシュマンは、天上にある神のテントも同じだと言う。地上の家が空に映るのを目撃した先祖の記憶か。

南太平洋の島々や環礁で、椰子は遠くからくっきり見える。蜃気楼が上向きに鏡映すれば、木々は伸び上がる。ときには、地面も一緒に空に映り、木を伝って来世に行く想像も生まれよう。幻像の中に舟も見えたら、「伸び上がる木」でつくった舟は魔力があることになる。

聖者の島へ渡るゲラシムス

よく似た話は別の地域にもある。たとえばリュディア(紀元前七〇〇年ごろ小アジアに栄えた王国)のゲラシムスの話。ヨルダンに最初の修道院をつくった僧で、そこでは七〇人の修道士が厳格な暮らしをした。ゲラシムスは「聖者の島」に心を引かれ、聖者に会わせてほしいと神に祈った。神が派遣した天使がゲラシムスに言う。「旅立ちなさい。ただ、どんな場所でも曲らず、まっすぐに行くのです」。難儀を切りぬけてゲラシムスは海岸に出た。そこで天にこう問いかける。「海をどうやって渡ればよろしいのです? 舟もないのに」。たちまち一本の木が梢を下げてきた。つかまると、枝がしなって彼を空高くもち上げる。やがて「海に生えた」次の木が身をかがめてきて、ゲラシムスはその枝をつかむ。梢はまた高く昇ってから降り始め、ゲラシムスを島に下ろした。彼は聖者たちに会えた。

ふつうの舟はここまで来られないはずだ、と老賢者たちが言う。別の乗り物をつかわないかぎり無理なのじゃ。……ここに蜃気楼の世界がある。蜃気楼なら「海に生えた」木もつくる。空に映った島は、陸地と細い「ひも」で結ばれ、伝われば天国に行けそうな気分になるだろう。

天に生える木

ラングロー・パーカー女史は、オーストラリアにあった父親の赴任地で少女時代から現地の子供たちと遊び、アボリジニの文化にどっぷり浸ってきた。彼女が蒐集した先住民の伝説の中に「マヤ・マイの七人姉妹」の話がある。

ウルルンナという若者が、収穫のない狩りから腹をすかせて戻った。母親に食べ物をねだったが何もない。別の種族の村人に、菓子をつくるから草の実をくれと頼んだけれど、誰もくれなかった。それならと立ち上

図124◉太平洋の低い島を遠望すれば、ココ椰子の木がいちばん高く見える。蜃気楼が起これば、椰子の木は伸び上がって、天に通じる乗り物に見えるはず。

がり、武器を手に、もっと暮らしやすい場所、別の種族のもとへ行こうと心を決める。途中でウルルンナはいろんな体験をする。ある夕べ、大湖のほとりで野宿した。目覚めたら、湖もまわりの景色もかき消えていた。そのとき彼は嵐の気配を感じて逃げ場所を探す。ある日はエミューの群れを見た。群れの半分だけ羽が生え、半分はつるつるだった。木に登ってエミューを待ち、つるつるのエミューに槍を投げた。木から降りて見たら、殺したのはエミューではなく人間だった。必死に逃げて報復をようやく逃れる。くたくたになって着いた村には七人の若い娘がいた。娘たちは、遠い国から来たマヤ・マイの姉妹だと自己紹介して食べ物をくれた。ひとり暮らしに疲れはてたウルルンナは、いやいや出発するふりをする。ものかげに隠れて見ていると、七人姉妹は掘り棒で蟻塚を掘った。蟻を掘り出すと姉妹は棒を脇にほうって、好物の蟻をむさぼり始めた。ウルルンナは棒の二本をこっそり隠し、探しにきた姉妹の二人をつかまえて、妻になってついてくるよう命じた。いやいやながらも姉妹は承知する。

　ある日、焚き火の燃えが悪かったのでウルルンナは、松の木の皮をはいでくるよう姉妹に命じた。姉妹は「皮をはぐとひどい目にあうわ」といやがる。だがウルルンナの剣幕に負けて姉妹は石斧を手に松の木に向かう。木に石斧を打ちこむと、木は姉妹をじわじわ高みにもち上げた。ウルルンナの目にも、姉妹のしがみついた松の木がだんだん伸び、ついに梢が天に届くのが見えた。呼び戻そうとしたが無駄だった。二人の姉妹は、天上から響く五人姉妹の声を聞き、やがて天国に着いて一緒に暮らした。いま七人姉妹はプレヤデス星団(すばる)になっている。

　ウルルンナの体験は、まちがいなく蜃気楼との出逢いだった。まず、いきなり消え失せた湖がそれだ。蜃気楼は「嵐の前の静けさ」に起こりやすく、じじつ主人公は近づく嵐におびえている。ふつうのエミューと並んだ「つるつるのエミュー」は蜃気楼の鏡映像か。エミューが人間になったシーンは、蜃気楼の移ろいやすさを語る。空に伸びる木は蜃気楼そのもの。実物の木が上下に伸び、その上に逆立ち像ができて、さらに三番目の正立像ができた情景を思えばいい。

　伸び上がる木を伝って天国に行く伝承はアボリジニにも浸透し、大陸南部、ヴィクトリア地区、中部にもある。そんな木が火事で焼けた話は、平原の黒っぽさ

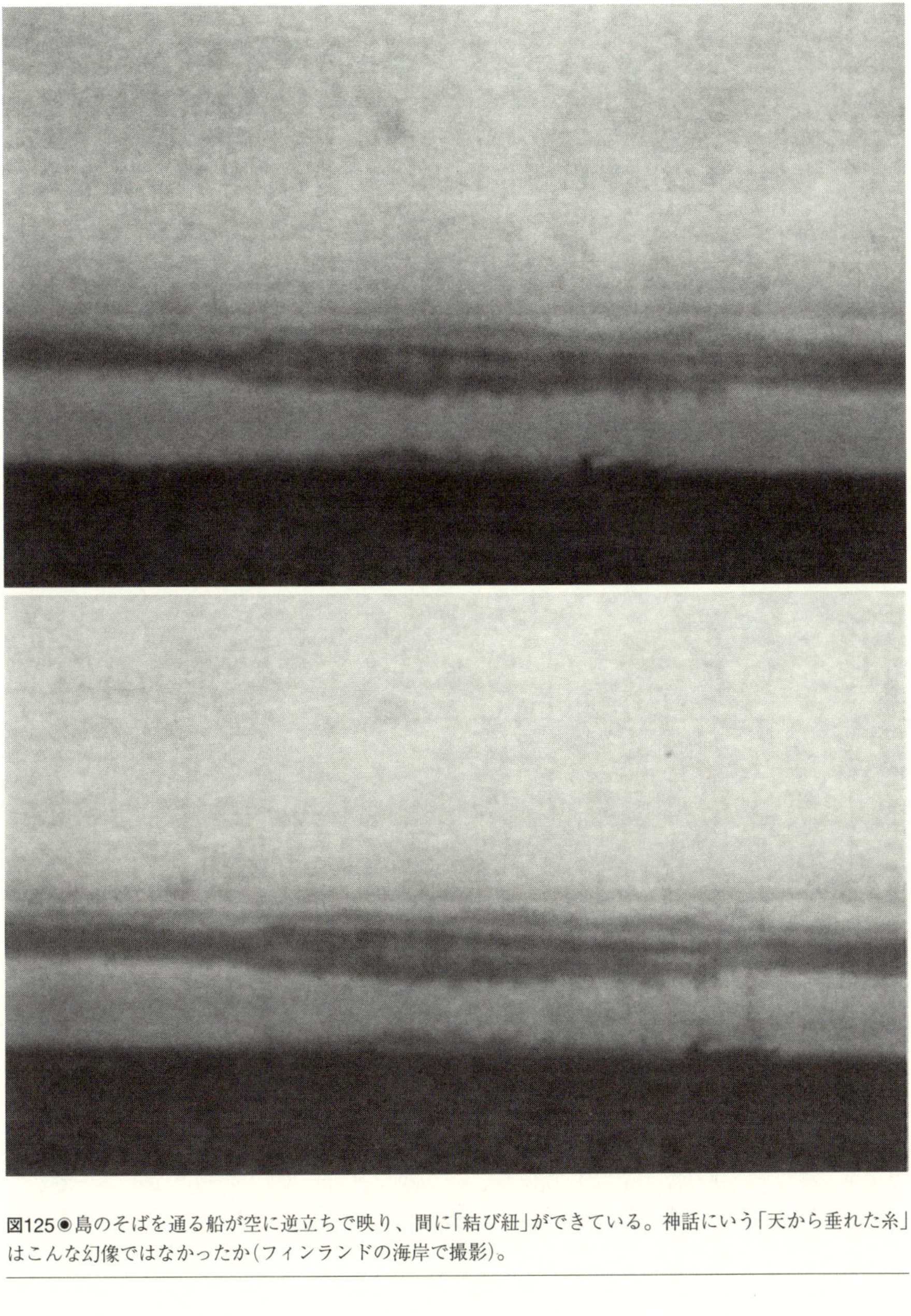

図125◉島のそばを通る船が空に逆立ちで映り、間に「結び紐」ができている。神話にいう「天から垂れた糸」はこんな幻像ではなかったか(フィンランドの海岸で撮影)。

を説明したものだろう。地面が黒ければ、太陽に灼かれるから蜃気楼に都合がいい。エア湖の東に住むディエリ族は、「天に届くユーカリの木」を、カディマルカラという神秘の獣が「天に昇る梯子」につかうという。ヴィクトリア地区のアボリジニは、「天の木」が倒れてモートン平野ができたと言い伝える。モートン平野の岩層に見える模様は、むかし大火事で滅びた生き物の体で、その生き物は「天の木」のまわりをぐるぐる回っていたという。地平線の蜃気楼なら、そんな幻像もつくるはず。

天から下がる綱

カリフォルニア北東部に住むマイドゥ族の創造神話はいっぷう変わっている。世界の初めには水だけがあり、そこを筏《いかだ》が流れていた。筏に乗っているのは、一匹の亀と不思議な獣のペヘ・イペ（秘密結社の生みの親、という意味）。そこへ、羽飾りつきの「ポケルマ」という綱が天からするすると降り、綱を伝わって造物主が降りてきた。綱の端を筏にゆわえてから飛び乗った造物主は、顔は隠したまま、体が太陽のように輝いていた。

亀は造物主に話しかけた。乾いた土地がほしいんです。ロープがあれば水底まで潜り、土を筏まで上げられるんですが。……造物主は亀をロープにくくりつけて潜らせた。何年もたってから亀はひと握りの土をつかんで浮き上がる。造物主は土を小さな玉にして筏の上に置き、じっと見つめていた。玉はみるみる盛り上がり、大地の大きさになって、筏も陸に乗り上げていた。そこはいまのタドイコという地、まわりは見渡すかぎりの山並みだった。

こうした神話をマイドゥ族は冬の長い夜、集会所で語った。重々しくゆっくりと語る長老の声は一族の心に染みわたり、世代から世代へ伝えられただろう。

似た創造神話がチベットにもある。神は「光で織った」綱を伝わって天から降り、ヤールング谷の上にそびえるヤールハ・シャンポ山の頂に着いたという。

かつては天と地が綱で結ばれていた、とする神話もある。そういう結びつきはいつの日かなくなり、以後はシャーマンが天との交流を受けもつことになった。

広い水面を漂う筏に乗った顔のない神も、筏と水をつなぐ綱も、大地に変わった土くれも、まちがいなく蜃気楼のイメージである。蜃気楼は「世界の初め」からいつでも起こってきた。そんな現象の目撃がくり返され、人々の心に残ったのだ。

「天から下がる綱」も蜃気楼がつくる（図111、125）。山並みが塔のように伸び上がる蜃気楼なら、「塔」が細い糸に見える瞬間もある。チベット神話にいう「光で織った」綱も蜃気楼にふさわしい。

綱のたたずまいは、蜘蛛《くも》の糸（インド、ポリネシア、アフリカ）、蔦《つた》（インドネシア、フィリピン）、髪の毛（インド、オーストラリア）、煙の柱（イスラエル、イースター島）など、地域でいろいろになる。

雨の神の不思議なテント

アフリカの南西に広がるカラハリ砂漠の伝説では、シユー（またはガオーナ）という「偉大な船長」が東の空に住む。雨は彼が降らせる。姿はブッシュマンに似ていて、天上のテントもブッシュマンの枝編みテントそっくりだがなぜか二階建て。一階には妻と子供、二階には死者の魂が棲む。「蜂蜜もバッタもイナゴも蝿もたっぷりあって、船長はそれを食べている」。

長い乾季に苦しむとき、村人はトランス状態で嘆きの歌を歌う。「雨はなぜ降らぬ？　誰が止めている？　この暑さは耐えられない。精霊よ冬を連れてこい。水はどこだ？　これじゃあ死んでしまう。ここにいるしかないのに」。歌をくり返していると、やがて願いが船長の耳に届く。シャーマンは茂みに駆けこみ、天から垂れた細い糸をよじ登る。船長も降りてきて、二人は糸の中央で出逢う。シャーマンは船長に赤い粉（くすりを混ぜた赤土）を投げ、船長はシャーマンを天上のテントに連れていく。テントの前には一族の霊が番をしている。シャーマンは霊に祈る。「助けてくれ。子供が死んでしまう。俺たちもひからびる」。ややあって船長が言う。「よし、降らせてやる。子供も水と食物を口にできよう」。そのあと船長はシャーマンを糸の途中まで見送る。シャーマンが地面に着き、手を放すと糸はまたするすると昇る。やがて雨になり、全員で躍りながら歌う。「うれしい雨だ。みんな喜べ。雨だ。船長のおかげだ」。

陽の沈む西の空には死霊ガウワが棲む。ガウワは天地のはざまに張られた蜘蛛の糸のような紐を行き来する。ガウワと会えるのはシャーマンだけで、「糸」をよじ登ってガウワのもとへ行く。ガウワは人間に病気と死をもたらす。月に暈《かさ》がかかるのは、ガウワが踊っている情景だという。月はガウワのかがり火、暈は躍るガウワのシュプールだ。ブッシュマンがガウワを怖がるのは、月や太陽に暈がかかると天気がくずれるからだろう。

ここにも蜃気楼が見え隠れしている。二階建てのテント（図123）など、ブッシュマンの村にはない。だが明け方に東の空を見たときなら、冷えた草原が上向きの蜃気楼を生む。地上が逆立ちで空に映り、条件がよければその上に正立像も見えるだろう。草原のテントはこうして二階建てになり、地上のテントの前に立つブッシュマンは拡大されて空に映る。じっさい、ブッシュマンの最高神は「仲間の誰よりも背が高い」。またブッシュマンは、神カッゲンが家の掃除をしたら天気がくずれるのだと言う。

ブッシュマンが空に見たのは蜃気楼にちがいない。蜃気楼を生む大気の中を向こうに歩むシャーマンの体は、空に現れた逆立ち像と、ゆらゆらした細い線で結ばれたように見えた。それが天からの「糸」（図111、125）に、つまりは来世への道になった。そんな絵がブッシュマンの岩絵にいくつも見つかる。

図126◉ナミビアのトウィフェルファウンテイン。岩絵のちりばめられた洞穴。

図127(上)◉ナミビア・トウィフェルファウンテインに残るブッシュマンの岩絵。首が異様に長いキリン。
図128(下)◉ブッシュマンが描いたシャーマンの岩絵。頭から伸びる「糸」は、天と地を結ぶ「蜃気楼の糸」ではないか。

南アフリカ、ンデデマ峡谷のクング族は、カモシカの胴と足をもつシャーマンを描いた。空にはカモシカが「飛んで」いる。学者はこの絵を「天界飛行」するシャーマンだと解釈する。頭が二つのエランド（オオカモシカ）も、蜃気楼像から生まれたにちがいない。

蜃気楼は「嵐の前の静けさ」に現れやすい。だから雨の前に現れる神も蜃気楼にふさわしい。

ブッシュマンの岩絵

つましい暮らしをするブッシュマンの美術作品に、蜃気楼の影がくっきり見える。一例が、ひどく細長い人間だ（図129）。ナミビアを訪れたとき、ブッシュマンの中で育った農夫から聞いた話では、ミラージュ人間（蜃気楼人間）というあだ名の絵らしい。蜃気楼は物体の姿をゆらめかせる。足や首をジグザグに描いた人物の絵（図130）はたぶんそれだろう。

別の岩絵では、大きく伸びた人間の脇に、魚の尾を生やした人間がいる（図131）。「蜃気楼の海」に棲む来世の生き物か？　そんな幻像をかつて誰かが水面に見たのではないか？

岩絵には、野生動物と人間の合体したような生き物が見える。いちばん多いのがエランドだ。南アフリカ最大のカモシカで、ブッシュマンに言わせると野獣はみなエランドの部下だという。少年が行く初めての狩り、成人式、結婚式、村の踊りなど、大事な儀式はみなエランドの絵姿で飾りたてる。ブッシュマンにとってエランドは、最高神カッゲンが最初に創造した動物だから、いつも神のそばにいる。シャーマンもエランドを使者にして来世と交流する。

岩絵のひとつが図132。体は人間、頭はカモシカで二つあり、足が四本の生き物だ。エランドのマントを着て来世と交流するシャーマンだろう。曲がる光の中、つまり来世に足を踏み入れたエランドを遠望すれば、体が二重に見える。そこに古代の狩猟民族は来世を想ったのだ。

細い線を頭に生やしたシャーマンもいる。来世に心を通わせるさまの抽象表現だ、と研究者は言うが、そうだろうか？　蜃気楼の「糸」、実物と鏡映像を結ぶ細い線ではないか（図111、125）。シャーマンは天国にいる双子の兄弟と対話する、とブッシュマンは言う。似た想像は古代エジプトにもあった。人間は来世に自分のカ

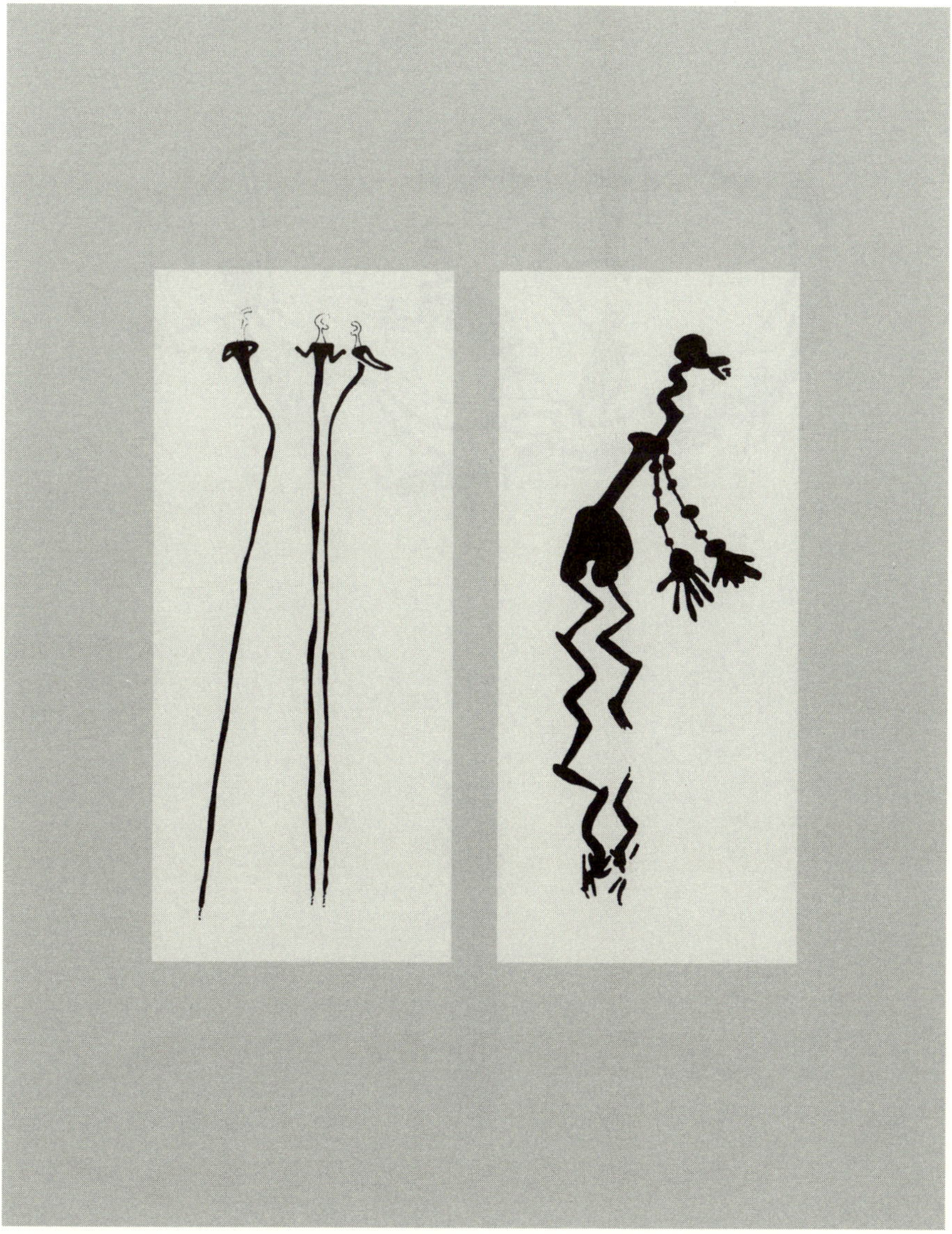

図129(左)◉ブッシュマンの岩絵。胴が異様に長い人物。
図130(右)◉ブッシュマンの岩絵。足と首がジグザグ形の人物。

図131(上)◉ブッシュマンの岩絵。胴が異様に長い人物と、魚の尾をもつ人間のような生き物たち。
図132(下)◉ブッシュマンの岩絵。人間の体つきをした双頭のオオカモシカ(図160参照)。

図133(上)◉ブッシュマンの岩絵。雨を恵む動物だという。体の小さな突起は、不思議な大蛇(図92)と同様、羽ではないか?
図134(下)◉ブッシュマンの岩絵。翼をもつ不思議なカモシカ。

ー(分身)をもち、死んだらカーと合体する。するとあの「糸」は、シャーマンと彼のカーを結ぶ線だろう。

蜃気楼は「嵐の前の静けさ」に起きやすい。となればブッシュマンの雨乞い儀式も蜃気楼に関係していそうだ。南アフリカの植民地化が始まったころ、こんな話を聞いた人がいる。ブッシュマンは、足跡を消してくれる豪雨が来る頃合いをはかって、近隣の略奪に出かけた。だからシャーマンには雨を呼ぶ義務がある。そのときシャーマンが頼りにしたのは、醜悪な「雨の精」「水の王」だった。河馬や象を思わせ、蛇のような長い吸い口をもつ雨の精が岩絵に見える(図133)。体には雨粒のような斑点をちりばめ、魚や蛇や虹と一緒に描かれている。胴にも吸い口にもついた無数の小さな突起を、学者は「怒って逆立てた体毛」と解釈してきた。ところが突起は鳥の翼にもついているし、カテドラル・ピーク地域の岩絵にある巨大な蛇(図92)もそうだという事実をみれば、むしろ羽だろう。蜃気楼で浮き上がった幻像に「雨の精」を想い、浮き上がるからには羽がある、という自然な連想の産物ではないか?

翼の生えたカモシカもおもしろい(図134、135)。体つきは人間、翼は前肢の変形に見える。肢は二本だけ大きく伸び、羽のつもりだろう、短い突起が生えている。カモシカが少しずつ鳥に変身していくようなひと続きの絵もある。ブッシュマンはきっと、空飛ぶカモシカを来世の使者とみていたのだ。

ブッシュマンの岩絵をこんなふうに解釈した研究者はいないけれど、数々の証拠が蜃気楼の世界を指し示す。細長い動物、二重の動物、空飛ぶ動物、手足がジグザグの獣、魚の尾をもつ人間、いびつな水の動物、空飛ぶ蛇、混合動物などの棲む世界である。たぶんブッシュマンは自然界に来世を見た。蜃気楼の中に見た生き物は天上界のものだから、それをつかえば最高神カッゲンと交流できる。二重のテントに住む神カッゲンも、蜃気楼が生んだものだろう。

まとめ――「天と地を結ぶもの」と蜃気楼

地上が蜃気楼で空に映れば、実物と鏡映像が不思議なゾーンで結びつく。それを通って天に昇れると想像するのは自然のなりゆきだろう。結合ゾーンの姿は、糸、綱、二重三重に積み重なった山や島など、さまざまだ。神々の住む世界山、天の柱、天を支えるアトラス、神々が地上に降りてくるための糸はこうして生まれた。

天国への道には蜃気楼の刻印が押されている。ヒンドゥー教の世界山メールには神の住まう峰が三つあった。また世界山は不動の山塊ではなかった。カンボジアのアンコール・ワットに残る石刻画では、シヴァ神の世界山を巨人ラーヴァナがゆすっている。

下界と天国をつなぐ線は細くて、綱や糸を思わせる(図82、111、カラー図Ⅳ)。シャーマンはそれを伝って神の国に行き、二重の家に住む神と言葉を交わす。蜃気楼で伸び上がる木も、天上界との交流ルートになった。

打ち合う岩のはざまをすりぬけるとか、怪物に出逢うとか、来世に向かう魂の行く手には大きな障害が待ち受ける(図113)。そのかわたら、蜃気楼の「架け橋」をたどれば天国に渡れるという想像世界もあった。

蜃気楼は物体の形をひどくゆがめる。シャーマンも原始の神官も、そういう見慣れた幻像を来世の使者に、天界飛行の道連れにした。とりわけ多いのが、二重の鳥やキメラ(混合動物)だった。それを次章で眺めよう。

図135◉翼をもつカモシカ。カテドラル・ピーク地区、ンコサナ保護区に残るブッシュマンの岩絵。

8章 二重の姿

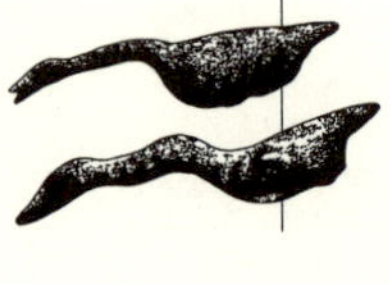

図136◉象牙製の一対の鵞鳥。ドーセット文化のシャーマンの霊具（カナダ・マンセル島出土の副葬品。紀元五〇〇年ごろ。オタワ、国立人類博物館）。

シャーマンと鳥

ピレネーの山麓、名高いラスコーの洞窟に不思議な絵がある。槍が刺さった瀕死《ひんし》のバイソン（野牛）と、そばにいるシャーマンらしい人物だ。人物の脇には、先端に鳥を刻んだ棒が一本、地面に突き立った趣で描いてある。

そっくりな棒や柱を、いまなお石器時代に近い暮らしをするシベリアの諸部族もつかう。エニセイ河畔のオスチャーク族は「村の柱」と呼んで崇める。ふつう柱の先には、頭が二つの「二重の鳥」を彫る。ドルガン族は二重の鳥を「鳥の王」と呼ぶけれど、名前の由来はもうシャーマンさえ知らない。T字形の柱は「天国の支え」で、横木には神の子が宿るという。

二重の鳥はシャーマンの呪術に欠かせない。オスチャーク族は双頭の鳥を儀式用の服や太鼓にぶら下げる（図137）。太鼓は「霊界飛行」の伴奏具だから、シャーマンは鳥を連れて来世に渡るわけだ。また二重の鳥は来世の使者だということになっている。

四万年ほど前、アメリカ先住民の祖先も、二重の鳥をアリューシャン列島経由でアメリカ大陸にもちこんだ。一五〇〇年前のペルーに栄えたパラカス文化では、みごとな刺繍《ししゅう》の布にミイラをくるんだ。刺繍の模様にはときおり恐ろしい形相の神が見え、その神がシベリアのシャーマンと同じく、二重の鳥をあしらった棒(杖)を手にもっている。

初代のシャーマンは鷲《わし》だった、とシベリア南部に住むモンゴル系ブリヤート族の神話にいう。むかし人間は悪霊に苦しめられていた。見かねた神が一羽の鷲をシャーマンとして下界に送り、人間を助けようとした。しかし人間は鷲の言葉がわからなかったので、鷲はいったん天に引き返す。神は次にまた鷲を下界にやり、今度は最初に出逢った人間にシャーマンの能力を授けることにした。天の鷲は、夫のもとから逃げて木陰で眠っている女性に出逢う。鷲は女性と交わり、産まれた息子が初代のシャーマンになった。以後ブリヤート族のシャーマンは、トランス状態で身を鳥に変え、魂を空に飛ばして来世と交流するようになる。

二重の鳥は、光を曲げる大気が生む。身近にいる鳥ではなく、あの世の鳥としか見えないから、古代人は来世からの使者だと思った。だからこそシャーマンは、蜃気楼の染め上げた心象世界の中で、魂を鳥のように来世へ飛ばすのである。

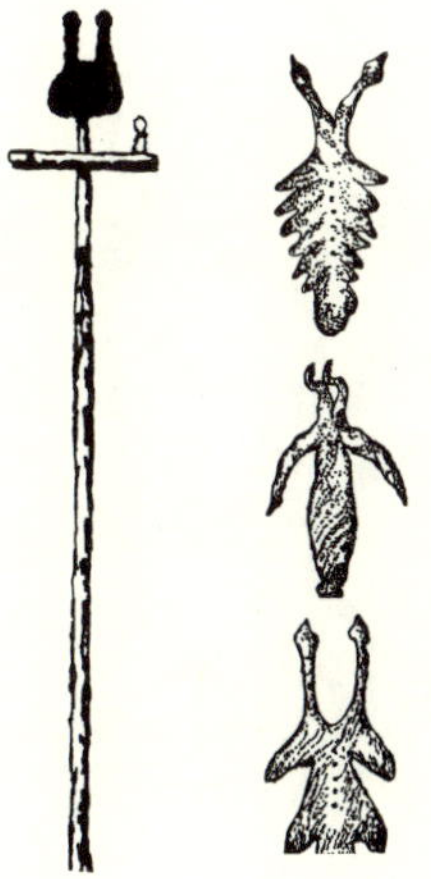

図137◉シベリア・エニセイ河畔に澄むオスチャーク族のシャーマンがつかう双頭の鳥のシンボル(旗台と、衣装や太鼓の飾り)。

イヌイットの「鷲の国」

フーパー湾岸に住むイグルリク族のシャーマンは、トランス状態で天上の「鷲の国」に向かう。天上にある鷲の住まいは、地上にある鯨骨の小屋ともイグルー(氷の家)ともちがって、入り口が二つある二重の家だ。アラスカの小ダイオミード島には、シャーマンが「月男」の住む天国に昇った神話がある。イヌイットは「海の母」と同じくらい月男を崇めていた。月男の家は、屋根に鳥がとまり、二階建てで、一階には精霊、二階には月男と家族が住む。

天にある「鳥たちの国」とはどんな姿なのか？ コッパー地区のイヌイットは「変わった国」、キング島やヌナミウト地区の種族は「高山のそびえる遠い国」といろいろだが、獲物がたっぷりのところは共通している。

アラスカとアジアのイヌイットは「使者の祭」で天の鷲をまつる。まず用意するのが、鷲の羽で飾った一本の棒。棒には「ウミアリク(主人)」という鷲の霊が宿る。ウミアリクは、そのむかし最初の祭を執り行った鷲だという。その年の「使者」に選ばれた少年が棒を握る。棒につけた羽は現世の鷲のシンボルだから、少年の役

図138◉ペルー・パラカス文化のシャーマン(または半神)を表現した刺繍の図案(紀元1世紀)。魂(心臓)が双頭の鳥に描かれている。

図139◉パキスタン・タクシラ廃虚に残る塔に刻まれた双頭の鷲(紀元1世紀)。

目は、来世にいる鷲の魂をそこへ呼び寄せて「二重の鷲」にするところにある。二重の鷲は村の守護神で、祭がすむと、ほかの祭具と一緒に棒も羽も燃やし、鷲の霊を解放して天に戻してやる。

イヌイットの神話には蜃気楼がくっきりと影を落とす。来世の使者は「二重の鳥」だ。「二階建ての家」は地上の家とはちがうし、鷲の国も、地上にはない「変わった国」「高山に囲まれた国」だという。アラスカからグリーンランドまで広い範囲に住むイヌイットの神話ではたいてい、天の国には下界と同じく川や湖や猟場がある。ブッシュマンの想像世界と瓜二つだ。

二重の鳥と来世

「行く手に二羽の巨鳥がいた。胴は塔くらい太くて顔つきは人間。一羽が言った。二本の角を生やした者よ、そこで止まれ。ここへ生者は入れないのだ」。アラビア世界の伝承の中、アレクサンダー大王が来世との境に着いたシーンである。

太古から人類は二重の鳥とつき合ってきた。鉄器時代前期のセルビア人が、二重の鳥をあしらった舟を残している（カラー図Ⅵ）。古代シュメールとバビロニアでは、四枚翼の半神パズズ（ドゥムジ、タムズ）を宮殿や神殿に刻んだ。ギリシャ神話では、わが子を飲みこんでまた吐き出すティタン族のクロノスに四枚の翼があった。

ケルト神話では、オシーン（オシアン）が妖精ニァヴと、父の治める「常若《とこわか》の国」に向かう。二人は魔法の角笛にまたがり、国々や城を眼下に見ながら飛んでいく。あるとき大理石と黄金でできた街が雲の中に見え、脇見してから振り返るとかき消えていた。やがて寒々とした氷の国に着く。霧にかすむ平原に黒い醜怪な城がそびえ、城門の脇には美しい娘が鎖で二羽の鷲とつながれている。娘が言う。「これはフォモールの城なの。近寄らないほうがいいわ」。

アイルランド・ケルトの神話で、来世の使者はまず例外なく二重の鳥だ。こんな物語もある。英雄ク・フーリンは、金の鎖でつながった二羽の鳥が湖上を飛ぶのを見た。鳥を投石器でねらおうとしたとき、妻のエマーが止める。「無理よ。あの鳥は魔力があるの」。ク・フーリンは石を二個投げたが当たらない。槍も一羽の翼をかすっただけ。そんなはずは……と首をかし

図140◉双頭の鳥。ペルー沿岸(サンチャゴ、先コロンブス時代美術館)。

げるうちにめまいを覚え、岩にもたれて眠りに落ちる。不思議な夢を見た。二人の妖精（鳥の分身）が現れ、ひとりは緑、もうひとりは深紅のガウンを着ている。二人は鞭でク・フーリンをひどく打ちすえてから去った。ぐったりして目覚めたク・フーリンは、まる一年も寝たきりになる。

双頭の鷲は、ヒッタイト時代（紀元前一九〇〇〜一二〇〇年）から宗教のシンボルだった。紀元前六〜三世紀のスキタイ人も権力の象徴につかい、ガンダーラ（現パキスタン）のタクシラに伝えた。タクシラには、ダリウス一世とアレクサンダー大王が豪壮な神殿や寺院を建てている。タクシラの象徴は、双頭の鷲を刻むパゴダだった（図139）。紀元二世紀の貨幣に、ツァラトゥストラ（ゾロアスター）の神アフラ・マズダが双頭の馬に乗った図案が見える。

古代エジプトでも、現世と来世を結ぶ神、鷹の頭をした神ホルスが二重の鳥を連れていた（図190）。スフィンクスはそのむかし「地平線のホルス」と呼ばれ（図159）、姿が二重になったときファラオの「天の舟」を天に送り届けた。二重の鳥は古代ローマの石棺にも描かれ、紀元五〜六世紀のビザンチン帝国でも権力の象徴だった。

デルフォイ神殿の誕生にも「二重の鷲」がからむ。天神ゼウスは世界の中心を定めようと、二羽の鷲をそれぞれ逆の方角（現世と来世？）に飛ばす。二羽がデルフォイの地で合流したため、そこに神殿をつくり、オムパロスの石（世界のへそ）に二羽の鷲を刻んだ。そんなオムパロスが、紀元前一四世紀の古代エジプト、セティ一世の墓にも奉納された。

一二世紀にモンマスのジェフリーが著した『ブリタニア王列伝』の中で、聖丘の頂に立つアーサー王の墓を、鎖でつながれた一対の鷲が守る。似た話は古代エジプトにもあり、二羽のフクロウを鏡映像に描いた胸板がサッカーラの墓から出土している。

双頭の鳥は、ハプスブルク家が紋章にしてヨーロッパ全土に広まり、いまもおびただしい旗と紋章を飾る。ツァーの帝国さえそうだった。ドイツ皇帝の紋章になったのが一五世紀で、一九世紀からはオーストリア皇帝も右にならう。スペインの侵略者が南米にもちこんだから、リマ市の紋章も双頭の鳥……なのだが、じつのところアンデスの人々は、先史時代から双頭の鳥を知っていた。二千年前にはパラカス人が二重の鳥を刺繍した布で死体をくるんだし、北ペルー沿岸の砂漠に

図141◉ペルー・リマ市の紋章、双頭の鳥。

栄えたチャンチャン文化も、新大陸発見のはるか前から神殿に二重の鳥を刻んでいた（前著『蜃気楼文明』参照）。双頭の鳥は古代メキシコの陶製印章にも見える（図11）。

一五〇〇年前の中国・キジル石窟の仏教画にも、嘴と爪で蛇をつかむ一対の鳥が描かれている。なお鳥と蛇の組は地平線のシンボルにほかならない。

二重の鳥を目にしたらどんな感覚に襲われるか——それを、二百年近く前にフランスのビオ教授が書いた文章が伝える。「蜃気楼が偽りの水平線をつくっていた。そこに向けて飛ぶ海鳥が、水平線とふれあう寸前、一瞬ふっと見えなくなったあと、二重の姿で現れた。海鳥の群れ全体がそんなふうに見えたときはなんとも壮観。言葉を失うというのはこれだろう」。

ケルトの鳥

不思議な「鳥の家」を描いたアイルランド伝説がある。ターラの王宮でダグダ王（エオカイド）が廷臣とともに空を眺めていたら、二羽ずつ金の鎖でつながれた大きな白鳥が飛んできた。二〇羽の群れが九度、鎖を日の光に輝かせて飛び去った。王と廷臣は白鳥を追いかけ、寂しい場所に着く。一軒の家が見え、屋根は白鳥の羽で、ターラの王宮をしのぐ華麗な広間があった。その家の中で男の子と二匹の雌馬が産まれた。明くる朝、目が覚めて見たら家はかき消え、子供と雌馬だけ残っていた。子供は王の妹デヒテラが引きとる。一行がターラに戻る道すがら、ある湖畔を通ったとき、突然あたりが光り輝いて太陽神ルークが身を現す。あれはわが息子だ、妻が産気づいたので白鳥と天宮をあそこへ移したのだ、とルーク。その子はやがてアイルランドの英雄になった。

二重の鳥は蜃気楼が生む。かき消えた屋根の白い家も蜃気楼世界に属する。太陽神の息子が産まれたのは、「蜃気楼＝天国の情景」という想像世界だろう。

アイルランド・ケルトの神話で、トゥアハ・デ・ダナーン族（女神ダヌの息子たち）は火急の折り、二羽ずつ金の鎖でつながった華麗な鳥に変身した。ダヌはドナウ川とドン川に名を残す古代の女神で、ケルト人が原故郷からヨーロッパの西岸と島に運びこんだ。ケルトの主神ダグダは、死者を生き返らせる魔法の大釜をもっていた。その大釜は、イエスが最後の晩餐でぶどう酒を注ぎ、さらにはゴルゴダの丘で十字架からしたたる血を受けた「聖杯」の原型だろう。

イースター島の鳥人儀礼

イースター島では一八六八年まで「鳥人儀礼」という祭祀《さいし》をしていた。毎年九月、オロンゴ村民は海燕(マナタラ)の帰りを待ち望んだ。海燕は岸にほど近い三つの島に巣をつくる。若者たちが最高神マケマケを称えながら島まで泳ぎ、最初の卵をもち帰る競争をした。その勝者か保護者が以後一年、「鳥人」として指導者(タンガタ・マヌ)になる。だが名誉ある地位にはきびしいタブーが伴う。卵をつかんだ鳥人の手は神聖だから、食べ物をつかんではいけない。鳥人と家族は隔離されて暮らす。「死」を体現する鳥人は入浴ができず、髪も爪も切れない。鳥人は一年間さまざまな儀式を主催し、人間を生け贄に捧げる。誕生と死の輪廻《りんね》を表し、命の再生を願う儀式である。最初の卵は誕生を、生け贄は死のシンボルだし、隔離は死後の生活、一年後の社会復帰は新しい命の始まりを意味する。

神の代理人タンガタ・マヌは鳥の姿に描く。最高神マケマケと使者の絵だろう、鳥と鳥人の石刻がオロン

図142◉髪をかきむしり合う二つの半鳥半人(ラーク聖地のマリア大修道院、13世紀)。

ゴ村のあちこちに残る。鳥は、嘴や喉袋から、海燕ではなく軍艦鳥だとわかる。翼長二・五メートル、ほかの鳥がくわえた魚を空中で奪いとるのを特技とする軍艦鳥は、かつては本島にもいたけれど、食糧に乱獲したせいでもう棲んでいない。

　ポリネシアの神々は鳥との結びつきが深い。タンガロア神は鳥に生まれた。タネ神の代理は赤い鳥だった。赤は神聖な色で、イースター島民がマケマケ神の使者を軍艦鳥にしたのも、交尾期に赤い喉袋をふくらませて相手を誘うからだ。マケマケが鳥人になったいきさつはこう説明される。神が足元の水面に目をやったとき、ちょうど頭上を飛んでいた一羽の鳥が一緒に映って、その姿が気に入ったため合体したという。

　最初の卵を得てから数週間後、鳥人の一族は、海上の島から籠にいっぱい卵と雛をとってくる。卵と雛を乗せた行列が島じゅうを練り歩く。卵の一部は神に捧げ、ほかは一つがいの雛だけ残して食べてしまう。つがいは成鳥まで育ててから赤い布を結びつけ、「ヒヴァへ行け」と唱えながら放す。ヒヴァは死者の魂が帰る故郷だ。鳥人が死ぬと、モアイ像の祭壇（アフ）に寝かせて手厚く葬むる。つつがなく死者の国へ行けと、両

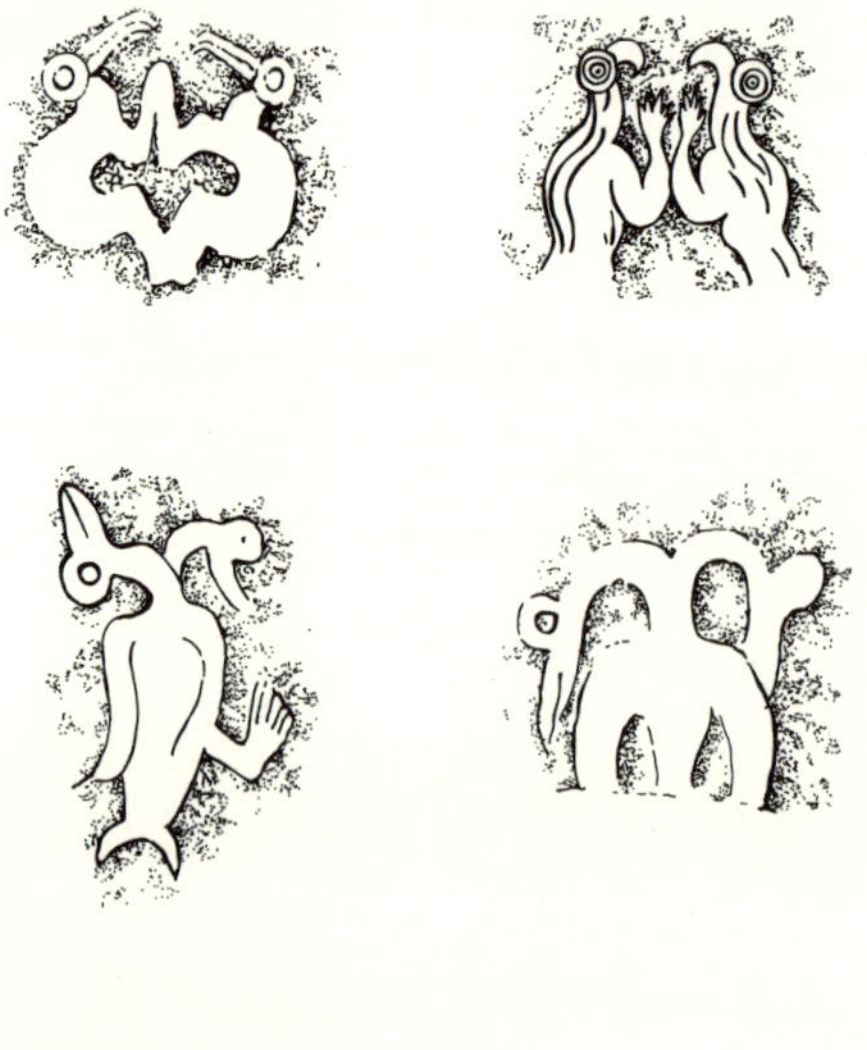

図143◉対になった鳥人と、双頭の鳥。イースター島の石刻。

の足に五羽の鶏を結びつけて。

島に残る鳥人の石刻画は四八一個を数え、大半がオロンゴ村にある。双頭の鳥や、翼を共有する二羽の鳥など、たいてい二重の鳥だ。鳥人を対にした図柄(図143上)や、合体した軍艦鳥(図144上・中・左下)もいる。胴体がひとつで頭が二つの絵もあれば、翼と尾を共有した二体の絵もある。名高い刻板「ロンゴロンゴ」にも、二重の鳥が文字につかわれている。

イースター島には、髭のある老人の木像「モアイ・カヴァカヴァ(名前が二重)」がある。男が死んだときに家族が刻む「善き霊」で、来世へ渡る魂につき添うという。後頭部には双頭の鳥人が彫ってあったりする。

二重の軍艦鳥が神マケマケ(この名も二重)の使者になったのは、蜃気楼の生む来世の中に現れたからだろう。光を曲げる大気の中で、巨大な軍艦鳥の二重像が目撃されたにちがいない。

蜃気楼の足跡は、オロンゴ村に伝わる「島々の戦いの物語」にも見える。村から見晴らせる海上に、モトゥ・ヌイ、マロティリ、モトゥ・イティ、モトゥ・カオカオという四島がある。あるとき三つの島が連合してマロティリに戦いを挑んだ。マロティリは敗走して

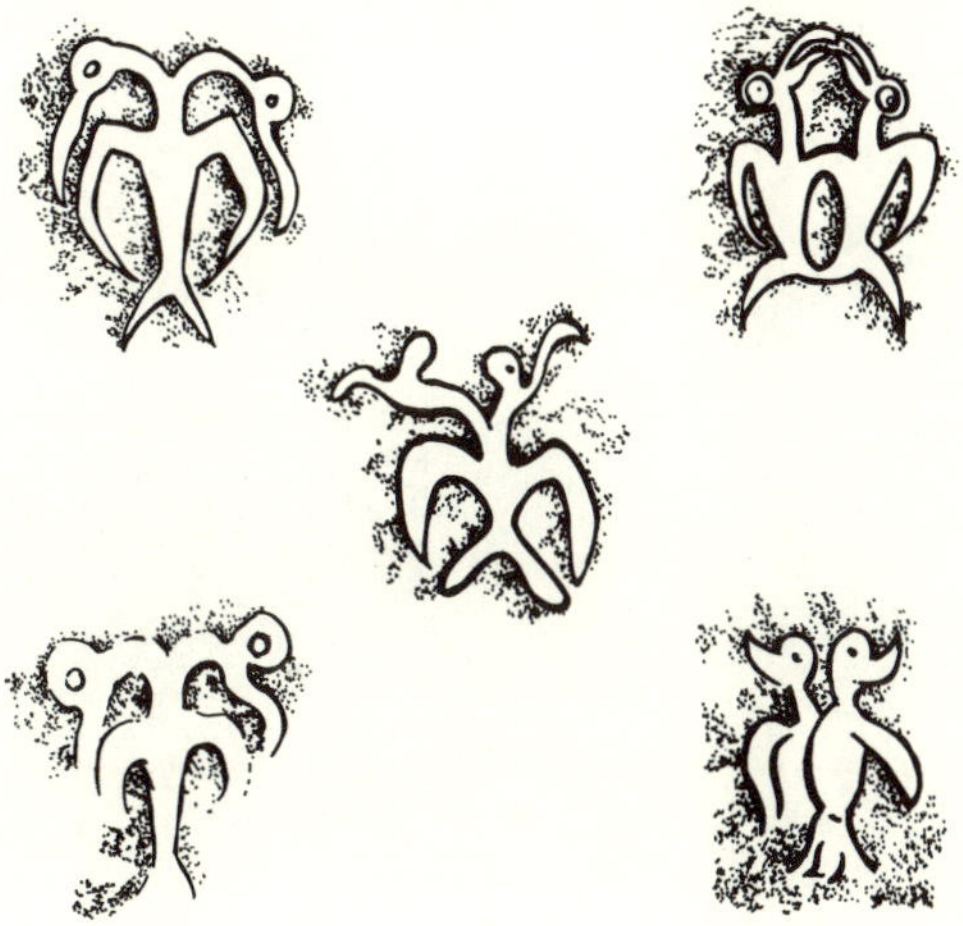

図144◉二重の姿をもつ軍艦鳥と海燕(右下)。イースター島の石刻。

ピュイの海に居場所を定め、三つの島は追撃をやめていまの場所に移動した。島が動くという想像は、蜃気楼のほかにどんな説明があるだろう?

オーディンの鴉

北欧の最高神オーディンには、フギン、ムニンという二羽の大鴉《おおがらす》が仕えた。二羽はいつも偵察に飛び回り、ことが起こるとすぐさま神に注進した。戦争が起きるか、起きそうなときは、オーディンの鴉が近くでじっとようすをうかがっている。オーディンは、髭をたくわえ、角のついた兜をかぶった姿に描かれる(図147)。角は古代から権力と高貴の象徴だった。

オーディンの絵姿から、ガリアのフランク人が墓石に刻んだ絵(図148)の意味もわかってくる。オーディンの鴉が戦士の霊をヴァルハラ(戦死者の館)に運ぼうとしているのだ。当時のフランク王国はゲルマンとケルト=ローマの混合文化だったけれど、魂にかかわる表象は共通だった。ケルトでは、戦士の死出の旅を見守るのも、妖精に変身して死者を戦場から運び去るのも一対の鳥だった。ロマンチックな話だけでもなかったこと

図145◉破壊されてイースター島の海岸に横たわる石像。赤い石の帽子(右手)には二重の鳥が刻まれている。原住民は、はるか海上から見た巨石像が蜃気楼で天とつながる幻像に、来世との交流を想ったのだろう(図82、111参照)。

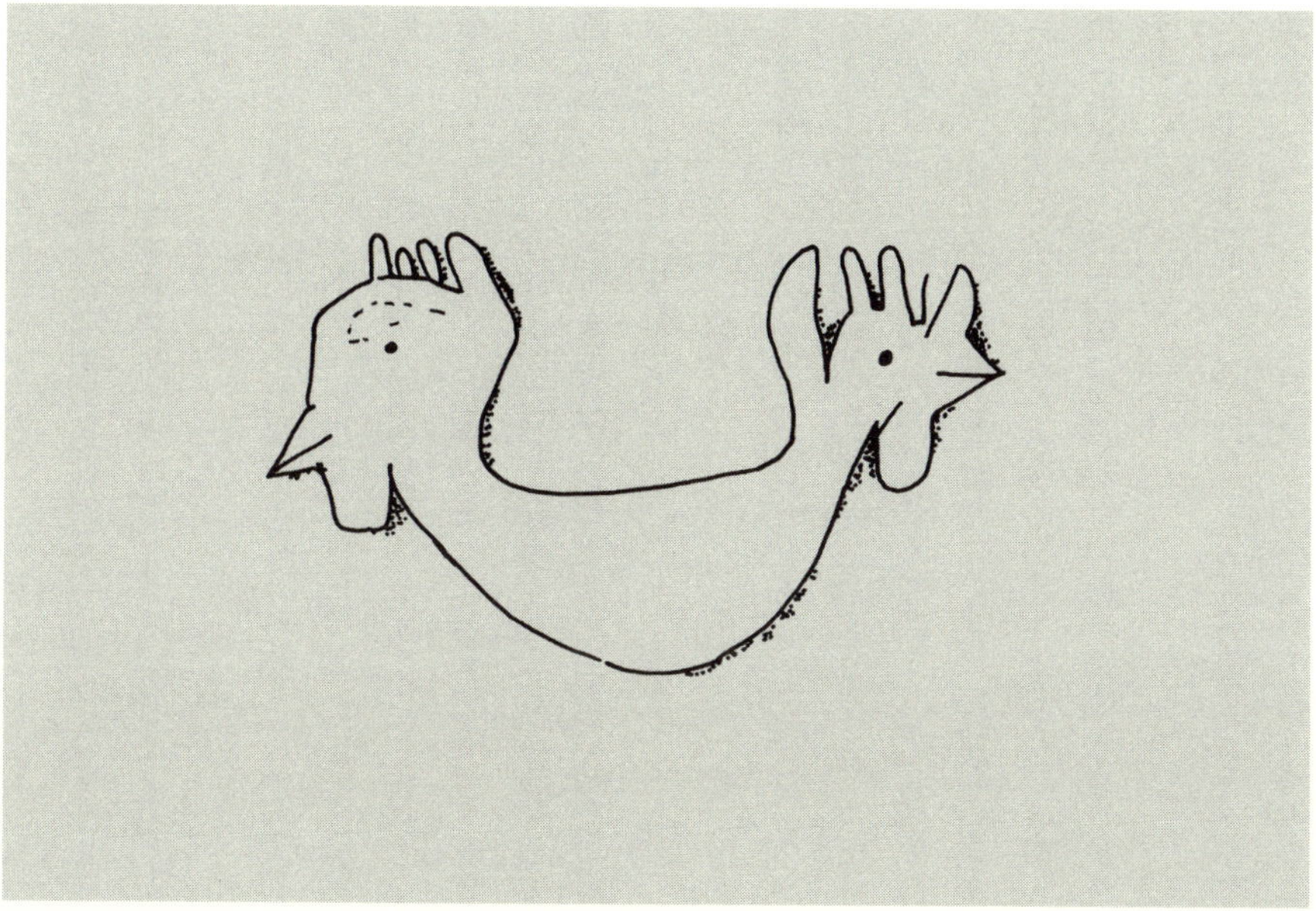

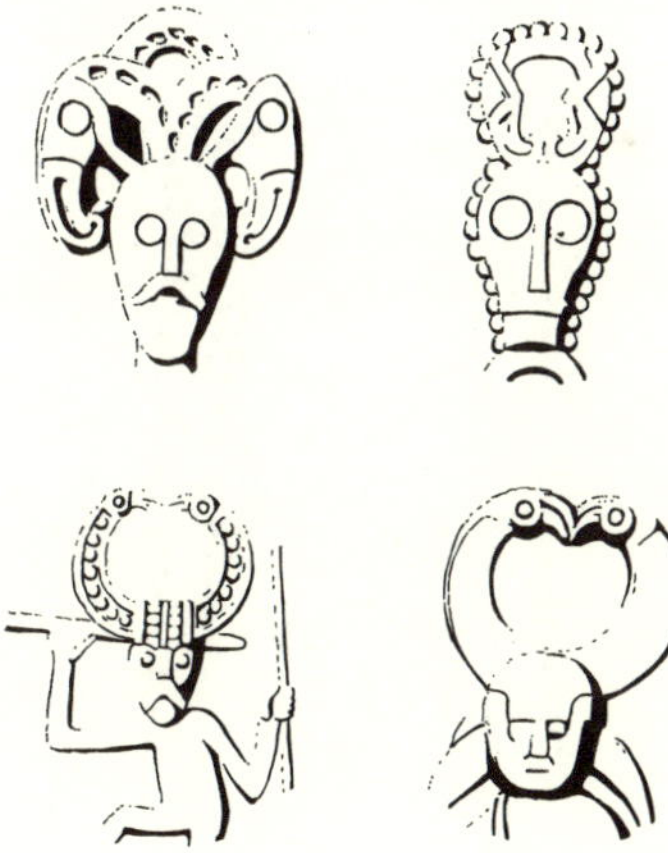

図146(上)◉胸板の石刻。左右に鶏の頭がある。
図147(下)◉角を鴉にデザインした神オーディンの表現。

を、次のケルト古詩が語る。「かのグエンドルー（マーリンの後見人）が放った二羽の鳥は、キムリック人（ウェールズ人）の死体二つを昼食にむさぼり、また二体を夕食にむさぼった」。

蜃気楼の生む二重の鳥に、古代人はオーディンの使者を想った。オーディンが身を自在に変えたのは蜃気楼の世界だし、肢が八本の愛馬スレイプニル（図150）も、蜃気楼の生んだ馬の二重像がもとではないか。ゲルマンの世界樹ユグドラシルは「オーディンの馬」という意味だから、世界樹も蜃気楼の二重像が生んだにちがいない。世界樹に棲む二羽の鷲も同じである。

二重の神々

紀元前二四〇〇～二二〇〇年ごろアナトリアに栄えたアラカ・ヒュイクの墓の発掘で、くずれた残骸の下から、人間の双子が彫られた金の板が出土した。死出の旅に供えたこの図柄は、いったい何を意味するのだろう？

『コーラン』八九章冒頭にこんな文章がある。「慈悲深きアッラーの名において、……また二重なるものと

図148◉メロヴィング朝期（5～8世紀フランス）の戦士の墓石。神オーディンを戦場に導いた一対の鴉が頭部にいる。

図149(上)◉蜃気楼が生む二重の鳥のモンタージュ。こんな幻像に、古代人は来世の使者を想ったのではないか?
図150(下)◉8本肢の愛馬スレイプニルを駆って戦場に赴く神オーディン(ゴトランド島の墓石、10世紀。ストックホルム歴史博物館)。

二重なるものとにかけて」。これはなんのことだろう?

現世の果てに来世がある——という考えは、原始人の神話にも、文明人の意識下にも深く根を下ろし、人と動物と物体に分身(ドッペルゲンガー)を思い浮かべたりする。

新しい命も「二重の世界」が産む。魂は来世から下界に下り、死んだらまたそこに帰る。トーゴ南部のエウェ族は、村に子供が産まれたとき、来世でも「霊の母」が分身を産むと考える。アボリジニの「霊の母」は手足の数がふつうの二倍ある(図151)。動植物の分身を来世に思い描くことも多く、南アフリカ・ベルグダーマ族のシャーマンは、星々のきらめく天国に獲物が産まれるから地上にも獲物がいるのだと教える。作物も、天国にも生えるからこそ地上に茂る。

二重像は蜃気楼の鏡映がつくる。そこに来世を想った古代人は、神の姿も二重だと考えた。たとえば紀元前一四二〇年の古代エジプト、死者アニを送る『アニのパピルス』にこうある。「一対の魂をもつ神とともに私は生きる。かつてオシリスもジェドゥの町でラーの魂と出逢い、抱き合って双子の魂となった。その魂こ

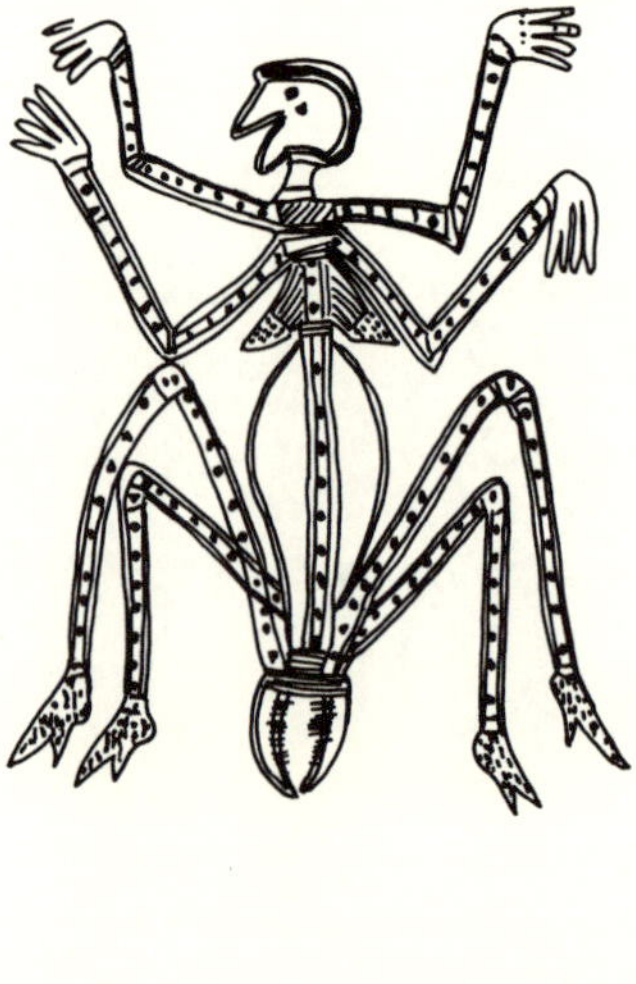

図151◉霊を表す二重の女性。オーストラリア・ノーステリトリー、クロッカー島の樹皮絵。

そが天界の王ホルスなり」。

古代中国のタオイズム（道教）はシャーマニズムに染まり、最高の天を倒景《タオチン》（逆立ち世界）と呼んだ。「完全」は陰《イン》（大地。女性の徳）と陽《ヤン》（天上。男性の徳）の対で表し、鏡像の形に描かれた龍と鳳凰が、陰と陽のダイナミズムを表した。道士（タオイスト）たちは、災いを避け、霊と心を通わせようと、神を描いた護符を身につけた。図152がそのひとつで、星座（陽）のデフォルメらしい螺旋《らせん》状の胴体二つに、大地（陰）を表す二本の足をもつ人物を描く。天と地を合体させ、胴体を二重にしてあるのは、地平線の蜃気楼から来たのかもしれない。

仏教も例外ではない。旧シルクロード、敦煌に近い莫高窟《ばっこうくつ》・第二四九窟に、仏教の神アスラ（阿修羅）が描いてある。王朝がモンゴル系だった西魏年間（五三五〜五五七年）につくられた窟だ。スメール山（須弥山《しゅみせん》）より大きかったというアスラの両眼は二対、手は四本ある。

ブッダ自身もときに二重の姿で描かれる。マルコ・ポーロが記録に残し、チンギス・ハンの破壊以降は歴史の闇に消えていたカラホトという町がある。一九〇九年にそこを発掘したロシアの探検家コズロフが、埋もれた寺院の中で双頭のブッダと対面した（図153）。たぶ

図152◉タオイズムの護符。胴体が二つ。天からの使者か。

んその源は、七世紀に玄奘《げんじょう》が旅先で聞いたというこんな伝説だろう。ブッダをひたすら崇める二人の乞食がいた。二人はそれぞれ自分の仏像をほしかったが、仏師に二体分の金を払う余裕がないため、一体だけ注文した。完成したとき奇跡が起こる。仏像は二重の姿をしていたのだ。

二重性は神の名にも見える。ヘブライ人とカナアン人の「砂漠の悪魔」はアサセル(Asasel)といい、「as」の綴りが二重だ。砂漠は蜃気楼が起きやすい。ルルツ島民が崇拝するポリネシアの創造神(図154)は名を「アア(A'a)」という。いま大英博物館にあるこの木像は不思議な姿をし、顔も目も鼻も、胴も小人で表現され、正立像と逆立ち像の組み合わさった小人もいる。「鼻」の上には小人が二人、鏡像の趣で神の目をつくっている。

イースター島の最高神はマケマケだった。神もその使者も二重の動物で表現される。マケマケは神ティキの地方版で、そのティキは別の島ではメカメカになる。二重の像がときどき頭に乗せている三本指の像は、三重性の表現にちがいない。イースター島民の守護霊はアクアクという。

こうした神々の名は、みな綴り(As, A, Make, Aku)を二

図153◉双頭のブッダ。カラホト、13世紀初頭。

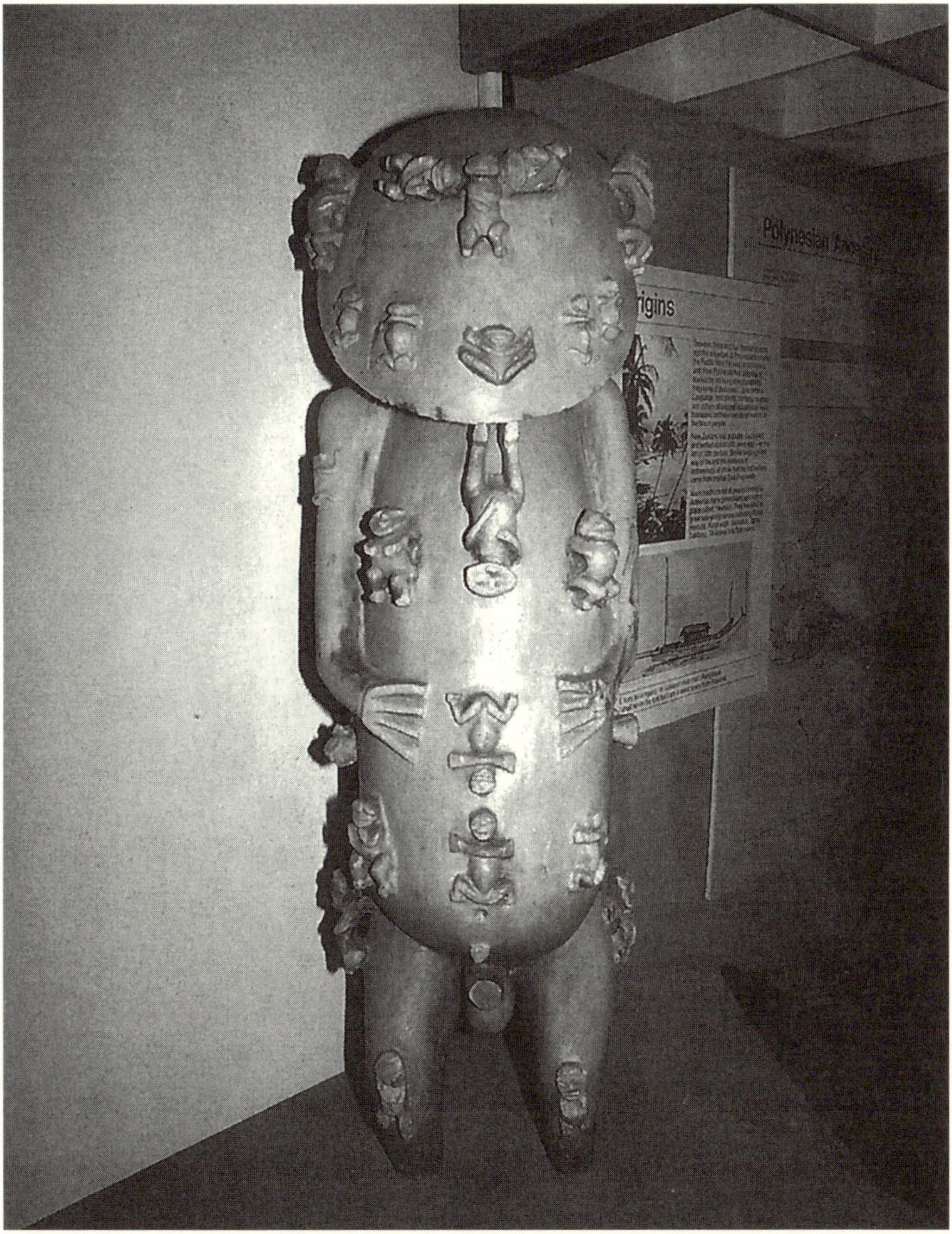

図154◉オーストラル諸島のルルツ島に残るポリネシア創造神の木像。双子の鏡映像と逆立ち世界がちりばめられている。

度くり返している。神が二重の姿で現れたからではないか？　紀元前一二～七世紀のメキシコで栄えたトラティルコ文化も、双頭の人物の粘土像や、双面の頭像を死者の副葬品にした。

チリのアタカマ砂漠でも、権力のしるし（椰子の枝）をもつ仮面像が見つかった（図117）。二重動物（グアナコ）の上に浮かぶ趣で描いてあるからには、最高神か農耕の神だろう。

ポリネシアのマルケサス諸島では、頭が二つあるティキ神の木像を聖所に納めた。双頭のティキは石刻像としても残り、ひとつがタヒチの博物館にある。ランギヴァヴァエ島の住民は、二重の姿をした神をマケマケ・ア・イホ・オロと呼ぶ。

アイルランドの下《しも》アーン湖に浮かぶボア島には、双面の石像が雨ざらしで立つ。ケルト人も双子の神秘的な能力を信じていたにちがいない。

ロサンゼルス北東部に住むチュマシュ族の絵（図156ａ）も鏡映像だ。水掻きに似た大きな手が蛙を、胴体から飛び出た丸い頭がピューマを思わせる。ペルー・ナスカの神もピューマそっくりで、作物やオタマジャクシ（豊作と水のシンボル）を口から出して人間に恵む。神々の

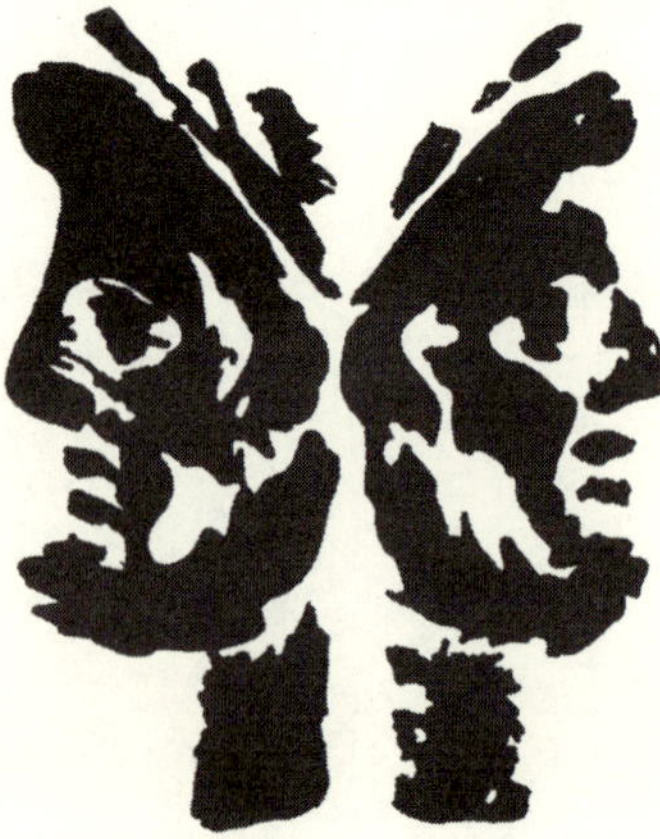

図155◉頭が二つあるローマのヤヌス神。

二重性もくっきりとわかる（図156b）。

カリフォルニアの石刻とナスカの神像は、どちらも紀元一〇〇年ごろにつくられた。お互いよく似ている事実は、太平洋岸沿いに文化の交流があったことをうかがわせる。

蜃気楼は非現実の世界を見せ、ときには物体を二重の姿にする。そこに神を想った古代人が、姿も二重、名前も二重の神々を生んだのではないか？　二重に見えた動物も神になった。須弥山より大きいアスラとは、ゆらゆら動く山の蜃気楼像を人格化したものだろう。

双子の魔力

デンマークの有名な醸造会社が、南アフリカでビールを売ろうとしたとき、現地の人から待ったがかかった。ラベルに描かれた二頭の象が不吉な図柄なのだという。ラベルに三頭目の象を足してようやくＯＫがとれた。

古代のゲルマンとアングロサクソン世界には「ワフ（Waff）」があった。wafeln（身を鏡に映す）の名詞で、分身を意味する。ワフに出逢ったり、自分のワフを誰かが

a　b

図156◉a. カリフォルニア沿岸に住むチュマシュ族が残した石刻（ピューマか蛙の擬人化）。b. ほぼ同時代のペルー・ナスカ文化が残した、水と作物を恵む神。

見たら、まもなく死ぬ運命にある。ブルターニュの物語では、川面に主人の姿を見た牧童が胸騒ぎを覚えた。じじつ主人は明くる日に死ぬ。ハンガリーの一地方では、死者を家の中に寝かせたとき鏡を隠す。

古代エジプト人は、来世には魂の分身「カー」がいると思った。人が死ぬと「カー」が降りてきて地上の魂と合体する。魂の絵姿は、女性の頭と腕をもつ鳥「アンハイス」だった。祈るアンハイスが紀元前一一〇〇年の『アンハイのパピルス』に見え（図157）、脇に鏡像の形で来世の分身アンハイスがいる。ヒエログリフで書かれた二つの名前もぴったり鏡像だ。

中国皇帝のシンボルだった龍もたいてい一対に描かれ、「完璧」を表す真珠とたわむれる。二重の龍は、波頭の上に見えた蜃気楼の鏡映像から生まれたにちがいない。

パラグアイのチャコ地方に、いまも原始のまま暮らすアホレ族がいる。伝道師と一緒に村を訪ねた折り、敬虔《けいけん》な彼がアホレ族の風習を汚い言葉でののしった。双子が産まれたら片方を殺すのだという。茂みで双子を産んだ母親は、顔も見ずに片方を埋めてしまう。そうしないともうひとりが長生きできないというのだ。

図157◉礼拝する魂の対（『アンハイのパピルス』BC1100年ごろ）。ヒエログリフの名前も鏡像だ。

図158(上)◉パラグアイ・チャコ地区に住むアホレ族。双子が生まれたら、片方は現世のものではないからと殺してしまう。
図159(下)◉古代エジプト人は、二重のスフィンクス(実物のスフィンクスと鏡像?)を「天の小舟の聖なる船頭」として崇拝した。ピラミッド底部に見つかった小舟は、ピラミッドが逆立ち像になったとき、ファラオの魂を来世に運ぶためのものだった(前著『蜃気楼文明』参照)。

低次元の動機ではなく、先祖伝来の掟に従ってアホレ族はそれをする。オーストラリアのアボリジニも、双子に未来はないと思っている。

紀元一世紀ローマの墓から出た勲章に、頭ひとつで胴体二つ（二重）のスフィンクスが描いてある。武功をたて、天国に行く資格がたっぷりある兵士に捧げたものだろう。

古代エジプトで、二重のスフィンクスは、死者を「昨日から明日へ」渡す天の舟（姿が二重。図17、18）の船頭だった。またピラミッドは、前著『蜃気楼文明』で分析したように、ファラオの魂を天国に送りこむ「蜃気楼の乗り物」だった。ナイルの冷たい水面の向こうに、ときおりピラミッドもスフィンクスも空に映っただろう。そのとき鏡映像になって浮かぶスフィンクスが、ピラミッドから出て天国に渡るファラオの魂につき添うのだ。

スフィンクスはピラミッドよりずっと古いから、こんないきさつが想像できる。まず古代の神官たちは、「翼の生えた獅子」になる岩の蜃気楼像を見て、そこに来世を想った。それならと、獅子の顔を岩に刻んで聖なる施設にした。やがて後世の神官が近くにピラミッドを造営し、天国に渡るファラオの魂にスフィンクスもつき添うようにした。……なお古代人はピラミッド上空に現れる蜃気楼像を「光の山」と呼んだ。「光の山」は、ピラミッド上空に現れる蜃気楼像の形容にふさわしい。

ドゴン族の双子世界

アフリカ西部に住むブッシュマンの神話には双子がよく出てくる。テムネ族に、双子は川の悪魔、水浴びする女性の体に入りこみ人間の姿で産まれてくる悪魔だ、という伝承がある。

マリ中部のドゴン族は「世界卵」の神話をもつ。世界にはまずアンマが産まれ、その子供たち（ノンモ）が最初の人間をつくった。ノンモが入っていた卵は二つの胎盤に分かれ、それぞれに双子が入っていた。どの子も両性だが、体は男か女どちらかになる。男のほうはユルグといい、誕生を待ちきれずに胎盤を破って地上に降り立つ。しばらくはひとりで生きようとするが、そのうち寂しくなって天に戻り、双子の半身を探す。だが時すでに遅く、アンマが半身を別の胎盤に移してしまっていた。とはいえ胎盤ひとつに三つ子は収容できないから、残っていた一組の双子を外に出して人間をつくらせた。双子は巨大な虹を伝って地上に降りた（ドゴン族はいまも、虹の中央には鍛冶屋＝ドゴン族で尊敬される職業＝の姿をした二人のノンモが立つ、と信じる）。双子が次々に生んだ四対の双子が、東西南北を治めて人間の先祖になった。

だからドゴン族は、自分たちを四種族からなる民族とみる。住居も村も神話どおりに設計し、たとえば村を双子の形につくれば住民が幸せになるという。

双子は川の悪魔――ここに、冷たい水面の生む蜃気楼がちらつく。ドゴン族の神話には、地上の人間の運命は天上の分身（双子の半身）が決めるという発想がある。蜃気楼の幻像に来世を想ったドゴン族は、天上世界に双子を配したのだろう。

天使の姿

時を七千年さかのぼるデンマークの墓から、一七歳くらいの母親と未熟児の遺体が出土した。子供の敷布団は白鳥の羽だった。白鳥の羽は、無垢な魂をもとの場所に戻してやるためのものではなかったか？

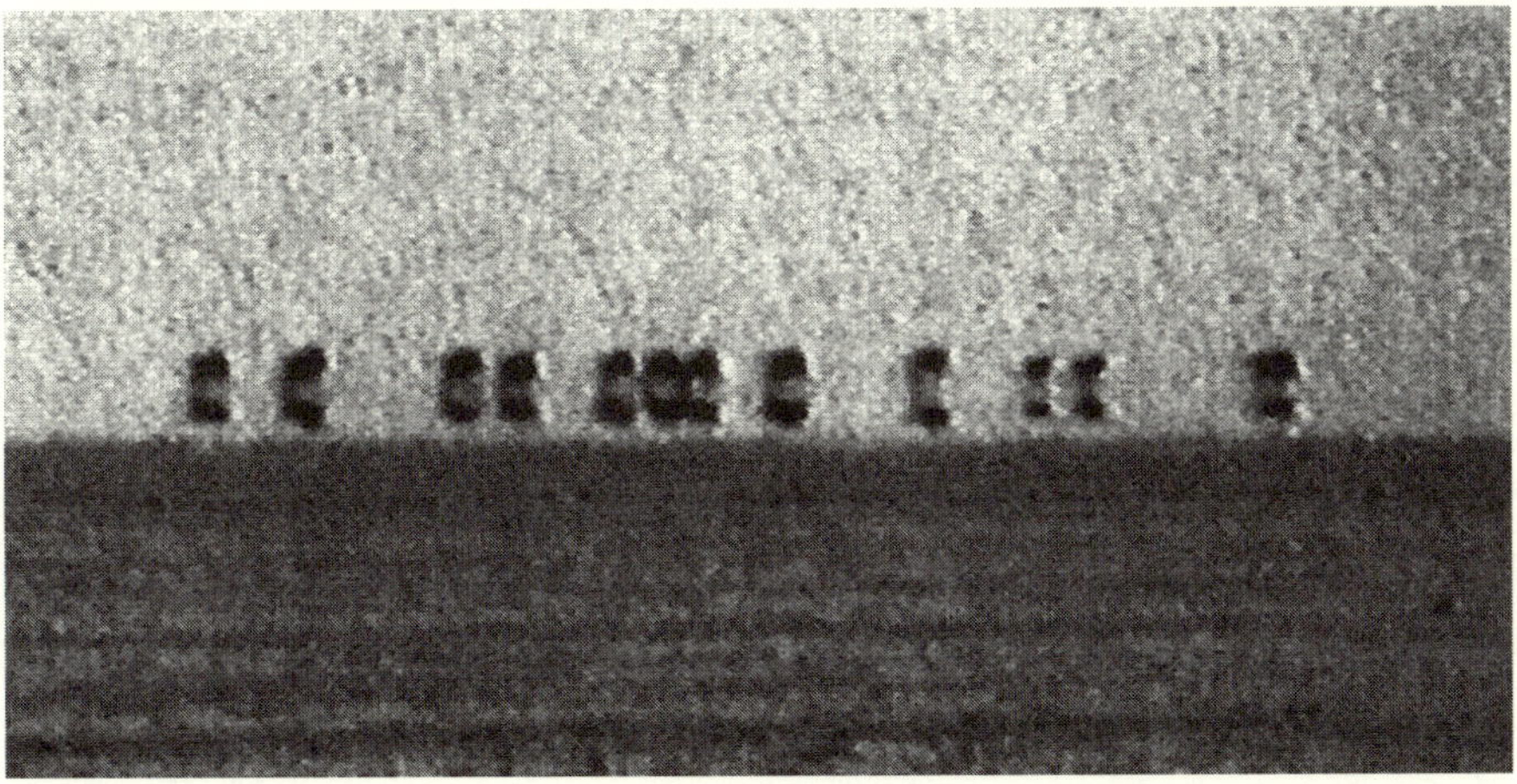

図160◉カモシカの蜃気楼像（ナミビアのエトシャ低地で撮影）。

共通して翼を生やした天使も、守護天使から、神に仕える天使、大天使ミカエルのように好戦的な天使までいろいろだ。天使はたいてい神の代行をする。ユダヤ教とキリスト教ばかりかイスラム教にもいるし、ずっと古いゾロアスター教にもいた。天使の序列はなかなかに複雑で、中世の神学者トマス・アクイナスさえ首をひねった。姿も決まってはいない。マホメットは、「七つの天」を通って昇天する伝説の中、何人もの不思議な天使に出逢っている。ひとりは半身が火で半身が氷、別の天使は舌が何枚もあった。

ゾロアスター教神話にはフラヴァシ(祖霊)という守護天使が登場する。新生児の魂につき添って地上に降り、危険から守る。よく似た想像はキリスト教にもある。崖っぷちを歩む子供をじっと見守る守護天使は、いつの世も画家が好んだテーマだった。

そのいっぽう、旧約聖書には人の命を奪う「死の天使」も出てくる。イスラム教でその役回りを演じたのがアズラエルだった。寒気がすれば「アズラエルに見られてしまった」と言ったりする。アズラエルの目も舌も、生者の数だけあった。

子供の数だけ天国に天使がいるという想像は、地上の鏡映像に来世を見た先史時代にさかのぼるものだろう。命を奪う「死の天使」は、天から降りて魂と合体する古代エジプトの「カー(来世の魂)」に通じる。ゲルマンとアングロサクソン世界の「ワフ」も似ていた。

イヌイットの「二つの魂」

北極圏はみごとな蜃気楼をつくりやすい。極地には、冷たくて広い平面と、変わりやすい気象がある。上向きの鏡映は日常茶飯事だし、熱を伝えにくい氷原に冷たい空気層がかぶされば、下向きの鏡映も起こる。来世想像に蜃気楼が大きな役割を演じたなら、イヌイットの想像世界には蜃気楼がくっきり足跡を残しているはずだ。それを調べてみよう。

イヌイットの神は、人間の姿をしていない。自然を人格化した「イヌエ」というもので、風の霊とか、海の母、月男などがそれ。イヌエは邪悪でもないが、先祖の掟どおりにつき合わなければ危い。またイヌイットは、どんな生き物にも魂があると思っている。

人間の魂はどんなものか、イヌイットの話を総合するとこうなる。魂は外見も性質も人間に似ている。そ

図161◉分身(ドッペルゲンガー)の世界は、いろいろな民族の伝承にしっかりと残る(アフリカの草原の夜明けをイメージした絵)。

の外見を、アラスカのチュガチ族は「人間よりずっと明るい」、ベーリング海南部ヌーニヴァク島に住むイヌイットは「くっきりした輪郭はあっても決まった形はない」と言う。地面から浮き上がって動き回る魂は、シャーマンだけが見えるらしい。

シャーマンの言うには、人間の魂は二つある。ひとつは「息の魂」でもうひとつが「自由な魂」。チュガチ族は「息の魂」をシュアと呼び、意味は「人間」に近い。「自由な魂」はシュグンラといい、やはり人間そっくりだがずっと小さい(図163)。ヌーニヴァク島のイヌイットに言わせると「自由な魂」は人体の外にある。

民族学者ボーアズ(一八五八～一九四二年)がバフィン島で聞いたイヌイットの話だと、「息の魂」は生者に宿り、「自由な魂」は死者の住む「魂の国」に向けて旅立つ。

「息の魂」は、部族によって「シュア」「クシックス」「イヌア」「イヌユサック」「オモシア」などといい、呼吸に関係しているようだ。「息の魂」を失うと人間は死ぬ。チュガチ族のシャーマンが言うには、動物も「息の魂」をもち、その姿は人間に似ている。するとたとえば鷲の「息の魂」は、すべての鷲を産んだ「鷲の母」を人格化したものだろう。

「自由な魂」のほうは、「シュグンラ」「トゥナックス」「イリコサック」「タルニンガ」などという。「自由な魂」は、睡眠中やトランス状態のとき、病気のときには体を出るが、出ても体が死んだりはしない。人間の魂は人間の姿、鷲の魂は鷲の姿で、大きさは本体よりぐっと小さい。病気や悪霊が体に入るのは「自由な魂」のいたずらだ。シャーマンは「自由な魂」の助けで魂を来世に飛ばす。肉体が死ぬと「自由な魂」は霊になり、来世へ渡るか、別の体に生まれ変わるかする。来世へ行った魂は、天国か地獄で永遠に生きる。アザラシや鯨が死ぬと、魂は三日間だけ死体にとどまったあと、「海の母」のもとに戻っていく。

極地で上向きの蜃気楼が起きたとき、人間を遠くから眺めるとまず逆立ち像が見え、条件がよければその上にやや寸づまりの正立像が見えるはず。イヌイットの言う「二つの魂」は、この二種類の幻像のことではないか。蜃気楼の姿は大気条件でさまざまになるから、「息の魂」に「決まった形はない」のもうなずける。動物の魂は三日間だけ死体にとどまるというのも、北極熊や狼が数日のうちに食べ尽くすからだろう。

シャーマンが自分の「自由な魂」を来世へ飛ばすとき

図162◉三叉の鉾をもつ海神の案内を務める天使。背景には海神の乗り物が描かれている（ポルトガル・ポルト大聖堂）。

に補佐する「自由な魂」は、鳥の鏡映像ではないか。鳥なら「自由な魂」も現世の鳥に見え、「航空機」に選ぶのは自然だろう。

ラップ人もシベリアの種族も二種類の「霊」があると信じ、シャーマンが霊界飛行につかうのは動物の霊だという。オーストラリア南東部に住むアボリジニのブンディアク族も、人間には二つの魂があると考え、まとめて「ボー・オング」と呼ぶ。人間が死ぬと魂のひとつは西の海に飛び、もうひとつは「雲の国」へ飛ぶ。メラネシアのトロブリアンド諸島、ソロモン諸島中部、ニューヘブリデス諸島の住民も二重の魂を信じている。ひとつは死者の国へ向かい、もうひとつは動植物や石に身を変える。

魂は岩や山にもある、とイヌイットは言う。自然界の魂をまとめて「イヌア」と呼び、そこにも命を感じている。源が蜃気楼なら、自然界の物体にも魂を想うのは当然だろう。

氷に覆われていた氷河期のヨーロッパ大陸で狩りをした原始人は、ときおり蜃気楼を目撃した。「二つの魂」(図163)の想像はすでにそのころ芽生えたのではないか。古代中国人も人間の「たましい」を「魄《ボー》」と「魂《フン》」に分類した。「魄」は体力で、肉体が死ぬと冥府に渡る。「魂」は精神力・知力をいい、死んだあとは天国めざして長旅につく。

アイスランドの「水の馬」

「怪物は耳が立って鼻孔がふくらみ、馬に似ていた。口も、緑色の目もたいそう大きい。肩のあたりと前肢は馬そっくりだが、下半身は蛇のごとくのたうって尾びれもある」。これは、ノルウェーのオーラヴ王が退治した海の怪物を描写する一四世紀の文書だ(図58)。

アイスランドには、海・川・湖に棲む鼠色の「水の馬」がいて「ニクル」と呼ばれた。姿は変幻自在だから、ころころ変わるものごとを「ニクルみたいだ」と言ったりする。冬場、川や湖の氷が割れてパリパリいう音は「ニクルのいななき」になる。「水の馬」は氷上に目撃されたのだろう。渡れそうもない激流を前にしたとき、「ニクルよ、出てきて背中に乗せてくれ」と現地の人は祈ったりするらしい。

アイスランド北部・グリムセイ島にこんな伝承がある。牛を本島から運び入れようとした矢先にニクルのいななきが聞こえ、浮き足だった牛たちは海に飛びこんで溺れ死んだという。

水の馬はクンブルともいい、アイスランドにあるクンブルティエルン湖の名は、湖面に「水の馬」が顔を見せたという伝説にちなむ。あるとき巨大な鼠色のクンブルが、乳房を揺らせながら岸辺で草をはむ牛の群れに寄ってきた。乳を搾ってやろうと近づいた農夫が見ると、クンブルのひづめは後ろ向きについていた。それが「水の馬」の目印なのだという。

一八世紀に書かれた「水の馬」のこんな記事がある。コルベインという男がビャルフース村に住んでいた。たいそう貧しいが善人だったので、みんなからよく施しを受けていた。聖ソルラクの日(一二月二三日)の前夜、ヴァトンセンドの農夫からクリスマス用の羊をもらったコルベインは、月の明るい澄みきった空気の中、羊を引きずりながらヴェストゥルホプ湖の氷上を自宅に向かっていた。湖の中央にさしかかったとき、きしむような音を後ろに聞いた。振り返ると、怪物が氷を割って現れた。頭が二つ、二頭の馬が合体したような生き物だった。怪物が追いかけてきたためコルベインは羊を放り出して一目散に逃げ帰る。明くる朝、羊を探

図163◉蜃気楼で上向きに鏡映されたイヌイットの釣り人。「二つの魂」の伝説はこんなイメージから生まれたのではないか。

しに来てみると、骨が散らばっているだけだった。

「水の馬」は、冷たい氷原の上に現れたラッコやアザラシの蜃気楼像だったにちがいない。変幻自在の姿も、頭が二つだったという描写も蜃気楼にふさわしい。アイスランド北部の冬なら海の哺乳類はしじゅう姿を見せるし、北極熊も現れる。なお「後ろ向きのひづめ」は来世(逆立ち世界)の想像につながる。

まとめ――「二重の姿」と蜃気楼

光を曲げる大気が二重にした鳥は、来世の使者、ゲルマン最高神のシンボル、霊の国に魂を飛ばすシャーマンの補佐役となった。先史の南米に栄えた諸民族にとっては魂を来世へ運びこむ存在、イースター島民にとっては神々との交流を仲立ちする存在だった。古代のオリエントとヨーロッパでも、二重の鳥はいつも来世想像の世界にいた。表象力がそれほどまでに強かったため、いまなお諸国の紋章にその姿をとどめる。

蜃気楼が二重の姿に見せるのは、鳥だけではない。あの世には分身がいるという、はるかな古代の想像世界も蜃気楼の産物にちがいない。分身が現れると身が危ないと考えたりする半面、分身を守護天使や「よき霊」とみる宗教観もある。二重の蜃気楼像をとりわけ目にしやすい極地には、生き物は魂を二つもつというイヌイットの想像世界が生まれ、シャーマンはその片方を利用して魂の国に旅立った。

さて、人類の文化史には「天の乗り物」の話が多い。地平線にいきなり現れ、やがてまた消えてしまう「飛行物体」は、いまでいうならさしずめUFOか。神話と宗教の世界を当たると、UFOそっくりな「乗り物」がいくつも見つかる。

高い文明をもつ異星人が地球に文化や宗教を運びこんだ――と思うのは楽しいから、異星人をもちだして古代の文化・宗教を論じる通俗書があとをたたない。なるほど、全宇宙にある星の数を思えば、生物のいる星は何百万もあろう。だが星から星に渡るのはまず無理だし、悠久の時間の中でほんの一瞬にすぎない人類史の間に、異星人が地球にやってくる確率もゼロに等しい。

それでも神話や宗教には、UFOに似た「神々の乗り物」がたびたび登場する。いったい何なのかを次章で考えよう。

9章 神々の乗り物

エホバの玉座

紀元前六世紀の初め、預言者エゼキエルは、ユダヤ人とともに捕囚の身でカルデア人の国（バビロニア）にいたとき、ケバル河（ユーフラテス上流）の空に不思議な光景を見る（カルデア人は南バビロニアに大帝国を築き、ネブカドネザル二世のとき、エルサレムとユダヤ王国を支配下に収めた。唯一神を崇めるユダヤ教の基礎は、このバビロン捕囚時代に固まった）。

エゼキエルが見たものを、旧約聖書「エゼキエル書」がこう伝える。

……主《しゅ》（エホバ）の手が彼（エゼキエル）の上にあった。

図164◉双頭の鳥のイスラムふう表現。絹の刺繡。

見よ、北のほうから強風と大きな雲がやってきた。雲のまわりは輝きたち、火を吹き出している。火の中には青銅のごとく輝くものがあって、そこから生き物のようなものが四つ出てきた。それぞれ人の姿で、四つの顔と四つの翼がある。足はまっすぐに伸び、足の裏は子牛のようで、磨いた青銅のように光っている。翼の下には人の手が見えた。四つの者……の顔は……前が人、右が獅子、左が牛、後ろが鷲だった。……翼は高く伸びて二つは互いに連なり、ほかの二つで体を覆っていた。彼らは……まっすぐに進んで、霊が進めばそちらへ行き、……。生き物の中では、炭火に似たものが松明《たいまつ》のように行き来している。火は輝き、稲妻を出していた。生き物の動きは、稲妻の閃《ひらめ》きのようにすばやかった。生き物それぞれに近い地上に、同じ輪がひとつずつ見えた。光るカンラン石のような輪で、輪の中に輪があるかのよう。……輪には縁《ふち》と輻《や》があり、縁のまわりに目がびっしりついていた。生き物が進むと輪も進み、浮き上がれば輪も上がる。霊が進めば、生き物も輪も一緒に進む。……生き物の霊が輪の中にあるからだ。

生き物の頭上には、水晶のようにきらめく大空が広がる。……生き物が行くときは翼が動いて、大水の声、全能者の声、あるいは大軍の声を思わせる音が聞こえた。音は大空から聞こえてきた。生き物は立ち止まるときは翼を下ろした。

空の上にはサファイヤのような玉座が見え、その上に人影が見えた。腰の上のほうを、青銅の色をして火のように光るものが囲む。腰の下のほうにも火のようなものがあって、人影のまわりは輝いている。その輝きは雨上がりの虹に似ていた。

エホバの栄光を示すこの光景を見て顔を伏せたとき、声が私に語りかけてきた……

稲妻や「大水の声」は、近づく嵐のことではないか。嵐が来る直前はいっとき風もぱたりとやんで、蜃気楼が現れやすくなる。エゼキエルがいたのは砂漠を流れる河のほとり、みごとな蜃気楼がよく起こる場所だ。たとえば一九世紀にイギリスの考古学者レイヤードが、クテシフォンのタク・イ・ケスラ宮殿の廃虚《はいきょ》で、こんな情景を目撃した。

廃虚はティグリスの対岸にあって、ここからは見えないはずだった。……雲ひとつない空を、昇る朝日がきらびやかに染め上げていく。と、いきなり前方の地平に宮殿の幻が現れた。柱と壁が横一線に連なり、巨大な丸天井がいくつも乗った奇怪なアーケードのような幻影。アーケードの左右が縮まるとともに幻影は伸び上がって、丸天井が積み重なり、ついには一本の塔になってそびえ立つ。二、三分すると幻像は空気に溶け、見なれた宮殿の姿になった。不思議なことに、大地に立つ宮殿と、その上に逆立ちしたもうひとつの宮殿もくっきり見える。日が高くなるにつれて廃虚はゆっくり遠ざかり、視界から消え失せてしまった。宮殿の幻が見えていた間、砂漠のあちこちにあるイバラの茂みが森のように伸び上がり、束の間ながら幻の湖も現れて、澄んだ偽りの水に宮殿の幻像を映し出した。

一九三〇~三九年にバグダッドのイラク博物館長を務めたケーニヒの手記も見よう。

目前に水が見えた。きらめく青い水だった。場所をしきりに変えながら浮き上がったり消えたり、いきなり近くに現れたりで、魔物に化かされた気分。この先たとえ本物の水を見ても信じれらないかもしれない。蜃気楼だ! 蜃気楼のつくった水と山と丘。まさしく無から現れた蜃気楼だ。視力も距離感も狂いに狂い、目はあってもなくても同じこと。なだらかな丘がゆがみ、ちらちらする空気の中に伸び上がり、いまにもくずれ落ちそうに見えた……そしていきなり魔法は解けて、いっさいが無に戻っていく。かすむ大気の中に見えていた巨山は小石に、山羊や羊は瓦礫に縮まっていく。

エゼキエルが見たエホバ(ヤハウェ)の玉座には「磨いた青銅のように光るもの」があり、「そのまわりの輝きは……虹のよう」だったという。どうみても蜃気楼の情景である。

その証拠をひとつ紹介しよう。教団の依頼で一七七三年にメッシナ海峡の蜃気楼を調査したドミニコ会のミナシ神父が、報告書にこう記している。

低い朝日がレッジオの海を照らし出し、風も潮もぱたりと止んで湾内が鏡のごとく滑らかなとき、太陽を背に町の高台から見晴らすと、さながら大劇場に身を置いたかのよう、いろいろなものの姿がいきなり海上に現れることがあった。どこまでも延びる橋脚やアーチ、くっきりした城、整然と並ぶ柱、そびえる塔、窓とバルコニーのある宮殿、はてしない並木道、荒野を行く歩兵・騎兵の大部隊、いわくいいがたい姿……色も形も自然のままで、あるものは一瞬のうちに消え失せ、あるものはしばらく形を保つが、すべて海面を次から次へと動きゆく。……たちこめた濃い霧は、風も波も太陽の熱も追い払えない。丈《たけ》三メートルほどの緞帳《どんちょう》が海峡いっぱいに吊り下がった趣。幻影は海の鏡に映って見え、ややぼやけるが霧の中にも見える。……やがて空気が湿り気を帯び、薄暗くなると、幻影は海面にしか見えなくなったが、像はみな虹の七色に輝きたち、赤や黄色に縁《ふち》どられていた。

ミナシ神父も、聖書の記述と同じく、蜃気楼のみごとな色あいを虹にたとえている。

光るカンラン石（透明な宝石）に似た輪が四つ現れたというのも蜃気楼にふさわしい。メッシナ海峡では、一六三三年にアンジェルッチ神父もこんな観察をした。

シチリアの浜を洗う海面が幅二〇キロにわたって盛り上がり、巨大な山並みのようになった。一瞬ののち、手前にあるカラブリアの景色の一部が半透明な水晶か鏡のようになって、景色の上端が海の山脈と触れ合ったかと思うや、山裾《すそ》がカラブリア一帯にかぶさってきた。鏡の中に、みな同じ高さ、同じ間隔で並ぶ一万本は下らない鉛色の柱が忽然《こつぜん》と現れた。柱の列は少しずつ上下に縮み、ローマの水道橋に似た姿になった。上方のアーチ部分に、いろいろな生き物や柱のようなものが入れかわり立ちかわり生まれた。その上には華麗な城がいくつも現れ、城と城の間にはみな同じ形の高楼が立ち並ぶ。高楼はほどなく崩れ、無数の柱が支える舞台に変わった。舞台はじわじわ横に広がり、左右の袖に吸いこまれるようにかき消えた。最後にはおびただしい立木の群れが現れたが、やがてすべては消え失せ、さざ波の立ついつもの海に戻った。

神鳥ガルダ

インドのヴィシュヌ神が乗ったガルダ鳥（語源はgarut＝翼）は、胴と手足が人間、翼・爪・嘴は鷲で、極彩色に描かれる半鳥半人だ。アレクサンダー大王もそんな鳥に乗って天国に向かい、天使に阻まれて下界へ戻っている。ガルダは、シンドバッドが出くわしたロックと同様、しじゅう蛇と戦っていた。ガルダの背にヴィシュヌと並んで坐る妃ラクシュミー（幸福と愛と美の女神）は、そのむかし蓮の花を手にして海の泡から、つまりたぶん水平線の蜃気楼から生まれた。となればガルダ鳥もそうだったのではないか？

図165◉ガルダ鳥に乗る神ヴィシュヌと妃ラクシュミー。

モンゴルの神話でも、ガルダと似た名の巨鳥ガリデが世界山スメールに棲む。中央アジアの物語では、生命の樹に巻きつくアビルダという蛇を、梢《こずえ》に棲むガリデ鳥が襲う。ガリデ鳥が羽ばたくと大風が起こり、座礁していた船がそれで助かったという話もある。

　インドの物語で、漁師の神サティヤヴラタが英雄シャクティデーヴァをラトナクタの島に連れていく。海神がヴィシュヌのために神殿を建てた島だった。二人は海上で、巨大な渦の上に浮かぶ「空飛ぶ山」を遠望する。サティヤヴラタがシャクティデーヴァに教えた。「あそこに生えているのはバンヤンの木です。あの枝をしっかり握りなさい」。英雄が跳躍いちばん海中の枝にとりつくと、巨鳥の群れが木に舞い下りてきた。鳥は人語を話した。「明日そなたを〈黄金の街〉に連れていきましょう」。巨鳥に乗って着いた街は、城壁が黄金、立ち並ぶ柱は宝石だった。

　ガルダ鳥は「生命の樹」に棲み、不死の霊水ソーマを盗んだ、と『ヴェーダ』は記す。それならガルダ鳥は、まちがいなく来世の使者だった。

　ガルダは海に縁が深い。ヴィシュヌもラクシュミーも海の波や泡と関係するし、ガルダが身を現すのはた

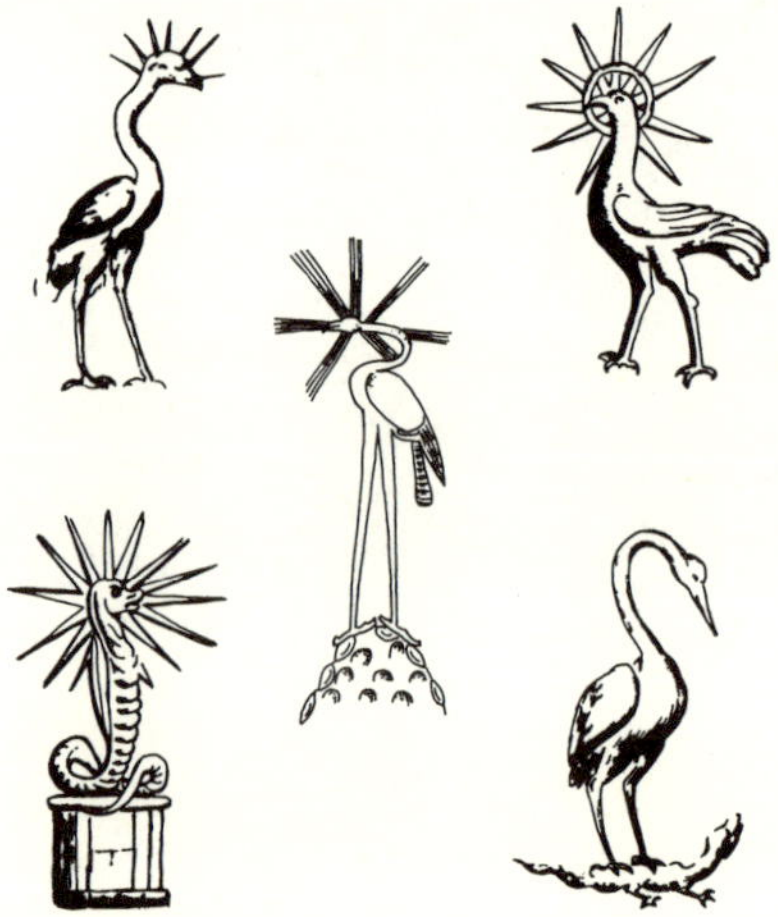

図166◉「灰の中からよみがえる」巨鳥フェニックス。頭部の光輪は「光の織りなした像」の表現か。

図167◉メソポタミア上流、オデッサの洞穴墓の床に残るフェニックス（不死鳥）のモザイク画（紀元3世紀）。

いてい海の上、それも「嵐の前の静けさ」のときが多い（羽ばたいて嵐を起こす、といった描写）。たぶんガルダ鳥は、蜃気楼で浮き上がったり変形して見えた島や海獣の幻像だ。ガルダが行き来した「海上の樹」も、岩礁の蜃気楼像だったにちがいない。

古代ペルシャの巨鳥ロックも、登場場面や姿が、水平線の生まれをほのめかす。獣をつかんで運ぶ巨鳥はイヌイットの伝承にも出てくる。古代エジプトのベヌーはフェニックス（不死鳥）で、九つの山ほど大きかったという。似たような巨鳥を古代アラビアでアンカー、トルコでケルケス、ギリシャではグリュプスと呼んだ。ロシアのノルカ、日本の鳳《おおとり》と鬼、中国の龍も同類だろう。モンゴル人が崇める山の精霊ボグド・オラは、蛇をくわえたガルダ鳥である。

ケルトの海神

ケルト神話で、海原を緑なす草原や林檎《りんご》園に変える海神マナナーンは、「虹の七色に輝き、水晶のごとく透明、櫂《かい》も帆もないのに海を滑る」舟で海上を行った。

あるとき光の神ルークは、父キァンを殺したトゥレンの息子三人に次の罰を課す。「まず、龍が守るヘスペリデスの園から林檎を三個とってこい。浜に着いたら海の泡に足を触れよ。そうすればマナナーンの舟が現れる」。三人が泡に足を触れると小舟が近づいてきたが、ひとりしか乗れそうにない。「ルークはだましたな」と長男のブリアン、「マナナーンの舟じゃない」。弟が言う。「兄者、あの舟はマナナーンのマントみたいに色を変えるぞ。とにかく乗ってみよう」。乗りこんだらたっぷり余裕があった。舟はきらきら輝きだし、岸辺をさっと離れて泡の中を旋回した。「金の林檎が実る園へ行け」とブリアンが言うと、舟はまっしぐらに進んだ。ヘスペリデスの園に着いた三人は、鷹に身を変えて林檎を奪う。龍はかわせても、園を守る三人の妖精が鋭い爪のグリフィンに変身して襲いかかってきた。三人は白鳥に変身して逃げ、林檎をもって舟に着く。「舟は東海の泡と西海の泡をかき分けて進んだ。北の星と南の星、海面下の星が見えた」。故郷の浜では見張りが三人の帰りをじりじりして待ち、水平線に目をこらしている。「朝まだき、霧が青白くなり、海がざわついた。燃え立つような巨星が水平線に現れ、ずんずん近づいてきた。めざす舟だった」。

ここに蜃気楼の世界が読みとれる。ふだんは水平線の下にある島や、遠景の岩、水平線の一部が浮かび上がった幻像だろう。蜃気楼像なら、大きさや形を変え、水晶のように透き通り、ときには七色に輝きたつ。無からいきなり現れてまた消える不思議な生き物や、妖精・城・楽園の世界だ。海神マナナーンの舟も蜃気楼の産物にちがいない。

雷の鳥

アジアのイヌイットも北米の先住民も、「雷の鳥」という大きな鷲の伝承をもつ。「雷の鳥が死ぬと、その心臓を風の精霊がとり出し、天から垂れ下がる糸に吊るす。心臓はなお鼓動を続けて雷を轟かせ、鷲はまた生き返る」。

ナナミウト族にこんな伝承がある。「老いた母鷲が人間に太鼓のつくりかたを教えた。ひとつは丸太をくりぬいて皮を張るふつうの太鼓、もうひとつが、四個の木材を合わせた特別な太鼓。先の広いバチでたたくと、母鷲の心臓の鼓動に似た深い悲しげな音を出す。歌のつくりかたも、太鼓のたたきかたも踊りかたも、

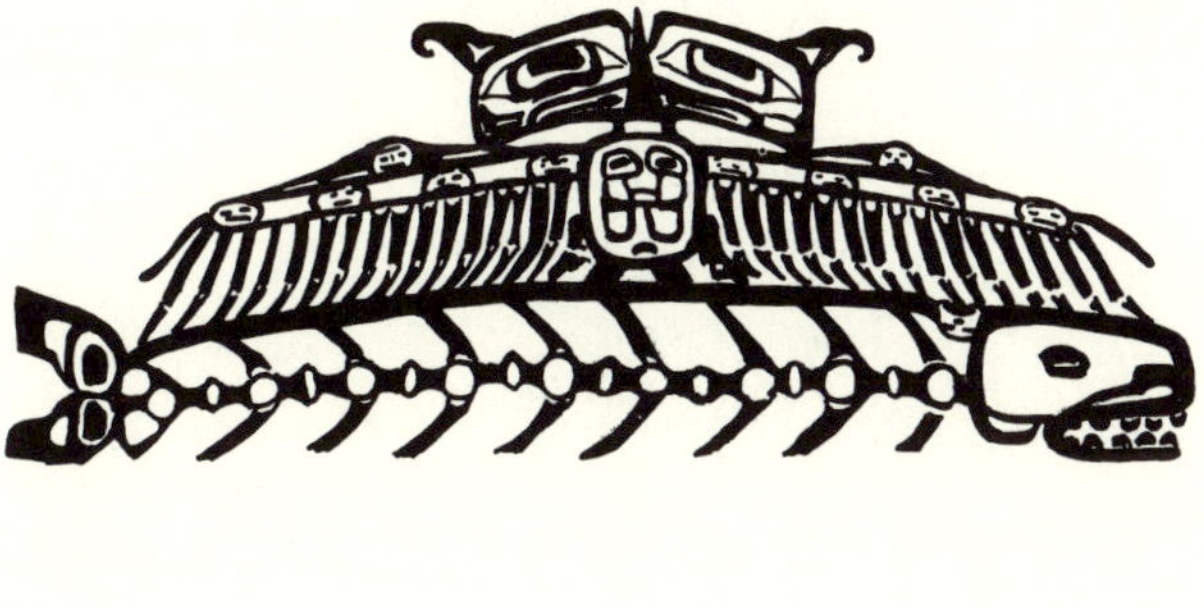

図168◉海から鯨をつかみ上げる巨大な怪鳥(カナダ・ブリティッシュコロンビア州、クワキンテ族の絵)。

みんな鷲が教えてくれた」。

ベーリング海峡地区で、鷲を撃ち落とした猟師は特別な太鼓をこしらえる。儀式がすむと太鼓の皮を燃やし、鷲の霊を天なる母鷲のもとへ戻してやる。

巨大な鷲がにらめば稲妻が光り、羽ばたくと雷鳴が轟く。カナダ・ブリティッシュコロンビア州のクワキンテ族の村に、大きく広げた翼で鯨を海面からつかみ上げる「雷の鳥」が描いてあった(図168)。鯨をつかむ鳥とは、いかにも大きい。

シャーマンは「雷の鳥」が棲む霊山の頂で修行する。クロウ族の酋長は、四日目の夜明け前に悟りを開いて、「頭に鷹がとまった」巨人(図53)を地平線に見た。巨人は、鷹を「万山の主」だと紹介し、酋長にさまざまな技芸を教えてくれたという。

北米平原の先住民は「太陽の踊り」をして「雷の鳥」を呼びこみ、雨乞いの儀式をする。巨鳥が現れると嵐が来て、平原も活気づくという。儀式では、棒の先に木の枝で「雷の鳥」の巣を組み、「雷の鳥」の衣装を着た村人が四日と三晩、楽器で鳥の声をまねながら棒のまわりを躍る。最終日には踊り手の体を皮紐で縛り、木くぎで皮紐を皮膚に打ちつけ、踊り手に荒々しい動きをさせて棒から体を解放させる。これで「巣」に「雷の鳥」が宿り、雨がやってくるのだ。

巨大な鷲を蜃気楼像とみればすべてがしっくりくる。鷲の心臓を吊る糸(図82下)も、「雷の鳥」が来ると雨になるのも、太鼓の音に雷鳴を想うのも蜃気楼の世界である。

白い聖獣たち

中国の仏教徒は、タオイズム(道教)から受け継いだ山々も霊山に加えた。加えた四山のうちいちばん高いのが、四川省の峨眉山《がびさん》(海抜三〇七六メートル)。霧の中には衆生《しゅじょう》を救う普賢《ふげん》菩薩が住み、白い象に乗っている。山西省の五台山にも、白い獅子に乗って知恵の菩薩が住む。菩薩は龍のようにときおり雲間にその姿を見せるという。

タクラマカン砂漠の南、荒涼とした崑崙《こんろん》山脈にも聖地がある。頂に天帝の宮殿がそびえ、山麓をめぐる清流の水は軽すぎて鳥の羽さえ浮かばない。庭園には不死の桃がたわわに実り、仙人たちと一緒に西王母《せいおうぼ》という女神が住み、露と鳳凰の白い卵を食べて生きる。

八世紀の詩人李白が、「別有天地非人間《じんかん》（別に天地の人間にあらざる有り）」と歌った。山の彼方にあるという仙境への憧れを文字にしたものかもしれない。

パミール高原には七五四六メートルのムスターグ・アタ（氷山の父）がそびえる。六四四年にインドから戻る玄奘《げんじょう》がこの山について、「頂には壮麗な寺院が建つ」と書き残した。山はそのむかしひとりの仏僧を下界に送った。人が近寄ると、僧は浮き上がってニルヴァナ（涅槃《ねはん》）に入った。後世になって移住してきたイスラム教徒のキルギス人が山中に七聖人の墓地を見つけ、ひとつはマホメットの女婿《じょせい》アリの墓だった。戦死した体を、白い駱駝がそこに運びこんだという。シルクロードを訪れ、孤独な辺境の高山を仰いだとき、高地の人々が来世の幸せな生活に憧れた気持ちを私はひしひしと感じた。

神が住む霊山の話はおびただしい（図28）。巡礼者は山に天国や悟りへの門を想った。山は精霊と結びつく。頂に見たという白い象・獅子・駱駝は、雪を頂く山が浮き上がった蜃気楼像だろう。

アイスランドの古話集『エッダ』に出てくる「白い神」ヘイムダッルは、神々の住むアースガルズの守護神で、

図169◉中国の西部、荒涼たるタクラマカン砂漠の北東にそびえる「天の山々」。タオイストの道士は、こうした山に不死を想った（吐魯番《トルファン》のオアシスで撮影）。

「虹の橋」ビヴ・ロストを見晴らす「天の崖」ヒミンビョルグにいた。リトアニアの伝承では、神ペルクナス（のちバルト海地域の神ペルクノスとなる）が山頂の城に住み、死後は天に昇って雲間に住んだという。

空飛ぶ霊山

日本の神道には「神体」の考えがある。山も神体になったのはタオイズムの影響か。死者の住む国は「泉下」「黄泉《よみ》」ともいう。五三八年に仏教が伝来してから、神道との混淆《こんこう》が始まった。仏教徒は神道の霊山を引きとり、「山は仏体」ということにした。異教の仏を古い神々と同居させるには、仏が日本に来た道をわかりやすく説明しなければいけない。それが九三三年の宗教書にこう書いてある。「むかし中国に金峰山《きんぶせん》という山があって、菩薩《ぼさつ》が住んでいた。山は菩薩を乗せ海上を飛んで吉野に下り、菩薩は蔵王《ざおう》権現となった」。別の記録に、「観世音菩薩の聖地・熊野はインドから飛来した。九州・四国を中継地にして紀伊半島へ飛び、熊野に落ちついた」とある。つまり日本では、仏の住む山が空を飛んできたことになっている。

図170◉中国・桂林の奇景。中国の人は山を神や精霊と交流する場所とみた。

こんな形で異教の伝道がスムーズに進んだのも、古代の日本人(少なくとも宗教の指導者たち)が、山々の蜃気楼像に神を想っていたからではないか?

水晶の舟

一日に百人の敵を倒したアイルランドのコン王(百戦のコン)を不幸が見舞う。息子のコンラ(赤肌のコンラ)が病気になって、ドルイド僧ケルナンの祈祷《きとう》も効かない。そうなると、来世から来た妖精の出番になる。ある日の明け方、浜辺にいたコンラを、海の果てにあるティル・ナン・ベオ(生者の国)へ行きましょう、とシイ(他界)の美しい妖精が誘う。冬もなく病気もない国で、勇士や妖精といつまでも幸せに暮らせるのよ……。危険を悟ったケルナンがハンノキの杖で妖精を追い払うけれど、いずれは負けるとケルナンにもわかっていた。妖精のほうった林檎をコンラが食べてしまうのだ。これでもうコンラは妖精のもの。

ある日コンラが淋しいアクロミンの浜を歩いていると、妖精の声が聞こえた。「コンラ、ついてきなさい」。背がすらりと高く、髪は明るいブロンド、着物はきら

図171◉魚の尾をもつ臣下を従えて波頭を行く海神は、はるかな昔から、死者の魂を天国に送っていた(シチリア出土、ローマ時代の石棺)。

きら輝いて揺れていた。コンラが胸をときめかせたとき、父王とドルイド僧が近づいてきた。妖精とドルイド僧の力比べはあっけなく片がつく。帆も櫂もない水晶の舟が波間に現れた。コンラは手をだらりと下げ、まぶしそうに眉をひそめて父親とドルイド僧を見つめたあと、妖精に促されて舟に乗りこむ。昇る朝日の中を舟は水平線に向かい、残された百戦のコンは身をよじって泣いた。

他界から来た「帆も櫂もない水晶の舟」は、ファータ・モルガーナ（魔女モルガン）の王国に属する。波間に現れ、日が昇ると消える舟が、死者の魂を来世（常若の国）に運ぶのだ。

海の白い泡

ローマの侵略を免れたアイルランドのケルト人は、温暖で緑も豊かなころの島を支配した民族のことをいまに伝える。そのひとつ、フォモール族を描いたこんな神話がある。

建築師ゴバンの前に陰鬱《いんうつ》な三つの影が現れた。「われらは海王の使いだ。海王の国に来て、おまえの技能を活かしてくれたら、ほうびをたっぷりやる」。ゴバンは「技能を教えてくれた父と一緒なら」の条件で引き受けた。難儀な道中に父親はくたびれ果てる。石に腰を下ろし、どうすれば楽に行き着けるかと考えこむゴバンの目に緑の草原が見え、老人が羊の毛を広げていた。腰も曲がって辛そうな老人を助けようと駆け寄ったとき、一陣の風に羊の毛が舞い上がる。羊の毛と見えたものは白い泡で、この老人が海神マナナーンだった。「かがんで泡をすくいなさい」と老人、「いざというときの助けになるはずだ」。ゴバンがかがむと泡は風に舞い、泡の下には水晶のように澄んだ青い海が広がって、海の下は赤い花が風に揺れる草原だった（図173）。手ですくうと泡は羊の毛になった。目を上げたら海神の姿は消え、草原が陽の光に輝いている。

父子が白い浜辺に出ると、そこに船頭が待っていた。海王の使いではなく、フォモール族のひとりだった。乗りこんでほどなく、舟が向かうのは「邪眼のバロールが治めるフォモールの国」だと二人にもわかってきた。「ひとにらみで万物を朽ちさせる醜悪な巨人」バロールは、いずれ太陽神ルークの母となるわが娘エトネも水晶の塔に幽閉していた。

ゴバンと父は、命じられた仕事をいやがったため、塔に閉じこめられて死を待つばかりになる。ゴバンは老人にもらった羊の毛をつかって脱出した。着いた暗い浜辺にたたずんでいると、小舟が近づいてくる。櫂も帆もない水晶のような舟で、明けの空に輝く巨星を思わせた。「あれだ」と父親、「どこにでもさっと行く海神の舟だ」。それに乗って二人は故郷の浜辺に戻る。

海上の花咲く草原、水晶の塔、波間を滑る舟——どれも蜃気楼の幻像としか思えない。本名をマナナーン・マック・リール（波が産んだマン島の男）という海神マナナーンは、老いも苦しみもない島ティル・ナ・ノグ（常若の国）に住み、海原を緑の草原や林檎園に変え、島に生えるエンドウを巨木のように成長させた（図84）。マナナーンの軍勢は「太陽の家に住み、華麗な馬に乗って輝きたち」、敵の舟に四方八方から襲いかかった。

「海の泡」がとりわけ目を引く。奇跡をもたらし、来世につながるシンボルだ。古代南米に栄えたインカの創造神はヴィラコチャというが、その意味もまさしく「海の泡」である。ヴィラコチャは髭を生やした白い神で、やはり波間を駆けながら生者に別れを告げた。

カリフォルニアに住む先住民のクペーニョ族も、海

図172◉太古の時代から人々に天国を想わせた海の泡。

図173◉海神マナナーンと出逢った場所のイメージ。海の泡の中に、花の咲き乱れる草原が現れ、また消え失せた。

の泡に来世を想う。一族の誰かが亡くなったとき、大がかりな葬式を催し、大声でこんな歌を歌う。

わしの心臓　消えた　消えた
わしの心臓　眠る　眠る
わしの心臓　あの世に向かう
わしの心臓　あの世に向かう
あの世とは　海の泡
あの世とは　海の泡

このリフレインは、二つの世界を想う心、つまり現世を鏡に映した来世があるという想像がもとではないか？　ユロック族も、天国は海の果てにあり、姿は現世と同じだと思っている。二つの世界は「天の穴」でつながり、そこを通って渡り鳥が行き来するという。

波間に見える「死者の国」「精霊の国」は、蜃気楼の産物にちがいない（図14参照）。海の泡は、来世への門に敷きつめられた絨毯《じゅうたん》である。中国の龍も、波頭に気まぐれいっぱいの姿を見せる。新しい命の誕生をつかさどる愛の女神、ヴィーナス（アフロディーテ）も、ヴィシュヌ神の妃ラクシュミーも、海の泡から生まれた。

図174◉ティティカカ湖で出逢った蜃気楼。水平線の雲が塔やアーチに見える。

カイラーサ山頂の戦い

チベット最高の聖山カイラーサに、一二世紀のこんな話が伝わる。仏教の高僧ミラレーパと、ボン教の呪術師ナロ・ブン・チョンの戦い。カイラーサ山はボン教の祭祀場所だ、と呪術師が高僧に喧嘩を売る。言い争いのすえ、こうしようということになった。とり決めた某月某日、先にカイラーサ山の頂に立ったほうが聖山を支配する。高僧はゆったりと日々を過ごし、呪術師は猛訓練に励んだ。約束の日の朝、ミラレーパがまだ寝ているうちに、儀式衣装をまとったナロ・ブン・チョンは太鼓にまたがって空を飛び、カイラーサ山頂に向かう。「たいへんです」と弟子がミラレーパを起こす。高僧は念力で呪術師の飛ぶ道を狂わせ、頂あたりをぐるぐる回らせておき、羽衣をさっと羽織ったかと思うや、朝日が昇った瞬間もう頂に立っていた。それを目にした呪術師は動転して太鼓から落ちてしまう。呪術師の体はカイラーサの南斜面にころげ落ち、いま斜面にくっきりと見える亀裂はそのときついた跡だという。

カイラーサは、神々が住むからと登頂を禁じられて

図175◉貝の中に身を置いて海面に浮かび上がるヴィーナス。ポンペイ「ヴィーナスの館」の壁画。アフロディーテやラクシュミーと同じくヴィーナスも、蜃気楼の舞台、海の泡から生まれた(図14参照)。

いる聖山である。それだけでも高僧と呪術師の物語は異常だ。ただし物語のエッセンスは、山に住む神の力、つまり来世の力で宗教の争いに決着をつけたところ。太鼓にまたがって飛ぶ呪術師も、羽衣を着て頂に飛び上がった高僧も、山頂のいびつな蜃気楼像だったにちがいない。そのむかし僧侶や巡礼者がこうした幻像を目撃して、宗教指導者の争いを想ったのだ。

山の蜃気楼は、こんな古記録もよくうかがわせる。「この山が世界のへその緒だというブッダの予言は正しい。……頂に立つ水晶のような塔は、白く燃え立つ仏神の宮殿である」。

透き通った塔も、「世界のへその緒」を思わせる細い像も、山の蜃気楼が生む。巡礼者たちはそんな光景に出逢いたくて聖山に集い、現世の苦難から逃れる力と知恵を身につけようとした。また、物体が浮かぶのはありふれた蜃気楼だが、古いインド宗教は「空中浮揚」を宗教者の能力と見なし、さまざまな文学に、高僧もブッダ自身も空中浮揚できたと記している。

図176◉低い山並みの鏡映が生んだ蜃気楼像。実在しないテーブル山、枝を水平に伸ばした樹木、巨鳥を思わせる浮遊物体などが見える(アラスカ・フェアバンクス大学テイト教授撮影)。

まとめ――「神々の乗り物」と蜃気楼

ケルトの海神が乗る小舟、ヒンドゥー教のヴィシュヌ神が乗るガルダ鳥、古代エジプトのベヌー、イヌイットとアメリカ先住民の「雷の鳥」、聖者が乗る白い聖獣――どれも、海上や山頂あたりに目撃された蜃気楼像だったろう。曲がる光の中で、島や山頂の一部は、鏡像が実物からちぎれて空に浮かんだように見える。ふつうの鳥よりずっと大きく、いきなり現れて姿をさまざまに変えたかと思えば、いきなり消え失せたりもする幻像だ。日本の制作会社(ネクサス)がフィルムに収めたそんな映像は、まさしく空に浮かんだ飛行物体としか思えない。

エゼキエルが見たヤハウェの玉座も、蜃気楼の起こりやすいバビロニアで嵐の前に現れた幻像だったにちがいない。イスラエル人の目前に、異常な自然現象として神が姿を現したのだ。

神々の乗り物も、神そのものも、たびたび「海の泡」の上に浮かんで目撃された。中国の龍、ヴィシュヌ神のガルダ鳥、ヴィシュヌの妃ラクシュミー、ケルトの海神、古代南米の神がみなそうだった。古代人は「海の泡」に来世への道を想ったのである。

古代人は自然をありのまま受けとめたはずなのに、次章で紹介するとおり、神話や宗教には不思議な自然界の姿がよく出てくる。だがそれは、作り話でも夢想でもなく、権力の押しつけでもなかった。蜃気楼など知らなかった古代人は、その目で見たとおりを言い伝えたのだ。

10章 魔法にかかった自然界

二つの太陽・二つの月

北オーストラリア・アーネムランドに住むアボリジニは、太陽に母と子の二つがあると言う。一緒に出ると世界が丸焼けになるから、と娘に留守番させて母親だけ空に出るのだそうな。二つの月（キドリリと息子）の伝承をもつ種族もいる。図体の大きな父親が出れば地上の人間はショック死するので、息子のほうだけ夜空にかかる。

北アメリカ太平洋岸に住む先住民の神話にも、ふつうの軌道を行く太陽と、「水の上」を行くもうひとつの太陽が登場する。

図177◉一対の蛇を押さえた双頭の鳥。中国西部の新彊、キジル石窟に残る絵。

太陽といえば日本では『古事記』の一場面が名高い。弟須佐之男命《すさのおのみこと》の乱暴狼藉《ろうぜき》に怒って天の岩戸に隠れた太陽神アマテラスを外に出そうと、神々は岩戸の前で乱痴気騒ぎした。なにごとかとアマテラスが戸のすきまからのぞいたとき、天児屋命《あめのこやねのみこと》と布刀玉命《ふとだまのみこと》が「鏡を指し出して天照大御神《あまてらすおほみかみ》に示《み》せ奉《まつ》る時、天照御大神いよよ奇《あや》しと思ほして、稍《やや》戸より出《い》でて臨《のぞ》み……」。つまりアマテラスは、鏡に映った顔を別の太陽神だと思って岩戸から外に歩み出、世界にまた光が戻った。

水平線や地平線すれすれにいる天体は、曲がる光の中でゆがむ。太陽が二つに見えるのも珍しくない（図7L）。鏡像（偽りの太陽）のほうは、地平線の少し上にいきなりぽっと顔を出す。実物の太陽が地平線から昇るにつれて、鏡像は地平線のほうに落ちていく。その光景は、昇ろうとする太陽を別の太陽が押さえつける——といった印象になるだろう。岩戸伝説も、そんな自然現象を下敷きにしたものではないか?

二つの太陽は私もこの目で見た。一九九一年七月二四日午後九時ごろ、アウグスブルク東のアウトバーンを走っていたときだ。地平線に沈みかけ、細い筋雲の背後にいた夕陽が、突然くねくねと上下に伸びだしたのに家内が気づいた。ほんの五秒ほどだったが夕陽は筋雲の上下にくっきりと二つに見え、その情景はいまも瞼に焼きついている。蜃気楼を知らない原始人なら、身近な天体の太陽がふだんとまるでちがう姿になったとき、どれほど驚いたことだろう。

消えた太陽

デンマークの探検家ラスムッセンがイヌイットからこんな伝説を聞いた。ある日、太陽が消えて地上を闇がすっぽり包んだ。古老のシャーマン、アンガコックにも打つ手はなく、孫とこんな話を交わす。「わしには

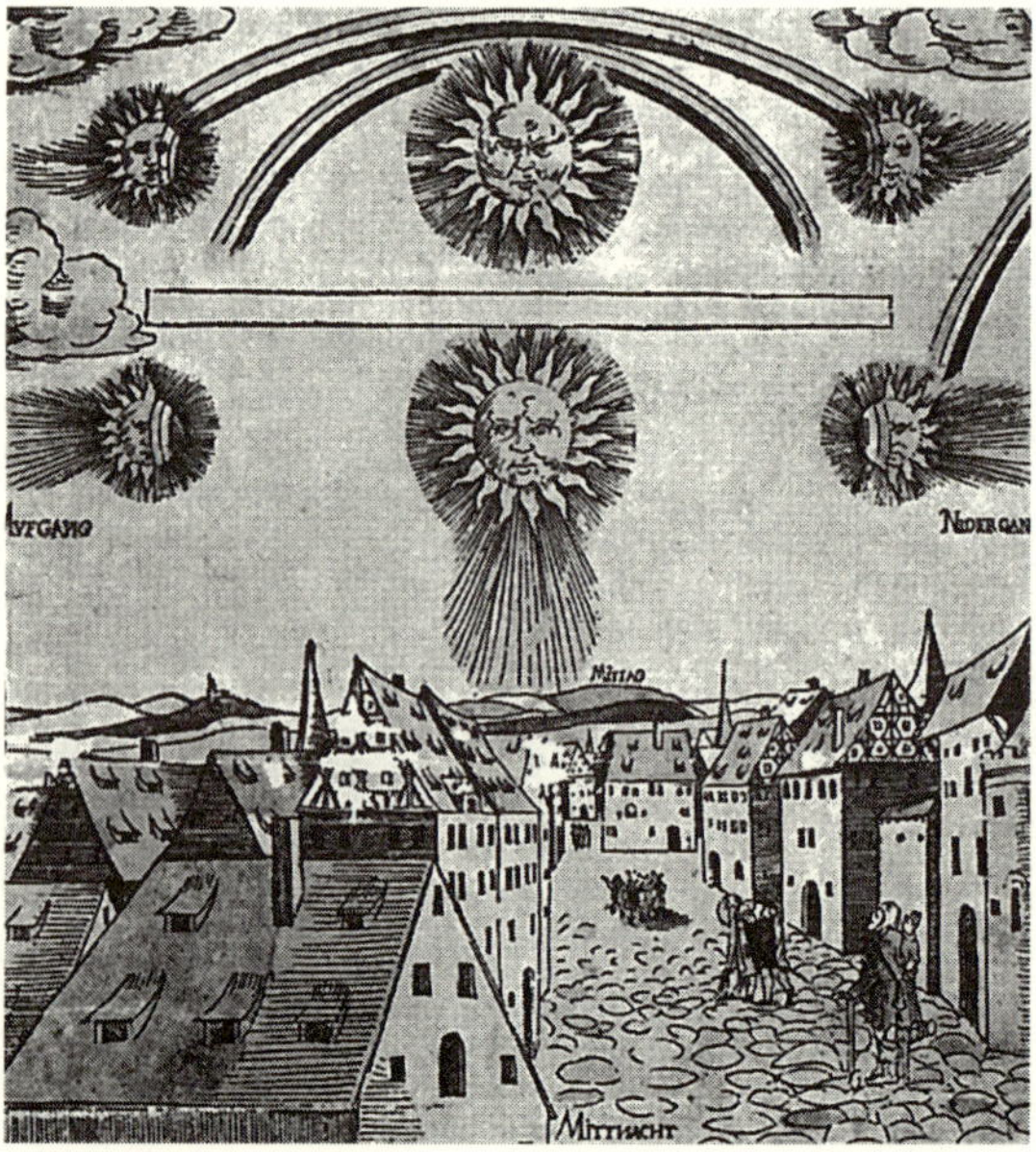

図178◉二重の太陽と、脇にあるそれぞれ二重の小さな太陽。インゴルシュタット(ミュンヘン北方の町)で1554年3月6日に目撃された現象の絵。

図179◉悪魔が盗んだ太陽をとり返そうと、山の向こうにやってきた少年（イヌイットの伝説より）。

もう太陽を呼び戻す力はない」「じゃあぼくが探しに行くよ」「なら南に行くがいい。何かあったらこの鷹の羽をつかえ。空を飛べるから」。少年は手探りで闇を進み、狐に出逢う。「どっちに行けばいい？」「ぼうっと光ってるあっちだよ」。次に出逢った熊もこう教えた。「あの山の向こう。光が見えるだろ」。ようやく山の麓にたどり着き、鷲の羽で山頂に飛び上がって見下ろすと、太陽が革紐《かわひも》で岩にしばりつけられていた。悪魔がひとり占めしていたのだ。まともに戦えないと悟った少年は、悪魔にとり入って家来になる。悪魔の家の上方にあった大きな岩の下を毎日少しずつ掘って、ついに岩をどしんと落とす。悪魔が家から出てきたとき、少年はもう太陽の革紐をほどいて鷲の羽根をつけ、もとどおり空に戻してやった。

この物語は、北極圏で名高い「ノヴァヤ・ゼムリャ現象」という蜃気楼を考えればわかる。バレンツ海に名を残す極地探検家ウィレム・バレンツがシベリアのノヴァヤ・ゼムリャ島にいた一五九七年、平年より二週間も早く闇を切り裂いて太陽が顔を見せた。大気が光ファイバーのように太陽の光を曲げ、何百キロも先に届けたのだ。それが逆向きに起これば、出るはずの太陽が出てこなくなる。太陽が「隠れて」いる方角はぼうっと光るから、アンガコックと狐・熊の助言はもっともなものだった。

氷山をならすシャーマン

イヌイットのネツィルク族がこんな伝承をもつ。猟師たちがイツヤトルフィクあたりにさしかかると、行く手に巨大な叢氷《そうひょう》（流氷が風で積み重なった氷塊）が現れた。とても越せないとひるむ猟師たちを、同行していたシャーマンがこう安心させる。「心配ない、進もう」。進んでいくと叢氷はみるみる平らな氷原に変わって、獲物もたっぷり手に入った。

氷原が巨山のごとく伸び上がり、また忽然と消える——そんな現象には、探検隊もたびたびだまされた。いちばん名高いのが「クロッカーランド」の物語だ。一九〇六年、北極点をめざすロバート・ピアリーは、アクセル・ハイバーグ島の北端、トマス・ハバード岬に立っていた。北西を見やると、はるか彼方に大氷山の連なる島が見えた。のちエルズミア島のコロンビア岬からも同じ島を見て、島はクロッカーランドと名づけ

図180◉行く手をさえぎる叢氷をシャーマンが消してくれて、村人は漁ができた(イヌイットの伝説より)。

られる。一九一三年に結成されたドナルド・マクミラン率いるクロッカーランド探検隊もそれを見た。「ものすごい島だ。丘と谷と雪の峰々が、水平線を一二〇度の広がりで埋めつくしている」。マクミランは島めがけて氷上を五〇キロも突き進むが、行けども行けども近くならない。ピアリーもマクミランも蜃気楼にたぶらかされたのだ。冷たい氷原は、上向きの鏡映像を生む絶好の舞台になる。氷原の果てがそり上がり、小さな突部や吹きだまりの雪が伸び上がって、荒々しい景観をつくるのである（図181）。

極地にはそんな話が多い。ノボシビルスク諸島の近海に、冬でも凍らない「シベリア大氷穴」という海域があり、その果てに「サニコウ島」があったという。たびたび目撃はされても上陸した人はいないし、むろん衛星写真にも写っていない。

イヌイットの伝説に出てくるシャーマンは、叢氷が幻だと知っていた。猟師たちを助けたのも、魔法をつかったからではない。だが彼は、近寄れば消えてしまう蜃気楼の性質を知りぬいていた。ふつうの村人は、いくら自然に抱かれて暮らしていても、蜃気楼はまるで謎でしかない現象だった——ということを、イヌイ

図181◉蜃気楼で不気味な姿に伸び上がった氷塊（北極圏カナダで撮影）。

ットの伝承は語る。

兎と太陽

アリゾナの砂漠に住むホピ族は、夏の焼けつく暑さ(現地語ハドッツォ)をいやというほど知っている。そんな時節の物語——

一羽の兎が岩陰にいた。前方に涼しげな木陰と水が見え、熱い地面を駆けていったが、水はどんどん逃げていく。幻か……とがっくりして岩陰に戻るのはもうこれで二度目だ。陽はいよいよ昇り、岩陰も消えそうになる。いまいましい太陽め、どこかへ行ってしまえ……。太陽は知らぬ顔で照りつけるだけ。いまにみてろ……翌朝、兎は弓矢と投げ槍をつかんで東の地平線に走った。兎の武器に気づいた太陽は、地平線をすっ飛ばして高空に顔をいきなり出したから、矢は届かない。翌日の朝日は地平線上のちがう場所から昇った。それを見て兎は地団駄を踏む。けれどもある日、太陽はうっかり、いつもよりゆっくり昇ってしまった。ここぞとばかり兎は太陽の心臓を矢で射抜く。だが東の間の勝利だった。心臓からどっと火が流れ出て、地上

図182◉サンスクリット語では蜃気楼を「カモシカの渇望」といった。光の幻像には野生動物もだまされる(ナミビア・エトシャ低地で撮影)。

の万物が燃えだした。兎も火に追われて必死に駆ける。駆けながら綿やオリーブの木に助けを求めたが、みんな燃えていたから助けようもない。イエロー・デザート・ブラシの茂みにもぐりこんでなんとか助かった。茂みはそのときまで緑だったのに、火が通りすぎてからは黄色になった。命をとりとめた兎も首筋に茶色の斑点の焦げ跡が残り、それからは臆病になってしまった。太陽のほうも抜け目なく、以後は地平線に顔を出して安全を確かめてから輝くようになったという。

蜃気楼には野生動物さえだまされるため、サンスクリット語では蜃気楼を「カモシカの渇望」と呼ぶ。兎の物語に描かれているのは、それだけではない。太陽が地平線より上にぽっと現れたり、いつもよりゆっくり昇るのも蜃気楼の現れだ。自然に密着して生きるホピ族も、説明しようのない蜃気楼現象は、気まぐれな太陽の物語に織り上げるしかなかった。

闇と光の対決

ケルトの海神マナナーンは、幼い太陽神ルークをアイルランドから連れ出した。二人の乗った舟は櫂も帆もないのに海上を滑ってティル・ナ・ノグ(常若の国)に着く。七色に輝きたつ島でルークは、林檎の木や不思議な生き物に囲まれて育つ。マナナーンは、姿を消す魔法のマントに身を包んで折りおりアイルランドの偵察に行った。当時アイルランドは、デ・ダナーン(女神ダヌの息子たち)を征服した「空気の妖怪」フォモール族の天下で、かつての貴人がこきつかわれている。デ・ダナーンの王ヌァダは、幽閉の身ながら廷臣とひそかにフォモール打倒の策を練っていた。

二一年の歳月が流れ、しいたげられた一族を解放したいとの思いがルークの心にたぎる。そこで海神マナナーンは、ルークに馬と鎧兜《よろいかぶと》と勇敢な兵士を与え、籾殻《もみがら》を吹き飛ばす疾風《はやて》のごとくフォモール族を追い払えと激励した。

武装したルークは、王ヌァダと廷臣の幽閉されていた城におもむく。なにか技を見せれば通してやると門番が言うので、ルークは巨石の将棋をしてみせたあと、胸もつぶれるような悲しい調べを弾いた。そのとき「風が吠え、花咲く庭園に荒海が現れた」。調べを子守り歌に変えたら時ならぬ雪が舞い、城内のデ・ダナーン一族は眠りに落ちて美しい夢を見る。翌朝はからりと晴れ上がった。「フォモールの世でも日は昇るのだ」とヌァダ、「さあウシュナハの丘へ登り、一族を集めて戦おうぞ」。ひよわなデ・ダナーンの軍勢を踏みつぶそうと、フォモールの大軍が襲いかかる。優劣は誰の目にも明らかだった。

とそのとき、東の地平線にバラ色の光が射す。まぶしくて誰も直視できない。「また陽が昇った」とフォモール。「おお助けだ」とデ・ダナーンの歓声。光の中から、ルーク率いるティル・ナ・ノグの輝く軍勢が現れ、フォモール族を「火中の枯れ草のごとく」なぎ倒した。手勢わずか九人となったフォモールはついに白旗をかかげ、彼らの王、邪眼のバロールのもとへ使者を飛ばして、まさかの敗戦を知らせた。

フォモールは姿をさまざまに変える醜悪な怪物で、海上の不思議な島に行き来していた、と伝承にいう。私はここに蜃気楼の影をくっきりと見る。そんな幻像に、先住民のデ・ダナーンは、緑なすアイルランドを蹂躙《じゅうりん》する妖怪を想ったのではないか。早朝の冷たい地面が生む変転きわまりない蜃気楼像も、昇る朝日が消してしまう。二度昇る太陽も珍しくない。「大気の妖怪」フォモールは、最初の暗い太陽が出ているうちだ

図183◉カリフォルニアのデス・ヴァレーで撮影した蜃気楼。

け暴れ回り、やがて昇った本物の太陽に「火中の枯れ草のごとく」なぎ倒された。太陽神と妖怪の戦いはそんなふうに読み解けよう。朝日が蜃気楼の幻像を消す情景はインド旅行記にありありと書いてあるし(7章で紹介)、フランス語圏カナダの神話にも、日が昇ると溶けてしまうガラスの塔が出てくる。

先史の人々はこうした現象をさまざまな神話に織り上げた。たとえば北米先住民のナヴァホ族に、太陽がエスタナトレヒ(変身する女性)と交わって双子を産ませた伝説がある。双子のひとりはスレイヤーという名、もうひとりの名は「水のために産まれた者」の意味だ。巨人に成長した二人は、世界を苦しめてきた怪物を退治する。「怪物」も「双子の太陽」も地平線の蜃気楼が生み、二つめの太陽が出れば、その光で怪物も消えてしまうのである。

蜃気楼をつくる呪術師

ラングロー・パーカー女史が集めたアボリジニ民話に、「蜃気楼をつくる呪術師」の話がある。呪術師は名をビーリーウンといい、トカゲを祖霊(トーテム)にする種族だった。ビーリーウンはブライ・ブライの姉妹と結婚したくて、姉妹の母親もそれを承知していた。けれども姉妹は、祖霊がモノマネドリのウィーダーに嫁ぎたい。悩みを打ち明けられたウィーダーは心を決め、翌朝一緒に逃げようと誘う。三人は、枯れ草に火をつけて足跡を消しながら平原を、ブッシュを、そしてまた平原を横切った。暑い日だったのに、うっかり水を忘れていた。水場が見あたらないので姉妹は機嫌をそこねる。姉妹をなだめるウィーダーの目に「水」が見えた。「見てくれ。あそこに水がある!」。草原の果てにまさしく水の帯があった(図184)。

三人は駆け寄ったが、水は逃げていく。姉妹とウィーダーはまた言い争う。「帰らせて。ここは悪魔の国、あの水は幻よ。帰りましょう」。「戻ってビーリーウンに殺されてもいいのか?」「喉が渇いて死ぬより、村で殴り殺されたほうがましよ」と姉妹。ウィーダーがまた「水」を指差すけれど、姉妹はもう信用せず、ウィーダーをぶち始めた。水を含む木の根を見つけてやるとウィーダーが言っても、姉妹はもっと強くぶつだけ。そのうちぶつのに疲れた姉妹は、雨乞いの歌を歌ってみようと思いつく。からからの喉をふりしぼって歌っ

図184◉ビーリーウンは、ウィーダーとブライ・ブライ姉妹の目前、砂漠の中に蜃気楼の湖をつくった（アボリジニの伝説より）。

たら雷雲がむくむくと湧き、土砂降りになった。三人は粘土混じりの水をごくごく飲んだ。

翌日の夕暮れどき、大河のほとりに来た三人は、祖霊がペリカンのグーレイ・ヤーリに出くわす。彼は自分の舟でまずウィーダーだけ対岸に渡して草の小屋をつくらせたが、わがものにしたい姉妹は舟に乗せない。抱きつこうとするグーレイ・ヤーリの目に姉妹は灰を投げつけた。ころげ回るグーレイ・ヤーリから逃げて岸に着いたら、なんと舟の上には呪術師ビーリーウンがいる。ビーリーウンは平原に蜃気楼の「水」をつくり、三人をはるばるここまでおびき寄せたのだ。これで姉妹の命運も尽きる。対岸にはウィーダーのつくった草の小屋が見えた。「左右に入口がある」その小屋にウィーダーはせかせか出たり入ったりをくり返していた(図123)。

呪術師が言う。「ウィーダーは狂わせてやった。蜃気楼を長く見ているとああなるんだ」。姉妹はおかしな行動をやめないウィーダーに「大丈夫?」と呼びかけた。

「あいつを消してやる」とビーリーウンは槍をウィーダーに投げつけた。ウィーダーは悲鳴を上げ、「あそこに水が! 水が!」と叫んでばったり倒れる。ウィーダーを助けたい姉妹は、対岸に渡してくれとビーリーウンに頼む。「あいつならもう空だ」とビーリーウン。「一緒にいたけりゃ、空まで追いかけるんだな。ほら、あそこにいるだろ」。ビーリーウンは、姉妹が見たことのない星を指で差した。姉妹はウィーダーを追って天に昇っていった。

アボリジニは、まちがいなく蜃気楼を魔法だと思っていた――それがこの物語でよくわかる。嵐の前に現れやすいのも、たえず姿を変えるのも蜃気楼の特徴だ。「入口が二つある小屋」は蜃気楼の二重像で、ウィーダーのせかせかした動きも蜃気楼にふさわしい。幻像が大きく浮き上がれば、地上の物体が星くらい高い位置に見えることもある。

「蜃気楼を長く見ていると狂ってしまう」という描写は、蜃気楼像に来世を思い描いた先住民の心をよく表している。

砂漠はみごとな蜃気楼を生む。たとえば一八三五～三七年にメソポタミアを旅したイギリス探検隊の隊長チェズニーがこんな手記を残している。「灼熱の空気の中で曲がる光が大湖をつくり、喉の渇いた旅人が走り寄っても幻影は遠ざかるだけ。こうした現象は、地面に露が残る早朝にとりわけ起こりやすい。万物が拡大され、低い茂みも森ほどに伸び上がり、下のほうに逆立ちの鏡像が見える」。そんな現象を目にすれば、なんとか説明したくなるのが人情だろう。

人間を引き伸ばす妖怪

イヌイットの民話に出てくる「クキリンガシエイト」という妖怪は、内陸深くにいて、冬はイヌイットの氷の家(イグルー)に似た雪小屋に住む。長くて鋭い爪をもつ恐ろしい妖怪で、わたり合えるのはシャーマンだけ。妖怪は、出逢った人間をつかまえて、肉もなくなるほどに細長く引き伸ばすという(図186)。

ブルターニュ半島にこんな物語が伝わる。カンペールの町に二人の船乗りがいた。二人はある日、林檎酒をベン・オデまで運んだ。荷おろしに手間どったため帰路を急ぎすぎ、入江の中で座礁してしまう。六時間ほど待ったが助けの舟は来ず、真夜中になったのでひと眠りすることにした。そのとき、遠くから妙な声が聞こえてきた。

図185◉オーストラリアのブッシュで撮影した蜃気楼。

「きっとあれだ」、とヤン、「むかし乗った〈ヤニック〉号の船長の声だ」(遭難して死体が上がっていない人間の魂は闇をつんざく叫びを上げる、と当地の人は思っていた)。ヤンは背伸びして海上を眺め、「おい見ろ」と相棒に叫ぶ。入江内のはるか彼方が、海から立ち昇るような光にぼうっと照らされていた。光の中に白い小舟が見え、舟の中には五人の男がいて腕を前に突き出している。黒い斑点のある白い服を着ていた。

「ヤニック号じゃない」とヤンが言う。「魔法にかかった魂だよ。カウランチン、呼びかけてみろ。復活祭に懺悔《ざんげ》したおまえなら大丈夫だろう」。カウランチンは両手を筒にして呼びかけた。「こっちも座礁しちまって、助けてやれないんだ。こちらに来るか、せめて何が起きたのか教えてくれ」。五人の人影は椅子に腰かけ、ひとりは舵を、残る四人は櫂を手にしていた。漕ぎはするのだけれど、舟はいっこうに動く気配もない。「ド素人め」とヤンが唸る、「まるで小川の船頭じゃないか。俺が行って漕ぎかたを教えてやる」。

二人は白い舟のところまで泳ぎだした。近寄るにつれて四人の漕ぎかたは激しくなるのに、舟は相変わらず動かない。すぐそばに寄ったとき、入り江の光が褪せたかと思うと、海と闇が溶け合った。四人の漕ぎ手が見えた場所に、四本のロウソクのようなものがぼうっと光っている。舵を握っていた五人目は、肩から上だけが水面に出ていた。

不気味な光景に身震いしながらも、二人は舟から目を離さない。ひとりだけ残った男にヤンが声をかけた。「お前さんたちは神様かい、悪魔かい」。「どちらでもない。われらは霊魂だ」。そこで二人は、教会でミサをあげてやるから迷わず昇天しろ、と約束してやった。

ここにはまさしく蜃気楼が描かれている。「ロウソクのようなもの」は杭か何かが上下に引き伸ばされた幻像だろうし、アザラシなど海の生物の蜃気楼なら「漕ぎ手の動き」も生まれる。幻像の大きさは距離や目の高さで変わるから、二人が舟に近寄るにつれて漕ぎかたも変わった。近寄りすぎると蜃気楼の幻像は消えてしまう。むろん脚色もあるだろうが。

白いレミング

北極圏に住むイヌイットのシャーマンは、魔力をもつ獣を儀式につかう。ひとつが「天の白いレミング」だ。

図186◉陸地深くには、人間も動物もうんと引き伸ばしてしまう妖怪が棲む(イヌイットの伝説より)。

丸っこい体や、食べ物は地上のレミングと同じでも、天に住み、色が白い（地上のレミングは褐色）。病気や誕生、葬式のとき、シャーマンはそんなレミングと心を通わせる。

それとは別の生き物を、カナダ・マッケンジー川流域のイヌイットは「アマルトク」と呼ぶ。「子供を背嚢《はいのう》に入れたもの」というような意味で、人間の魂を奪ったり、子供を怖がらせたりするお化け女の一種だという。

あるイヌイットが遠くの氷上にアマルトクを見た。こちらへ歩いているようなのに、いくらたっても近づいてこない。やがてアマルトクは座りこみ、子供を背中からとり出したと思った瞬間、もうかき消えていた。イヌイットはこのときからシャーマンになり、アマルトクを守護霊にした。

グリーンランドのシャーマンもアマルトクに出逢った。アマルトクは突如つかみかかり、気がついたとき彼はもう背嚢の中で、背嚢の口は閉じている。身につけていたナイフで背嚢を切り裂き、アマルトクを刺し殺した。そのとき彼は裸で、服はそばに散らばっていた。腐った海藻のにおいがあたり一面に満ちていた。

図187◉極地の夜明け、氷原に伸び上がる白い塔（実際の写真を絵にしたもの）。

天の白いレミングは、地平線の一部が上向きに鏡映された像だろう。雪や氷が空に映れば、白い生き物が生まれる。

背嚢をもつアマルトクも、岩やセイウチの蜃気楼像にちがいない。上向きの鏡映が起こると、実物の上に見える像が「背嚢」のイメージになる(図188)。アマルトクが座りこんだときに背嚢が見えたのは、視線の高さで変わる蜃気楼像にぴたりと合う。

アマルトクとの戦いは、セイウチの襲撃か。セイウチがシャーマンに体当たりして着物が脱げた(イヌイットの服は簡単に脱げる)。海辺の事件なら「腐った海藻のにおい」も漂うはず。

黒い鳥・白い鳥

「大河のほとりに来て、川面の上に大木を見た。木は夜明けから昼まで伸び続け、午後はしだいに縮み、日暮れには大地の深みに消え失せた。甘い香りがするその木の実と葉をとってこいと私は兵士たちに命じた。だが妖怪のようなものが伸び上がって部下をつかんだ。妖怪は鞭で兵士を打ちすえ、兵士の手足にみみず

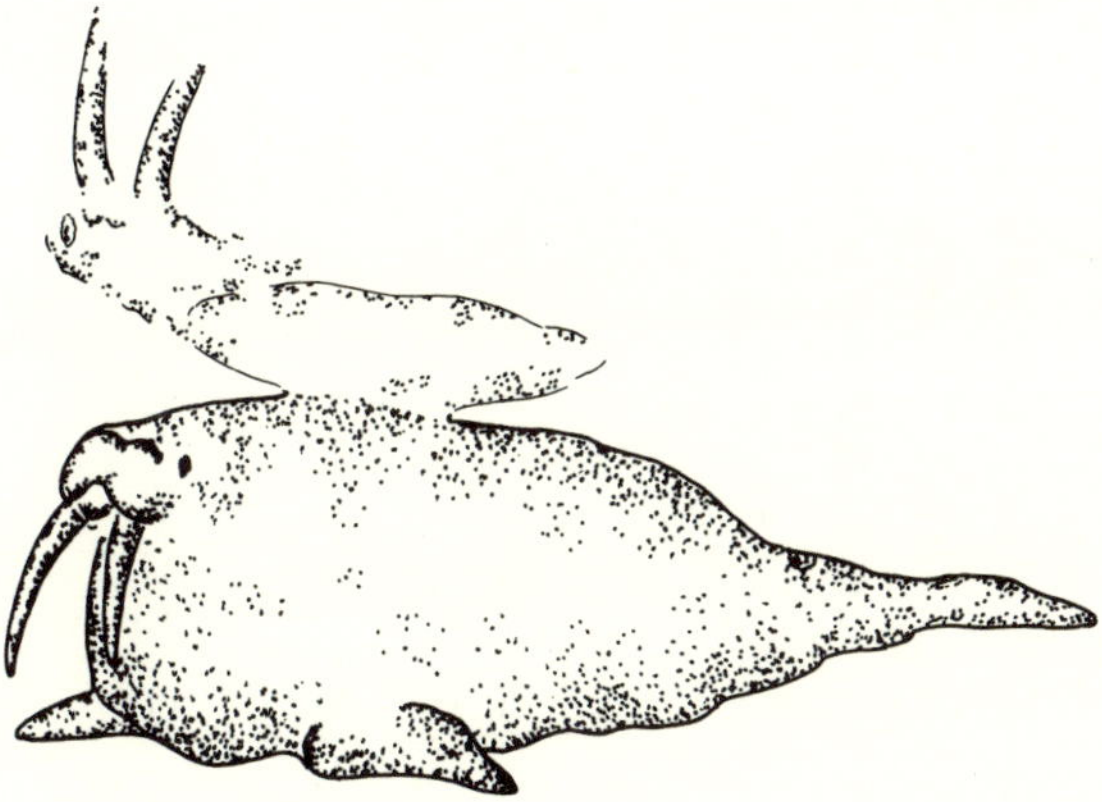

図188◉イヌイットの言う「アマルトクの霊」は、アザラシの蜃気楼像だったにちがいない。

ばれがくっきり見える。と、雷に似た声が轟いた。〈木を切ってはならぬ。実も、葉もだ。切れば何人も死ぬ〉。木のまわりにはホロホロチョウの大群が舞っている。私は兵士を引き揚げさせた。川の中にいる黒い水鳥が、水から上がるや純白に変わった」。

アレクサンダー大王遠征記に見えるこの描写は、蜃気楼を考えればわかる。不思議な木は、蜃気楼の起こりやすい「川面の上」に見え、一日の温度変化に応じて大きさを変えた。兵士のみみずばれは、藪を抜けたときの引っかき傷か。「雷のような声」も、嵐の前の静けさに現れやすい蜃気楼としっくり合う。

水中で黒かった鳥が純白になったのも、「水から上がる」のを上向きの鏡映と考えれば、実物より白っぽい蜃気楼像にふさわしい。

さまよう樫の木

オーストラリア先住民の神話では、世界創造のころ（夢の時代）、地上には超自然の英雄たちがいた。英雄は人間と同じ感情や悩みをもち、お互い血縁で結ばれていた。彼らがつくった神聖な規則と生活の知恵に、先住民は何千年も従ってきた。

英雄たちは、オーストラリア大陸にあるあらゆる景観と地形を生み、夢の時代の終わりに体を岩や石塚に変えた。先住民たちは、身近な地形に、英雄たちの戦いの跡や住居、体そのものを思い描く。また、英雄たちはいまもひっそり生き続け、儀式でその霊を呼び出せる。

オーストラリアを象徴する巨岩、エアーズ・ロック（現地語ウルルー）をめぐるおびただしい神話を、ピチャンチャラ族やヤンクンチャチャラ族が語り継ぐ。たとえば南側の地形はこんないきさつで生まれた。そこに長く住んでいたカーペット・ニシキヘビの一族を、毒蛇の一族が攻撃した。西のオルガ山を出てムチジルダの谷をめざす毒蛇族は、巧みなカモフラージュをあみ出す。樫の木に変装して平原を進んだのだ。ニシキヘビ族の女が穴掘り棒を振り回し、毒蛇族に毒を吐きかけたが、ムチジルダの谷に追いつめられる。毒蛇族の首領は彼女の息子を石のナイフで切り裂いた。息子が転げ回りながら流した血が、いま池になっている。血は時の流れとともに澄んできた。乾季に先住民は儀式で彼を呼び出し、「血」を流してくれと祈る。

図189◉山頂で酒盛りし、谷ごしに喧嘩する巨人たち(ヨーロッパの民話より)。

息子を殺された母蛇は猛り狂い、敵の首領の鼻を穴掘り棒で打ちすえた。鼻は地に落ち、いまある高さ二〇メートルの岩になった。苦痛にゆがんだ彼女の口が、峡谷の側面にある穴だという。戦死したニシキヘビ族の兵士は巨岩に変わって、エアーズ・ロックの頂に散らばっている。

地面の冷えた早朝に蜃気楼が起これば、巨岩の頂が幻像になって動きを見せ、木々は浮き上がる。百キロ東のコナー山麓に住むアボリジニは二〇世紀の中期でも蜃気楼祭祀をしていた(1章)。エアーズ・ロック周辺の先住民も、まちがいなく蜃気楼を現実だと思っていただろう。

身近な地形に先史の英雄を想うのは、石器人が蜃気楼を解釈する自然な道だ。光も知らず、光が曲がることも知らない人なら、みごとな蜃気楼に出逢ったとき、そう考えるのがせいぜいだったろう。私たち近代人は理性でものごとを考えがちだ。しかし、古い神話や宗教をほんとうに理解するには、原始人の心に分け入らなければいけない。

まとめ――「魔法にかかった自然界」と蜃気楼

蜃気楼は景色をゆがめ、自然の秩序を狂わせる。太陽や月の姿を変え、からからの砂漠に水を生み、平らな雪原に氷山をつくる。光をいやがる妖怪を生み、木々の高さを変え、場所を移動させたりする。あの不思議な現象はなぜ起こるのだろう、と考えをめぐらせた古代人は、蜃気楼をおびただしい神話に織り上げた。地形に英雄の命が宿るとか、生き物がグロテスクな姿になるといった想像世界も蜃気楼から生まれた。

子供がおとぎ話を好むのも、背景には人類史があるのかもしれない。胎児は子宮の中で、魚からヒトへの進化過程をたどるという。それなら、産まれたあと子供の心は、ヒトから文明人になっていった道すじをたどるのではないか？　そのころ人類の積み重ねた蜃気楼体験が生んだおとぎ話の世界が、子供の心に訴えかけるのだろう。

11章 亡霊たち

夜の舟

フランス・ケルトの伝承によると、ブルターニュ半島突端の沖に浮かぶセン島のそばでは、不吉なことが起きる矢先、きまって不思議な舟が現れたという。どんよりした空をバックに、舳先《へさき》で波を切るのはわかるのだが、舟のシルエットはぼやけている。夕暮れによく現れるため「夜の舟(バグ・ノズ)」という呼び名がついた。どこから来てどこへ行くのか誰も知らない。ふっと消えたかと思うと、一瞬ののち別の方角に現れたりした。

　漁師が「夜の舟」といちばん出逢うのは、嵐の気配を感じて沖合いから戻る途中だった。座礁でもしたのかと「夜の舟」に近寄ろうとした漁師もいるし、船頭の声を聞いた気がする漁師もいた。だが近づくと幻影は青白くぼやけ、声も遠ざかってしまった。

　ある日の夕刻、セン島のキラウルー岬で海藻をとっていた海女の前に「夜の舟」が現れる。海女の夫は、漁に出たきり帰らず、死体も上がっていなかった。舟の中に夫の姿を見た海女は、両手をさしのべて名を叫んだ。だが人影は振り向かない。舟は音もなく、航跡も残さずに遠ざかった。

　「夜の舟」は二千年前から伝わる。ビザンチンの作家プロコピオス(五六五年没)によれば、当地の住民は、死者の魂をブリタニア方面の来世へ運ぶ仕事をしていた

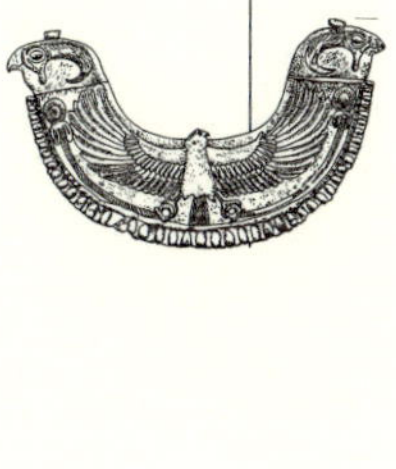

図190●神ホルスを象徴する双頭の鷹（紀元前二〇〇〇年紀のフェニキア、ビブロス王墓の出土品）。「二つの世界を結ぶホルス」を表す。

ので年貢を払わずにすんだという。魂を積んでずしりと重い舟は舷《ふなばた》を水面ぎりぎりにして矢のように滑り、またたく間にブリタニア海岸へ着く。帰りは魂を下ろして軽くなるから、舟底が波頭すれすれ。島の港に入ると、死者たちの名前と身分、出身地を叫ぶ声がどこからともなく聞こえてくる。

嵐の前に現れ、水平線にぼうっと見える「夜の舟」のたたずまいは、蜃気楼にぴたりと合う。そんな舟にあの世(他界)を連想するのは自然だろう。古代のドルイド僧も、後世のローマ人も、セン島に永眠するのが夢だった。

忽然と現れ、また忽然と消える舟の蜃気楼像は「矢のように」滑る印象になる。水平線下の舟が浮き上がれば「舷が水面ぎりぎり」に見え、視界内にいる舟が浮けば「舟底が波頭すれすれ」に見えよう。ブルターニュのプロンゲル町には、死者を埋葬する前、亡骸《なきがら》を乗せた小舟を入江に浮かべる風習がある。死者の魂を「夜の舟」に乗せてやるのだという。

北欧神話では最高神オーディン(ヴォータン)が、死んだ戦士の魂を黄金の船に乗せ、ヴァルハラ(死者の館)へ運びこんだ。彼の使者を務めた一対の大鴉《おおがらす》も八本肢の愛馬も蜃気楼の幻像だから、ヴァルハラ行きの船もきっとそうだろう。アイスランドの古話集『サガ』には、死者の爪でつくった巨船ナグルファルが登場する。「死者の爪」とは蜃気楼の色にふさわしい。よく似た舟が、ミャンマー南西に浮かぶニコバル諸島の伝承にも見える。

死を招く船

一九世紀ドイツの作家ヴィルヘルム・ハウフが、幽霊船の小説を残した。ある若者が父親のわずかな遺品を金にかえ、異国でひと旗あげようとインド航路の船に乗る。バルソラを出て一五日後、船長は嵐のきざしを見て帆をたたませた。寒い日だった。日が落ちても雲が出ないので、とり越し苦労だったかと船長が首をひねったとき、いつのまに近寄ったのか船が一艘、空に浮かんだ風情ですぐそばに現れた。船長は真っ青になって、「おしまいだ。あれを見たら死ぬ」と叫ぶ。乗員たちも唸りながら甲板を右往左往した。船長は舵にとりつき、乗員に『コーラン』を読ませたが手遅れだった。一時間もしないうち船は大嵐にもまれ、海の藻屑《もくず》と消

図191◉「夜の小舟」も「さまよえるオランダ船」も、水平線の上空にいきなりぼうっと現れた。帆をふくらませて進むが航跡は残さない。

えてしまう。

船乗りたちは、「嵐の前の静けさ」に浮かんで見える船を不吉なしるしとみた。妙な場所に姿を見せる船は「死の船」だった。不気味なものを見ると大嵐が来るという話は、おびただしい民話や伝説の中で出逢う。

さまよえるオランダ船

部下を酷刑にしたオランダの船長がいた。彼は以後あちこちの海をさまよい、港へはけっして入らなかった。船乗りたちはときおり、とりわけ嵐の前、ちらりと彼の船を見かけたけれど、呼びかけても応答はなかった。

「さまよえるオランダ船」の話は多くの海国に広まり、洋上で変事があるたびにささやかれた。たとえば一八六七年、サンフランシスコから広東に向かうアメリカの帆船オリオン号が幽霊船に出くわす。ハワイ近海で強風にあい、前帆(フォアスル)だけで走っていた。やがて夜になり、マストの見張りが月明かりの海面に不思議な船を見つける。この嵐では危険きわまりない満帆《まんぱん》だった。船上の人影に声をかけても応答はない。月がいっとき隠れ、また出たとき船はもう影も形もなかっ

図192◉海神を描いたギリシャのモザイク画(小アジア・エフェソスのアルテミス神殿)。

た。船長は一件を日誌にしたため、目撃者全員に署名させている。乗員も乗客も、あれは「さまよえるオランダ船」にちがいないと噂した。

この話が生まれたのは一七世紀の前半らしい。フォン・ストラーテンというオランダの船長がいた。風速四〇メートルをものともせず、喜望峰回りでほかの船よりずっと速くジャワに着き、生前から「空飛ぶオランダ人」の異名をとっていた。彼はあるとき、暴動を起こした乗員を処刑し、悪魔の仲間だと噂される。一六五〇年に消息がぷつりと途絶え、オランダの酒場では「悪魔のところに行ったのさ」と噂が飛びかう。その後、喜望峰あたりで「満帆のまま暴風に突き進む」彼の船を見たという船長がいて、「さまよえるオランダ船」の伝説が形をなし、それを素材にした作品をハインリッヒ・ハイネやリヒャルト・ワグナーが書いて世に広まった。

幽霊船の目撃報告は一八四一～八一年の間だけで三百件にのぼるという。少しあとの一八九一年には、セレベス沖の凪《な》いだ海で、フランスの帆船バカント号とクレオパトラ号、イギリスの帆船トルマリン号が幽霊船に出逢った。早朝の四時ごろ、気味悪いほど赤い光

図193◉水平線上に浮き上がるヨットの蜃気楼像。海の一部も水平線から切れ、雲のように浮いて見える。

の中を一隻の船がいきなり視界に入る。船首が船尾よりぐっと沈みこみ、船尾は洋梨を直立させたような二階建てだった。三本のマストにはそれぞれ監視台がつき、帆桁には赤黒い帆が垂れていた。船はやがて、現れたときと同様ふっとかき消え、同時に赤い光も消えたという。

いるはずのない場所に見え、姿がいびつな船の蜃気楼は、海上でたびたび目撃されてきた。目撃は嵐の前が多い。上下に温度分布のある静かな大気が光を大きく曲げるからだ。

シルクロードの妖怪

玄奘《げんじょう》(三蔵法師のモデル)は六二九年から六四五年まで、仏典を手に入れようと、出国禁止令をおかして長安を抜け出し、シルクロード経由でインドに渡った。紀元前二世紀に同じ経路で月氏《げっし》国を訪れた張騫《ちょうけん》(漢の武帝の外交官)の旅行記はあっても、克明さにかけて玄奘の記事は群を抜く。とりわけ弟子の弁機と著した『大唐西域記』が、各地の景観・建物・宗教をつぶさに伝え、その中にこんな一節がある。「法師はたったひとりで砂漠を横切った。道しるべは餓死した動物の骨や馬糞だけ。そろそろと進む法師の行く手に雲霞《うんか》のような軍勢が現れた。近づくかと思えばまた止まる。兵士は皮とフェルトで身を包み、駱駝や馬、軍旗や槍も見えたが、やがてすっかり消え失せた。最初は盗賊かとあやしんだ法師も、近寄ったかと思うとまたいきなり消えるのを見て悟った。あれは悪霊がつくった幻影にちがいない……」。

一三世紀後半にタクラマカン砂漠とゴビ砂漠を突っ切ったマルコ・ポーロもこう書いている。「砂漠にはおびただしい悪霊が棲み、幻影を見せて旅人の命を奪う……ときには同行者の姿になり、わが名を呼んであらぬ方角に誘いこむ。行く手に武装集団を見て逃げ出した旅人もいる。哀れにも帰り道を失って餓死したらしいが」。

日中は太陽に灼かれ、夜ひどく冷える砂漠は、大気の上下に激しい温度差を生む。そんな砂漠の果てには、いびつな姿でありとあらゆる動きをする幻像が現れるのだ。

図194◉ラクダと隊商の蜃気楼像（タクラマカン砂漠のシルクロード、トルファンのアスタナ石窟、8世紀の刺繍）。

雲の中を行く駱駝

アラビア半島のルブ・アル・ハリ砂漠は、しのぎやすい冬になると、駱駝《らくだ》を引いた遊牧民がいまも横切る。はるかな昔から駱駝は砂漠の民と運命を共にしてきた。ベドウィンにとって駱駝は食糧ではなく、テントと人間を運ぶ「砂漠の船」である。だからこそ、乏しい草やイバラだけ食べる頼もしい駱駝をベドウィンは崇める。駱駝は、生き物が生まれる前どころか天地創造の前からいた、と彼らは信じている。むろんただの駱駝ではなく、アッラーが雲からつくった駱駝だ。そのころ地面はまだなかったので、駱駝は雲の中に浮いていた。アッラーは次に砂丘と山々をこしらえ、駱駝がらくらく歩けるようにしてやった。

「空に浮く駱駝」は砂漠に行けばいつでも目にできる。たとえば一七六二年に探検家のニーブールがこう書いている。「地平のあたり、教会の塔よりも高い空中を駱駝に乗って進むアラブ人が見えた……草一本ない砂漠の中、そんな現象はたびたび目撃した」。中東には、空に浮かぶ駱駝の話が多い。アブラハムの従者も駱駝

図195◉シルクロードの蜃気楼。同じ幻像はマルコ・ポーロも見ただろう（タクラマカン砂漠東部で撮影）。

に乗って空中にいた。

一八三〇年にサハラ砂漠を横断してトンブクトゥへ行った探検家バルト(一八二一～六五)もこんな記事を残した。「……一瞬、地平の果てに駱駝の行列が通り過ぎたと思った。だが幻影だった。世界のどこと比べても、太陽に灼かれた砂漠ほど、眼前に偽りの像を生む場所はない。現地のアラブ人も昔からそれを知っていて、荒野は精霊に満ちあふれ、ひとりぼっちの旅人をあらぬ方向に誘いこむと言う」。駱駝がそのむかし雲から生まれ、雲のように現れて漂い、また消えてしまうと想像されたのも当然だろう。

駱駝の夢を見るのは死の前ぶれだ、という迷信がアラビア世界にある。それはまちがいなく、駱駝に「雲と空の世界(来世)」を想う心から生まれた。

火と平原の娘

南アフリカの草原と砂漠も、日中は暑くて夜は冷えるため蜃気楼が起きやすい(図196)。先住民は現象をこまかく観察してきたのだが、原因はわからなかった。なにしろ蜃気楼は、ヨーロッパの科学者にさえ一九世紀初

図196◉砂漠の蜃気楼。川としか思えない(ナミビアで撮影)。

めまで謎だったのだ。ブッシュマンは蜃気楼を、自分たちの運命に介入する魂あるもののしわざとみた。そのことを次の神話が語る。

現地では蜃気楼を「火と平原の娘」といい、その「娘」が敵を退散させた話が伝わる。火の上で踊る若い娘(蜃気楼)が、「一緒に踊ってくれたら結婚してあげる」と敵の首領を誘う。首領は誘いに乗って焼け死に、ひるんだ部下を手玉にとるのは簡単だった。「娘」は偽りの泉や巨大なカモシカの姿になって部下をおびき寄せ、ついには追い払ってしまう。

砂漠の「水」は、人だけでなく野生動物も惑わす。アフリカの塩湖にこんな話がある。喉の渇いたペリカンの雛が「水」のところへ行こうとして巣から飛び立ち、干上がった塩原で死んでしまう。蜃気楼の湖と現実の湖を見分けるのに、ブッシュマンは腰をかがめる。偽りの湖なら、姿勢を低くすると大きくなるのだ。カモシカの姿も、いびつになったり大きく見えたりする。ナミビアのエトシャ低地を訪れたとき、私も「蜃気楼の海」に身を浸すカモシカを目にした。体が二重になって、とてもこの世のものとは思えなかった。

図197◉空飛ぶカモシカ(ブッシュマンの岩絵。南アフリカ共和国ケープ州)。

帆船のようなペリカン

ナミビア先住民の伝承には巨大な動物がよく出てくる。一八五〇年、ウォルヒスベイに上陸したイギリスの探検家ゴールトンもそんな怪物と出逢ったが、さすがに当時の教養人、原因は知っていた。「何年前についたのかわからない轍《わだち》の跡をたどりつつ広い平原を進んでいたとき、突然ものすごい蜃気楼に包まれた。視界は二〇〇メートルも効かない。カラスも杭も大樹に変わり、ペリカンは巨大な帆船かと思えた。地面が弓なりにそり返って、たぎる溶鉱炉の中に身を置いたかのよう。蜃気楼がとくに起こりやすい八月だった。ここを訪れた人なら、どんな時代にも全員がこういう体験をしたことだろう」。

ナミビアの砂漠は蜃気楼が起きやすい。蜃気楼で名高いのがスケルトン(骸骨《がいこつ》)海岸だ。東の微風が吹くころに起こる壮大な上向きの鏡映が、大地も島も空に浮かばせ、低い海岸線を巨大な山脈に見せる。入江がいくつも発見され、それぞれ名前もついたのに、あとで調べるとそんな入江は存在しなかった。海岸の名は、遭難事故の多さから来ている。船が蜃気楼の幻像に向か

図198◉ナミビアのスケルトン(骸骨)海岸。大西洋の冷たい水、熱い空気と陸地が生む蜃気楼が海岸の輪郭をわからなくすることで名高い場所。

って突き進み、ひんぱんに座礁したのだろう。

ナミビア内陸、低い丘の連なる草原にカップ・ピークという山がそびえる。昔からサファリ旅行者の観光名所だった。ある日の朝早く、ウィントフークを発った団体が山の近くまで来た。景色が予想とちがい、あるはずのない山脈も見えて（図199）、どうしたことかと添乗員さえ不安になったという。蜃気楼とのそんな出逢いは、私たちには「楽しい体験」ですんでも、原始人には悪霊世界との遭遇だったにちがいない。

チベットには雪男イエティの伝説がある。姿はヤクのようだが二本足で立つ怪物だという。冷たい氷原の果てにいたヤクが、蜃気楼で二重・三重に見えたのではないか？

悪魔との遭遇

アレクサンダー大王の軍勢が海辺で怪物に出くわす。「鰐《わに》に似ているが鰐より大きく、姿がなんとも恐ろしい。われわれは武器をもち、狩猟の網と火もつかんで向かっていった。怪物は部下に襲いかかった。部下の武器は役に立たない。あれはまちがいなく悪魔だ」。

図199◉カップ・ピーク（右端のスロープが実景）周辺の遠景が伸び上がった蜃気楼（ナミビアで撮影）。

図200◉山頂から巨大な妖怪がぬっと顔を出したので、あわてて逃げる騎士(アイスランドの伝説より)。

ノルウェーの『王室写本』にこんな話が見える。ロッホ・エルネの湖中にケルティナグという島が浮かぶ。島の半分には教会と墓地があり、あと半分は悪魔が治めていた。悪魔の力は、教会が立つほうの半分には及ばなかった。

以上は、水の動物や島の蜃気楼像に悪魔を想った人々の伝承だろう。ロッホ・エルネでみつかったケルト時代の双面石像は、蜃気楼の二重像につながる。キリスト教に抵抗するケルト人が石に刻んだのは、蜃気楼の神々ではなかったか?

霊魂の水先案内人

紀元五〇〇年ごろ、ポリネシアにあるヒヴァ島の王ホトゥ・マトゥアは、島が津波で壊滅したとき心を決める。別の島を見つけなければ一族の未来はない……。呪術師のハウ・マカが夢を見た。夢の中でハウ・マカの魂は遠くへ飛び、孤島をひとつ見つける。島はやがて「ラパ・ヌイ（世界のへその緒）」、私たちの言葉では「イースター島」と呼ばれることになる。ホトゥ・マトゥア王は、その方角へ、七人の男が乗る舟を漕ぎ出させた。舟は二二〇〇キロの海を越えて島へ着き、男たちはカボチャとジャガイモを植えつけた。収穫の時期が来たとき、ホトゥ・マトゥアは大きな舟に一族を乗せてその島に移住を果たした。

ポリネシア人たちは紀元前一五〇〇年ごろ、航海術を駆使して太平洋一帯の開拓にかかった。紀元前一五〇〇年にビスマルク群島、紀元前一三〇〇年にはフィジーとトンガに達する。紀元前一〇〇〇年ごろサモアの定住が始まり、紀元前三〇〇年ごろにはマルケサス諸島まで着く。そんな島々を足場に紀元五〇〇年ごろ、ハワイ諸島とイースター島への移住が進む。ソシエテ諸島の住民は、八五〇年にニュージーランド、九〇〇年にはツアモツ諸島とクック諸島へ植民した。船乗りはいまも双胴のカヌー（ホクレア）を操ってハワイ・タヒチへと五千キロの航海をする。

船乗りたちは、決まった星が相次いで昇る水平線上の一点めざして漕いだ。星は水平線にいつも同じ角度で昇ってくる。だが、どうやって何百キロも先の島にまちがいなく着けるのだろう？　島の山頂にまとわりつく白い雲が、遠くから見えたのだという。それをニュージーランドのマオリ族は「長くて白い雲の島」と呼

図201◉二重の体をもつ鳥の混合動物（ケーニヒスルター市のカイザー大聖堂、12世紀の遺物）。

ぶ。渡り鳥や、島の沖合いで魚をとる鳥も導きになる。カツオドリは陸地から五〇キロ沖、軍艦鳥なら八〇キロ沖まで飛ぶ。だがポリネシアの船乗りはそのほか、遠くの島が出す不思議な「しるし」を知っていた。現地語で「テ・ラパ(幽霊のようなもの)」といい、島が隠れた水平線の下から出てくる光線だという。テ・ラパは一五〇キロ手前でも見えるが、島に近づくと消える。

テ・ラパはたぶん蜃気楼だった。特別な条件のもとでは、冷たい海面が光を曲げ、前方の海面がS字にうねって見える。そのとき、白雲の漂う火山島は逆立ち像になる。現実の島は水平線の下だから、船乗りは逆立ち像だけを見る。白い雲の像は、弓なりの暗い海面をバックに明るく見える。それがテ・ラパだろう(図202)。

蜃気楼を利用した航海はシベリア極地でも知られる。北極圏に経験豊かな船長は、氷山に閉じこめられそうになったとき、「水上の空」に船首を向けた。水上の空とは、氷のない海(不凍海)が空に映った像である。凍っていない場所をめざして何十キロ何百キロも移動する北極熊は、そういう「水先案内人」に頼るのかもしれない。

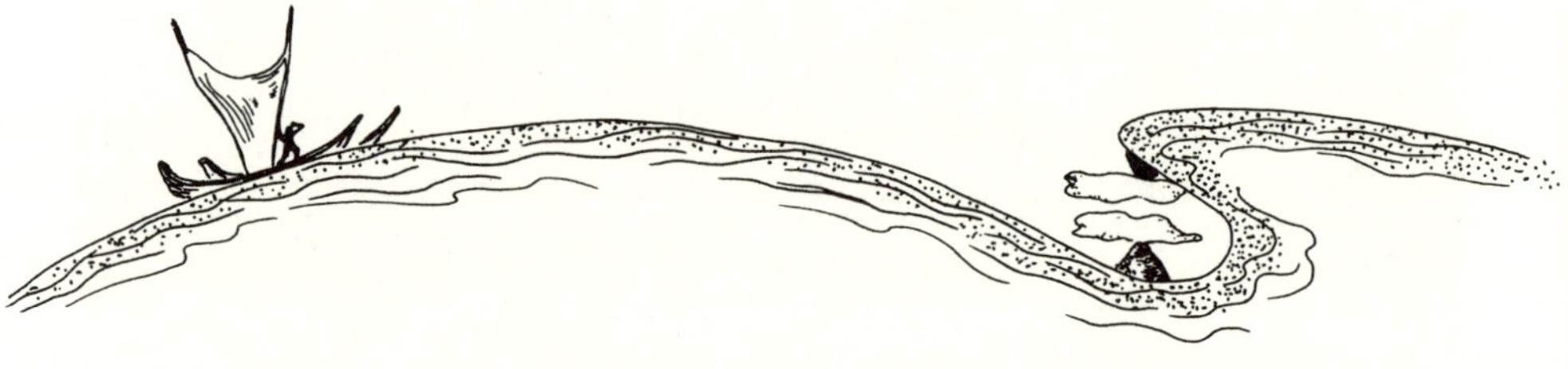

図202◉ポリネシア人を遠い島々に誘った不思議なしるし「テ・ラパ」の説明。光が曲がり、見かけがS字にくねる海面上では、逆立ちに鏡映された島の雲が暗い海面の手前に見える。ぼうっと明るいこの雲を精霊からの信号だと思って、ポリネシア人たちは舟を進めた。

図203◉キリキリ（コルマンデル島）の近海に棲んだという海の怪物マラキハウを描いたマオリ族の壁板（ニュージーランド・オークランドの戦争博物館）。マラキハウは、管のような舌で人間も舟も吸いこんだ。

九六〇年、ペルシャ人のイブン＝シャーリジャルが『インドの不思議』にこう書いた。「海にはタンニンという巨龍が棲む……低く垂れこめた雲が海上を漂うと、海中からタンニンが身を現す。海水の熱に……耐えられないからだ。タンニンは雲の冷気に包まれてしばらくじっとしているが、風が雲を追い払うと、雲に包まれたまま空へ昇る……雲が蒸発したり風に吹き飛ばされると、タンニンも空から海中や陸の上に降りてくる……船旅のベテランはたいていタンニンを目撃した」。

古代ローマの大プリニウスがこんな記事を残す。「海上から伸び上がるピュセテルという巨魚がいる。舟の帆よりも高く伸び、舟を沈めそうなほどの水を吐く」。彼は鯨を「ナガスクジラ」と正確に表現しているから、ピュセテルは鯨ではない。何だったのだろう?

海の怪物は、早朝や薄暮の静かな海面に目撃された。外見は目撃談ごとにいろいろでも、とにかく巨大だったという。髪の毛は白か緑色で皮膚は皺《しわ》だらけ、という話が多い。かなり最近の目撃記録を見よう。

一九四六年、カリフォルニアのビッグ・サー海岸から二〇キロ西の海上で、水面を泳ぐ白い動物を三人の漁師が見た。海面から四メートルくらい伸び上がり、顔つきは猿に似て目は大皿のよう、髪は白で前髪が立ち上がり、後髪は腰まで流れていた。数年前には鰯船《いわしぶね》の乗組員が、少し北のモンテレー湾内で、海面から一・二メートルほどの高さに揺れる動物を目撃している。流行遅れの潜水服を着た男みたいで、大きな目が二つあった。目の上には渦巻き状のコブが見え、それが脈打って呼吸しているようだったという。

舟べりの低い昔の漁船は、漁民が海面すれすれに視線を走らせるから、海獣の蜃気楼像を見やすい。大気が静かなとき海面に顔を出した動物は姿がゆがみ、実物と鏡像が合体すればグロテスクな姿になるはずだ。「目の上に見えた渦巻き状のコブ」は、ぼやけた鏡像だったろう。獣がたてる泡の鏡像が縞に見え、「髪の毛」を思わせたのではないか。

一九三六年には、カリフォルニア沖のコッドフィッシュ・バンク近海、穏やかな大気の中で船乗りたちが不思議な動物を見た。小ぶりな頭の下に直径一メートルほどの首があり、海面から二メートルの高さで揺れていた。飛び出た大きな両目をもつ巨人のようだった

図204◉龍(サタン)から魔力を授かった怪物が海面に立ち上がる図(ジュスト・デ・メナブオイ作のフレスコ画。パドヴァ大聖堂。14世紀)。

という。マストに登って見ると、動物は船のほうに泳いできて六〜一〇メートルくらい潜った。潜る瞬間にヒレと尾がくっきり見えたその姿は、まちがいなくアシカかセイウチだった。

大航海時代も、こうした「光の怪物」はたびたび海上に姿を見せた。船乗りたちは、ときには肝をつぶし、ときには見とれて、船旅の退屈をまぎらせたことだろう。

形なき妖怪と太陽神の戦い

古代アイルランドを支配した「空気の妖怪」フォモール族と、高貴なトゥアハ・デ・ダナーン神族の戦いは、第二次モイツラの合戦で大団円を迎える。「フォモールは黒船で到来した。邪眼の王バロールは、アイルランドを暗い海の底に引きずりこんでやると誓っていた」。デ・ダナーンは神々のまわりに集結する。光の神ルークは戦士たちに向かって、このたびの戦いではどんな力を出してくれるのかと問う。魔術師マッハゲンは、「山々と丘をフォモールの上に降らせてやります。一二の巨山もあなたのために戦いましょう」と宣誓した。女魔術師のディアナンとベフレも言う。「棒や芝生や石を軍勢に変え、フォモールを追い散らしてやるわ」。

現れたフォモールの姿は異様だった。「砂粒というか、嵐に散る海の泡というか、とにかく数えきれない。死臭まじりの風が野づらを吹き、暗黒が連中を包んでいた。対するデ・ダナーンは光を身にまとう」。高い丘の頂に座るルークの眼下で「デ・ダナーン軍の槍は火の雨のごとく飛び、フォモールの槍は霰《あられ》のごとく空気を切り裂いた。そのただなかで空気の悪魔たちが戦っていた」。激戦は一進一退を続け、夜には戦士たちも束の間の休息をむさぼった。

そして翌朝――「フォモールは、不気味な蛇、鱗《うろこ》をもつ龍など、形なき妖怪に身を変え、毒気を含む泡の中をのたうち回る。デ・ダナーンは闇を貫く火のように、のたうつ怪物の中へ突き進んだ」。ついに両軍の将バロールとルークの一騎討ちとなる。「バロールは地平線に大きく伸び上がった。フォモール族はすべての力と残忍さをバロールにつぎこみ、そのためバロールは天まで届く巨体となって、影が世界の半分をすっぽり覆う」。ルークの輝きは中天の太陽をしのいだ。

図205◉巨石で怪物を退治する天使（ジュスト・デ・メナブオイ作のフレスコ画。パドヴァ大聖堂。14世紀）。

「バロールは渾身の力を邪悪な目に集めた。その視線が世界を破滅させる寸前、ルークの槍がバロールの邪眼にみごと命中し、闇に燃え上がる火のごとく突き立つ。バロールはぐらりと揺れ、その身に結集していた力も消え失せた。巨大な姿はくずれて影となり、たちまちその影も溶け去って、形なき暗黒に変わった」。

この最終戦争《ハルマゲドン》は、蜃気楼（地平線の怪物）を太陽光線が消す情景を描いたものではないか。一方には、強大な蛇や龍に身を変えるフォモール族と、大きく伸び上がる醜悪な王バロールがいる。それに立ち向かうのが、不動の（蜃気楼を受けない）山と光だ。形のない妖怪（変転きわまりない蜃気楼）が、光の神（蜃気楼を消す熱と光）に敗れたのである。

他界から来た鳥

ケルトの英雄ク・フーリンの息子コナリーが、戦車でターラの宮殿へ向かう途中、海岸を遠望する場所に出た。緑なす平原の中、純白の巨鳥の群れが突如まわりを囲んだ。巨鳥の翼はたちまち虹の七色に輝き立つ。コナリーは一羽をめがけて槍を投げたが命中しない。

「幸せな生まれのコナリーよ」、と御者がいさめる。「槍を投げてはいけない。あれは約束の国の使者なのだから」。コナリーは耳を貸さずにまた槍を投げたがやはり当たらない。さればと戦車から飛び降り、石をつかんで投げた。それも当たらなかった。

コナリーは鳥のあとを追って浜辺に出た。すると鳥たちは海面に降り立ち、美しい妖精と、威風あたりを払う戦士に変わった。コナリーに槍を投げようとする戦士を妖精が押しとどめ、コナリーにこう言った。「おまえは、父親の鳥を殺してはならぬと教わってはいないのか？」。

鳥たちは平原や岸辺に現れた。空中では純白だったのに、降り立つや妖精と戦士になった。妖精も戦士も他界の使者、蜃気楼の幻像だから、現世の武器では倒せない。ケルト神話にはこうしたエピソードがたいへん多い。

山頂のシャーマン

シベリアや北極圏のシャーマンは、下界と天国の間をとりもつ。そのとき補佐役の霊を伴い、トランス状態

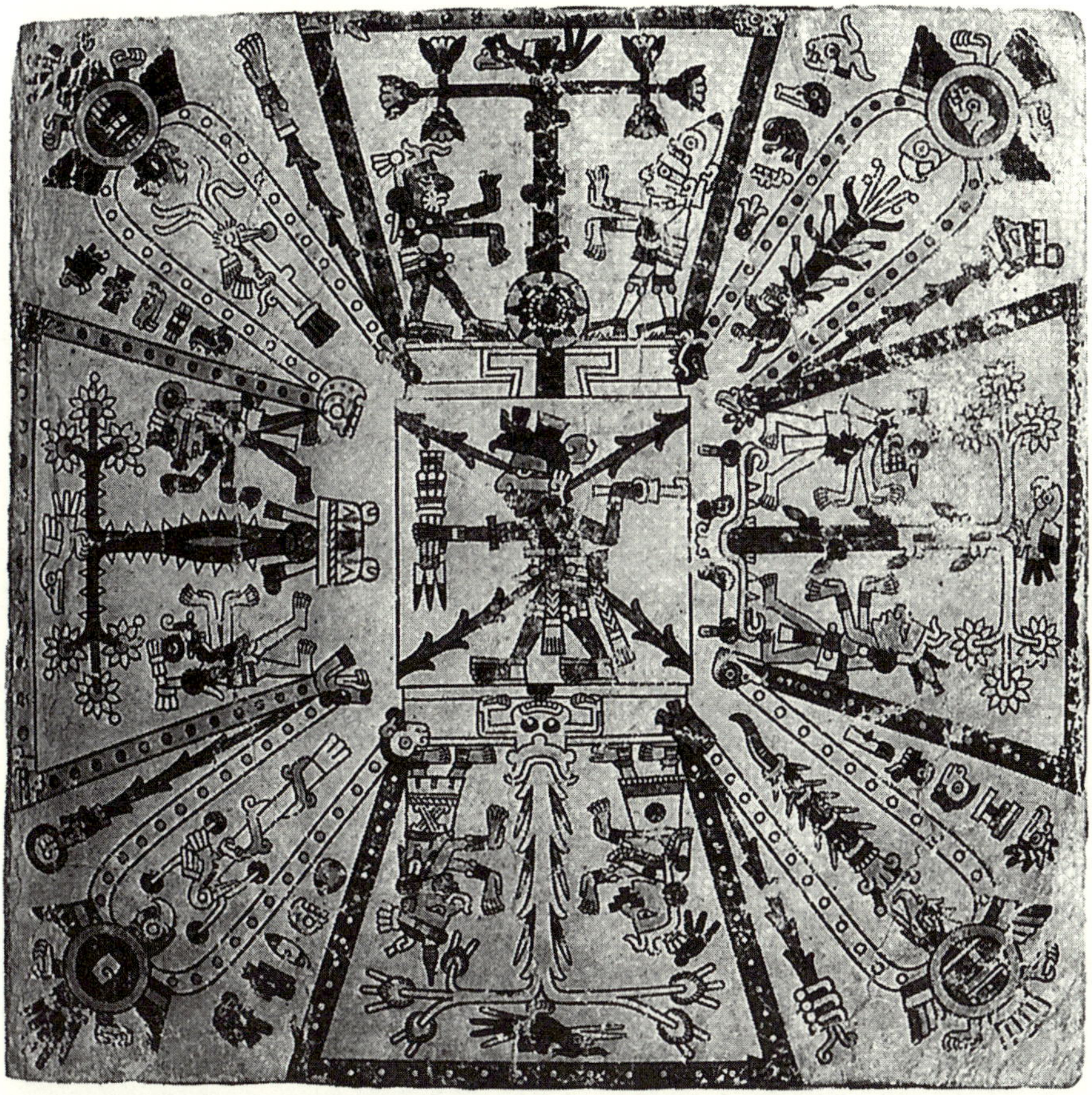

図206◉アステカの暦(西イングランド・マージーサイド市のカウンティ博物館、ワーナー・フォーマン文庫)。大地(中央)を囲んで4本の生命の樹が生えている。東(上)の樹は昇る朝日から生え、南の樹は大地の龍から生える。西の樹は暗黒の龍(沈む夕日)から、北の樹は再生のシンボルから生え、幹が二重になっている。根元にいる龍のライバルが、梢にいる巨鳥。生命の樹は枝が三つ叉。どれも源は地平線の蜃気楼像ではないか(図31、108参照)。

図207◉ケルト神話では、金の鎖でつながれた一対の白鳥が登場して妖精に変身し、たおれた戦士を戦場から運び去る。

で魂を天に飛ばす。ヤクート族にこんな話がある。「シャーマンのキュステクが、岩の斜面から飛んでレナ川の上空をまっすぐ渡り、東岸にそびえるエスペリュン・アルティガ山の頂に登って踊り始めた」。

ラツン・チェンボというチベット密教僧が、インドのシッキムに仏教を伝えた。チベットから来た彼を慕って、世界で三番目に高い霊山カンチェンジュンガが雁に身を変えて空を飛び、挨拶に来た。そのときラツン・チェンボはカブルー（七三五八メートル）の頂に飛び上がり、これから教えを広める谷々を見下ろしたという。

イヌイットのイグルリク族がこういう伝承をもつ。ウスアルスクの上空で二人のシャーマンが生まれ、その記念にと、地上に降りてから二人は巨岩二つを空高くもち上げた。

山頂で踊る幻影が見え、空中や川面の上に不思議な像が現れ、巨岩が空に浮き上がる――そんなときシャーマンは、わけをきちんと説明してやり、一族の崇拝を集めた。何千年にも及んで部族を導いてきたシャーマンの力は、たぶんそこに源をもつ。蜃気楼という明確な自然現象があり、くり返し目撃もされてきたからこそだろう。

図208◉巨人が山頂をぶらつき、魔女がモミの枝を折り、はるか遠い城門の前には背が高くて足の長い不思議な人物が気取って歩く（ドイツの童話より）。こうした情景は、何もないところからは生まれない。

図209◉ヒマラヤ・アンナプルナ山塊をバックに立つ聖壇。

魔法をかけられた町

ブルターニュには、イス(Is)の町の古い伝承がある。栄華を誇ったあと「死者の海」に沈んだ町で、いまの首都パリ(Paris= Par-Is=イスのような町)にその名をとどめる。イスの町はときどき、ちらりとだけ目撃されたといい、こんな話が残る。「目の前にイスの町が現れた。城と塔がずらりと建ち並び、城の正面には何千も窓が開いている。屋根は水晶のように澄んで輝きたつ。教会の鐘の音も、通りのざわめきもはっきり聞こえた」。ほかの話では、主婦が水を汲もうと浜に下りていったら、目の前に巨大な柱廊が現れた。それを見て主婦は気を失った。あとで思い起こすと、みごとに飾りたてた店の並ぶ通りを歩いたようだという。

ドイツのリューゲン島には、海に沈んだ町ヴィネータの伝承がある。七年ごとに現れ、にぎわう大きな町に見えるのだが、またふっとかき消えてしまう。

蜃気楼が海面に生む幻想世界に「浮かび上がる町」を想うのは自然だろう(図14、95参照)。ヴィネータの町は、遠いコペンハーゲンのシルエットが浮き上がり、拡大され、すぐそばに見えた幻像だったにちがいない。

図210◉グリーンランドの氷原をいびつにゆがめた蜃気楼(アルフレート・ヴェーゲナー撮影)。

まとめ――「亡霊たち」と蜃気楼

蜃気楼は物体を不気味な姿に変える。波も立てずに海面を滑る船、海上に現れかと思うとたちまちかき消えてしまう華麗な町、空飛ぶ陸上動物、砂漠の旅人を不安に陥れる幻影たち……。ペリカンは帆船くらいに大きく見え、人間は細長く伸び、ケルトの義軍の行く手には「形なき妖怪」が現れた。

蜃気楼は人間の空想力をかきたて、暮らしやものの考えかた、行動にいつまでも残る想像世界を生んだ。古代人は、その目で見た自然現象をもとに、豊かな想像世界を織り上げたのである。

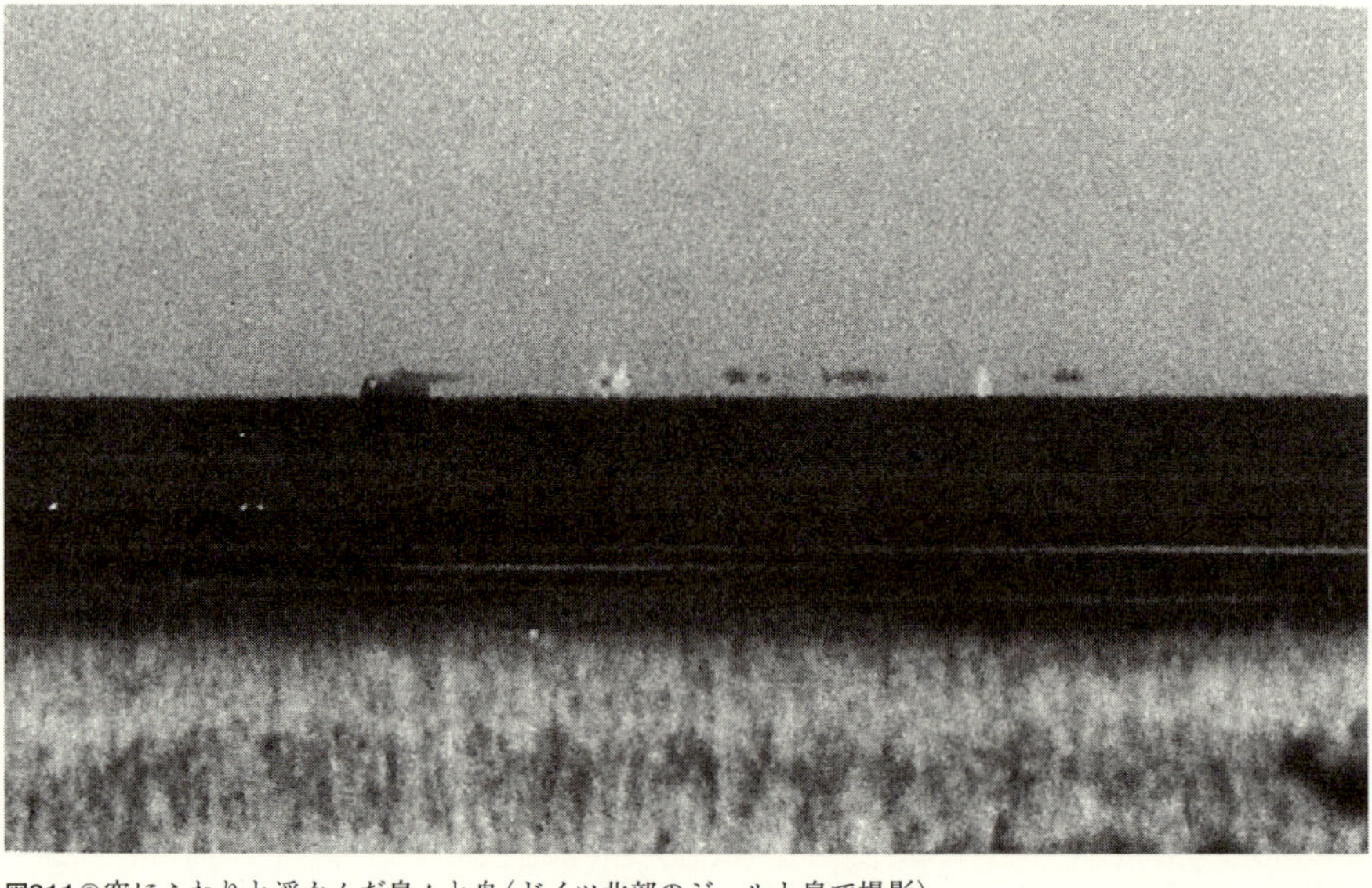

図211◉空にふわりと浮かんだ島々と舟(ドイツ北部のジュルト島で撮影)。

12章 神話と宗教のゆりかご

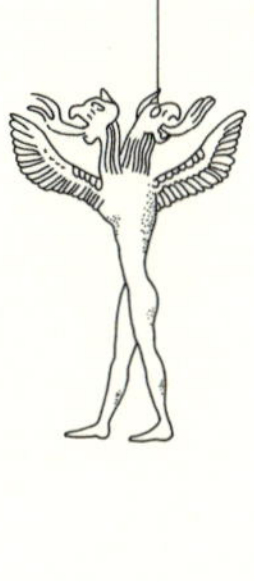

図212◉双頭の鳥をあしらったアッシリア神話の意匠。

神々の世界を生んだ蜃気楼

私たちの精神世界は、蜃気楼という自然現象が織り上げたのではないか?——それが私の問いだった。長い旅をふり返って、答えを確かめておきたい。

問いの背後にはこんな疑問があった。私たちの祖先は、ゆったりと流れる時間の中で動物からヒトになり、やがて外の世界にも心を向け始めた。それはどんなふうに進んだのだろう? 自分がなぜ存在するのかを考え始めたのは、いつ、また何をきっかけにしてだったのか? 死後の世界を想うようになったのはいつだろう? 月や太陽はなぜ神になったのか?

こういう問題は、文化人類学者や宗教学者が研究してきた。さまざまな文化を比べ、ありとあらゆる宗教の情報も集めた研究者は、おおむねこんなふうに説明した。人間の心に自然発生した叫びが、エリートの指導を通じて宗教にまで高まったのだ、と。

そうなのだろうか?

本書で私は、宗教や神話の発生をまったくちがうふうに解釈した。核には蜃気楼があったにちがいない。いまの私たちにはなんでもない自然現象でも、古代人には肝をつぶす光景だったはず。物体や景色が空に浮かび、逆立ちして見え、姿をいびつに変え、キメラ(混合動物)になり、二重・三重にも見え……近寄れば消えてしまう……そんな世界なのだから。

狩猟と採集に草原をさまよっていた原始人は、目をぬかりなく地平線に走らせながら、そこに非現実すれすれの幻像をたびたび見た。1章に紹介したとおり、二〇世紀の世でさえ、蜃気楼を精霊や悪魔のしわざだと思い、儀式で鎮めようとする人たちがいた。蜃気楼は古代人にとって「理解できない現実」だった。なにしろ、科学の言葉で説明できるようになったのはようやく一九世紀のことだ。

たとえば「来世は現世のさかさま」という考えが、全世界にある。はてしない時間の中で人間はいろいろな「あの世」を思い描いてきただろうが、そのほとんどは、確認できないものだから忘れ去られた。だが「逆立ち来世」のイメージなら、地平線や水平線にそんな幻像を見ることで強められていく。目撃は何万年も何十万年もくり返されてきた。あるとき、影響力をもつ人間が「あれこそが来世だ」と思い、まわりにそう伝える。時とともに同じ考えの人がふえ、それが現代まで伝わったにちがいない。蜃気楼はそんなふうに、フィルターの役目をしたのだろう。

神話や宗教が、蜃気楼から生まれ、長い時間の中で

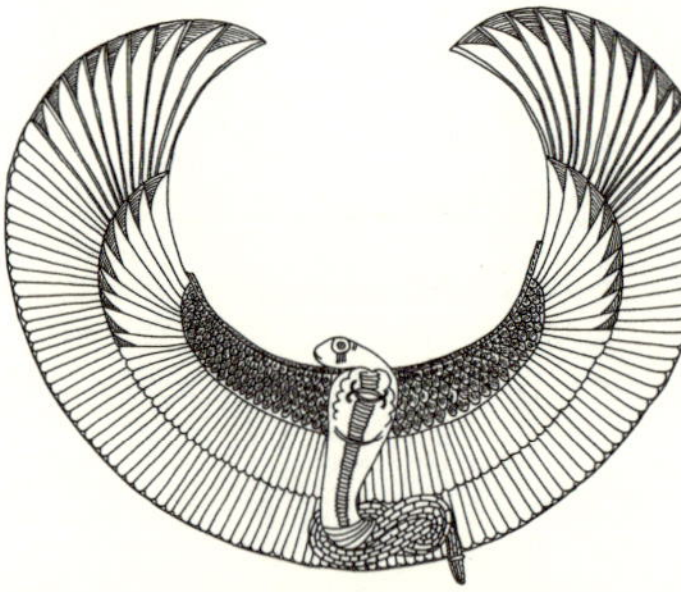

図213◉トゥト・アンク・アメンの金の首飾り(紀元前1339年)。翼をもつ蛇は、天(鳥)と地(蛇)の結合を象徴し、エジプトの王たちをつつがなく天国へ運ぶ存在だった。翼をもつ蛇は、トゥト・アンク・アメンのミイラをくるむ布につごう17個も描いてある。

形をなしていった――その証拠をあらためて数えあげ、つないでジグソーパズルのような一枚の絵にしてみよう。

まず蜃気楼は、天と地がふれ合う地平線や水平線に現れる。天には鳥が飛び、地には蛇が這う。古代エジプトの「翼をもつ蛇」や、中米の羽蛇(神ケツァルコアトル)は、天と地を組み合わせたシンボルにほかならない。鳥と蛇はゲルマンの世界樹ユグドラシルに棲み、中国の龍を生んだ。インドのヴィシュヌ神も、世界蛇と戦い、ガルダ鳥で空を飛んだ。アボリジニの祖神も、羽をもつ蛇エインガナとボロングだった。以上だけでも、このシンボルがどんなに古いかわかる。

海の泡のシンボル力も大きい。南米の創造神ヴィラコチャの名は「海の泡」を意味した。中国の龍は海の泡に浮かび、ケルトの神ルークもギリシャの女神アフロディーテも海の泡に現れ、北米インディアンも海の泡に来世を想った。はるか遠くから見える島や高山の頂も、来世と出逢う場所になる。世界地図(図15、28)でわかるように、聖者の島や霊山は世界じゅうにある。

蜃気楼のうち、なんといっても壮麗なのが、上下に積み重なる三重像だろう。姿が三重の神は、ケルト・

図214◉魚の尾をもつ動物に乗る海神(シチリア・パレルモに残るローマ時代のモザイク画)。三つに割れた尾ひれが三叉の鉾を象徴する。

ゲルマン・スラヴの宗教にも、ヒンドゥー教やキリスト教にもいた。ギリシャの海神や古代インドのシヴァ神が手にする三叉の鉾、ペルー・ナスカの神がもつ三つ又の舌は、ほかにどんな説明がありえよう？　三重の神は、カイラーサ山にも富士山にも、オリュンポス山にもいた。神の国の門を守ったケルベロス、ヘスペリデス、セイレーン、ゲルマンの女神は、みな三重の姿をしている。

　いちばんありふれた蜃気楼は、空に逆立ちで映る景色だ（図82）。ヨーロッパと中東では、あの世も、精霊や悪魔の国も、逆立ち世界だった。シュメール人は天上に「メソポタミアの鏡像」を想い、歴代の王は地上とその鏡像（来世）のために神殿を建てた。古代エジプト人も、天の楽園はナイルデルタの鏡像だと考えていたから、トゥト・アンク・アメン（ツタンカーメン）の名前も胸板に鏡文字で書き、来世で身分がすぐわかるようにしてやった。ほぼ同じ「逆立ち来世」の想像を、北米の先住民とアジアの諸民族ももつ。オーストラリアのアボリジニも、死者の魂を来世に渡すユーカリの木が枝を下向きに伸ばすと思っていた。

　蜃気楼の生む「二重の鳥」は来世の使者になった。そんな鳥を、シベリアのシャーマンは「天界飛行」のお供にしたし、ピレネーの洞穴に絵を残した石器時代のシャーマンも、投げ槍の握りに刻んで豊かな猟を祈った（図219）。二重の鳥を崇める心は、古代シュメール・バビロニア文化、ペルー沿岸の諸文化、古代ケルト文化に共通する。ゲルマンの最高神オーディンも一対の鴉《からす》を使者にした。イースター島のマケマケなど、ポリネシアの神々も二重の鳥に描かれる。アボリジニのカイティシュ族が言い伝える神話では、天から下った二人の鷹男が天地を創造する。

　蜃気楼がつくる飛行物体や巨鳥に似た幻像は、古代エジプトでは、最高神オシリスの現われのひとつ、「九つの山」ほど大きいフェニックス（ベヌー）を生んだ。ヴィシュヌ神が乗ったガルダ鳥も源は同じだろう。古代ケルト人は、蜃気楼像に、七色に輝く海神の舟を想った。蜃気楼の幻像を「死者の魂が棲む島」とみて、どうすれば死後そこに行けるかと思いあぐねた民族もある。

　楽園の門にそびえる「世界柱」の信仰も広い。そのイメージは、低い島が上向きに鏡映した像の中にくっきり見てとれる（図95）。三千年前にホメロスの想像をかき

図215◉ケルト神話では、対になって飛ぶ不思議な白鳥が妖精に変身し、この世の人間と交流する。

たてた巨人アトラスもたぶんそれで、海中に立ち天空を背負う巨人アトラスが海洋民族の伝承に生き続けてきた。

巨大な「世界山」も山の蜃気楼像から生まれたのだろう。砂時計の形をした山は蜃気楼がつくる(図82、104)。天と地を結び、いったんすぼまってからまた広がる世界山(図106)は、現実の目撃がなければ想像しようもない。

二つの太陽、遅れて昇る朝日など、自然界の幻想的な「異変」も蜃気楼の産物だ。不気味な「さまよえるオランダ船」や「夜の舟」が、海の民の空想心をかきたててきた。

地平線に群がる「形なき妖怪」を「火中の枯れ草」のように消すケルトの太陽神の「光の剣」、ブッシュマンが空に見た「二重のテント」、顔が二つあるアイスランドの「水の馬」なども、まちがいなく蜃気楼が生んだ。

蜃気楼はいびつな姿の神々もつくった。ゲルマンの神オーディン、イヌイットの「海の母」、フォモール族の王バロール、海神ポセイドンの息子キュクロプスは一つ目だった。ギリシャ神話には、天(ウラノス)と地(ガイア)の息子、一つ目のキュクロプスが三人(アルゴス、ブロンテ、ステロペ)出てくる。三人はポセイドンのために三叉の鉾をこしらえた。怪物たちは、地平線や水平線に伸び上がる姿で描かれる。ウェールズのケルト民話に、野生動物の神ケルヌンノスがこう描写される。

「丘の頂に黒い巨人が立っているはずだ。一本足で、額のまん中に目がひとつ、鉄の棍棒を手にしている。ひどく醜い男だ……」。これは上向きの鏡映でゆがんだ山の幻像だろう。北米先住民のナヴァホ族の聖者も似ていた。東アフリカのバンジャムウェジ族が、目がひとつで腕は一本、耳もひとつの巨大な「天の人」を語り伝える。

南米の先住民は山々に命を想った。オーストラリアのアボリジニは、「夢の時代」の英雄たちが石に変わったのがまわりの地形だと言う。どれも蜃気楼の世界である。

先史の神官たちは、地平線の幻像にならって神々の家をつくった。ストーンヘンジのたたずまいはまさしく蜃気楼像のコピーだ(カラー図V)。そう考えないかぎり、石器人があれほどの大工事をした理由は説明できそうにない。

さまざまな民族の想像世界がそっくりだという事実も、蜃気楼を考えればうなずける。日常の法則には合いそうにない蜃気楼をくり返し目撃した人々は、精霊や悪魔、神々の住む来世を思い描くようになった。不思議な現象をなんとか納得するには、手のこんだ説明をひねり出さなければならなかったからだ。

光のいたずらは、現世よりずっと美しく、暮らしやすい楽園を描き出した。どれほど多くの神話・宗教が楽園を語り、どれほど多くの僧や巡礼がむなしく楽園を追い求めたことだろう。

たびたび述べたとおり、蜃気楼は「嵐の前の静けさ」に起こりやすい。それが神話・宗教の物語に迫力を添えた。精霊や神々、不思議な巨鳥が現れるとやがて嵐になるから、彼らは超自然の力をもつ存在だということになった。

蜃気楼と神話・宗教のかかわりを図217にまとめてある。まず、神の王国は地平線に、つまり天(鳥)と地(蛇)の出逢う場所にある(A)。そのほか、地上と似た天国(B)、神々の玉座(C)、逆立ち世界(D)、巨大な世界柱(E)、神々の乗り物(F)、神の三重性(G)、世界山(H)、二重の鳥(I)、死者の舟(J)、魂や守護天使(K)、楽園にそびえる神殿や神々の城(L)も、ことごとく蜃気楼のイメージに合う。

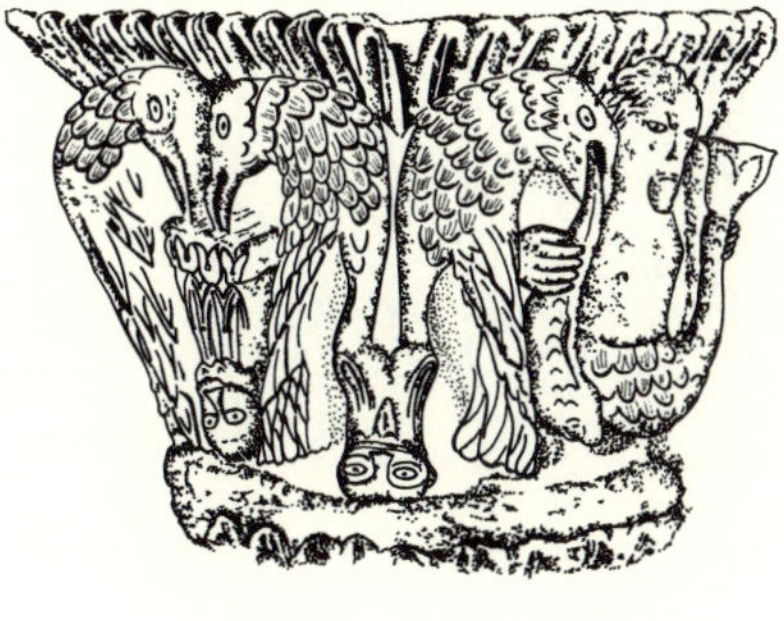

図216◉ポルトガル・コインブラ市の聖ペドロ教会(12世紀)、司教座聖堂に残る柱の頂部。二重の鳥、逆立ち世界、半人半魚の生き物。

蜃気楼は、古代人にさまざまなことを考えさせた。たどり着けない来世を見せるとともに、不死への憧れを満たしてくれるものでもあった。こうして芽生えた来世想像を、後世の預言者や宗教創始者が、直感と使命感をもとに磨き上げたのである。

同じ蜃気楼現象も、解釈は民族でかなりちがう。水平線に浮かぶ島影も、神の玉座だったり、海神の乗り物、巨鳥、楽園、あるいは死者の島だったりする。

気まぐれな自然現象が神話・宗教の源だったとしても、神話や宗教の成果と価値を疑う余地はない。信仰者にとって、神は自然界も創造した。その神が、自然現象のひとつを人間に見せ、魂の歩むべき道を指し示すのは理にかなっている。自然現象を軽蔑するなら、ナザレの人イエスが宗教の創始につかかった彼の頭脳も軽蔑しなければいけない。イエスだろうが庶民だろうが、頭のはたらきは、生化学の原理にのっとった自然現象として生まれるからだ。神が預言者を通じて人間に語りかけるのも、体の中で起こる自然現象、生化学反応があればこそ可能になる。

蜃気楼が人間を神話と宗教の世界に導いたと考えるのは、むろん宗教そのものと矛盾はしない。神はまさに蜃気楼を利用して人間に語りかけ、人間の心を啓《ひら》いてくれたのだ。ほんとうの宗教者は奇跡など必要としない。そういう人にとって自然界は神の創造物だし、自然そのものがすでにたっぷりとした奇跡なのだから。

宗教と科学と

宗教の発生を自然現象で解釈しても、信心深い方々を傷つけることにはならない。それにはひとつ明確な理由がある。蜃気楼は、発生も現れかたも気象に左右される。気象変化の背後にはカオス（混沌）があり、ほんのかすかな現象が大きな変動を生む。やや大げさながら、「蝶の羽ばたきがハリケーンにつながる」という名高い表現を借りてもいい。カオス現象は、コンピュータで計算をくり返すたびに結果が変わる。どんな現象も自然科学の法則で予測できると百年前には言われたけれど、じつはそうでもないとわかってきた。量子力学も統計力学も、気象予測では無力に近い。目に見えないほど小さな出来事やゆらぎが、とてつもなく大きな変化につながるし、むしろまったく予測できない現象も

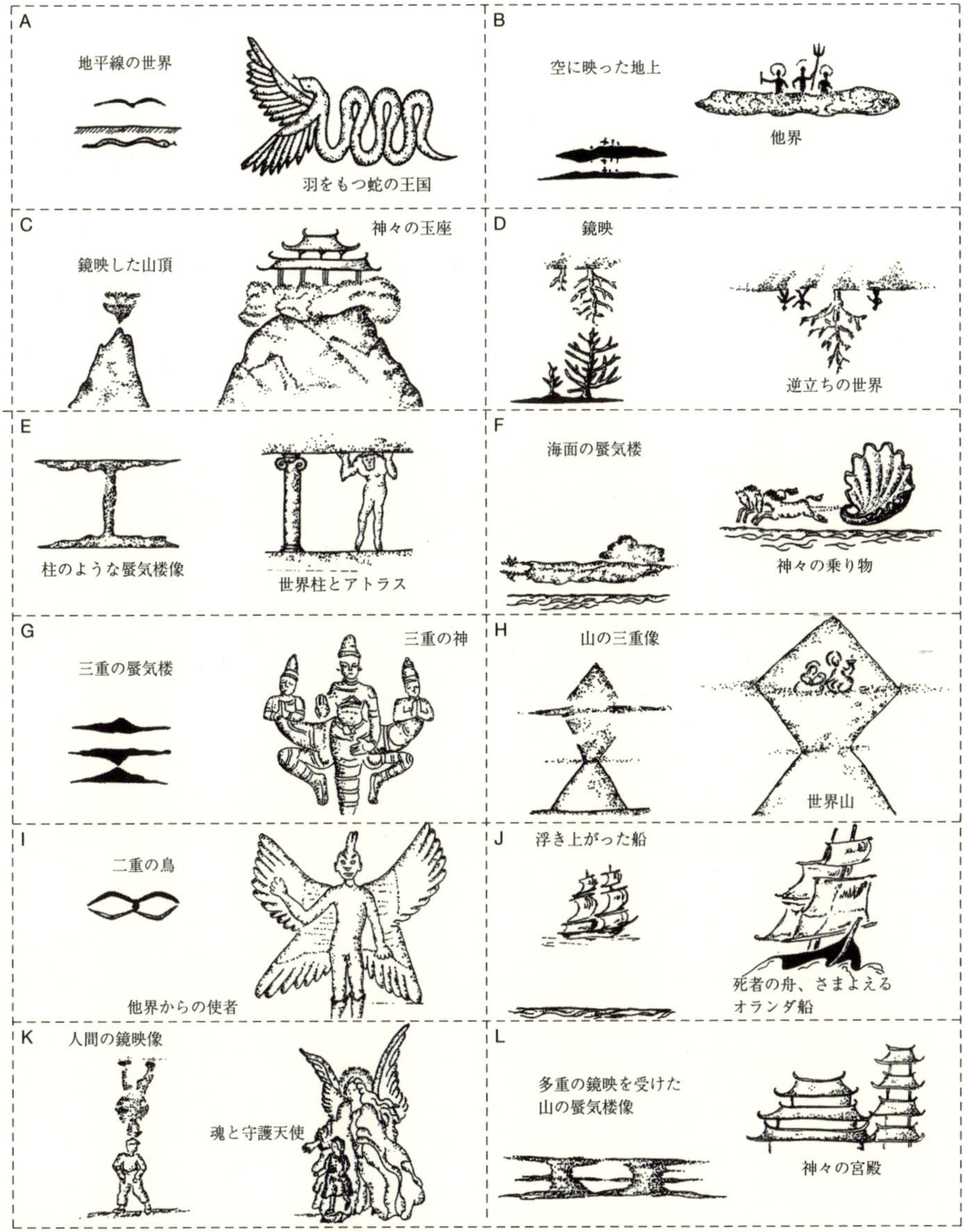

図217◉蜃気楼現象の生んだ神話・宗教のシンボル。(A)天国に通じる地平線、(B)天上の他界、(C)山上にある神の玉座、(D)逆立ちの来世、(E)世界柱、(F)神々の乗り物、(G)神々の三重性、(H)世界山、(I)他界からの使者・二重の鳥、(J)死者の舟、(K)人間の魂と守護天使、(L)神々の宮殿

多いのだ。自然についての知識がこれほどふえたいまでも、私たち人間はまだ、世界が今後どう進むのかをきっちり予見できる段階にはない。

だから、神がカオス現象を操って世界の歩みを変える、と考えてもおかしくない(むろん証明も反証もできないが)。宇宙に漂う一個の塵が、ある彗星の軌道を乱して地球を壊したり、逆に守ったりすることはありうる。同じように、気象変化の途中に起きた小さな出来事、私たちには知覚できない出来事が、蜃気楼を生んだり消したりすることもありうる。預言者エゼキエルの見たヤハウェの玉座も、エゼキエルの信仰心を強めたくて、神がカオス現象に手を加えた結果かもしれない。そんなふうに考えて宗教を受け入れるのも、べつにおかしくはないだろう。

本書で述べてきたことは、諸文明に生まれた来世想像をすっきり説明できるものだと思う。来世想像が、まるで初めからプログラムされていたかのように、これほど高度なところまで達した理由も説明できそうな気がする。宗教の立場では、世界を創造したとき神は、来世想像を進めるための条件もつくった、と表現してもいい。またこんなふうにも言えよう。神は、人間がそれを受け入れるような環境のもとで、蜃気楼という自然現象を利用し、来世があることを、つまりは死すべき運命にあることを人間に悟らせた。空に映る地上の景色を見た人間は、いつまでも地上にとどまれないと思うだろうし、死んだらあそこに行くのかと思ったりもするにちがいない。

祖先たちは、そうした具体的なイメージなしに、来世を想像できたろうか? 多くの大陸、多様な文化圏で、驚くほど似た神話・宗教観が生まれたのはいったいなぜか? 思考力をしだいに強めていったころの祖先は、自然観察を通じて作業能率を上げようと苦労しながら、壮大な蜃気楼の意味についても考えぬいた。だからこそ、そっくりな原始神話と宗教の観念が世界じゅうに生まれ、その後いろいろなものを組みこみつつ進化してきたのだ。

大宇宙には、まちがいなく無数の知的文明が存在する。いつの日かそのどれかと接触できたら、たぶん、異星の宗教も地球上の宗教にそっくりだとわかるだろう。はるか遠くの惑星でも、三重の神、逆立ち来世、不思議な二重の鳥が知られているにちがいない。

人間の意識下世界に私が見つけたものは、ローマを起点にしてヨーロッパに張りめぐらされた古代の街道システムに似ていよう。いまや後代の道路にあちこち覆い隠されてはいても、最初の街道がいつ引かれたかはわかっている。その宗教版、「蜃気楼の街道システム」がいつできたのかは、たぶん永遠にわからない。私は考古学者のように、蜃気楼の残り香をもつ神話の断片を集め、ほんとうのところは知りえないと承知しながらも、つなぎ合わせることだけはした。

　人間が来世を思い描くようになったのは、知的衝動や好奇心ではなく、蜃気楼という説明しがたい現象と向き合ったからではないか？　生き延びるには自然観察が何よりも大事だったから、おのずと蜃気楼に熱い目を注いだのだ。壮大な蜃気楼を目にした人間はさぞおびえただろう。やがて人間は、蜃気楼にびくつかなくてすむ説明を思いつき、それが神話・宗教世界への一歩となった。説明できれば心も休まり、身のまわりを支配したいという人間の本能にも合う。人間がゆっくりと思考力（理性）をつけてゆく途上で、そういうことが起こったにちがいない。

　いままで学者たちは、神話や宗教は人間の心の中で生まれたと説明してきた。文化人類学の祖、ほぼ百年

図218◉海中国西部、タクラマカン砂漠で旅人たちを待ち受ける蜃気楼。岸辺に木の生えた幻の大河。

前にアニミズム（霊魂や精霊を中心にすえて万象を説く立場）を提唱したタイラー卿（一八三二〜一九一七）は、魂の夢想・空想が宗教を生んだとし、精霊や神々の想像も、魂を知覚し崇敬する心から生まれたと考えた。それは単純すぎる、といまの学者はみているらしいけれど、来世想像が人間の無意識から出たという見かたは今も根強い。

ほんとにそうだろうか？　来世想像にはタブーや抑制も含まれる。難儀な暮らしをしつつ歩んできた古代人は、なぜ自分を抑えるようなことをしたのか？　悪魔や悪霊は、怖がるためにこしらえたのか？　三重の神や逆立ち世界や、生命の樹、砂漠の妖怪は、暮らしを楽にしてくれるものだったか？　ばりばりの現実主義者だった先史人が、そんな空想世界をひねり出したのか？　きびしい生存競争の中で、自己欺瞞などにふけったはずは絶対にない。理解しがたい怪現象と折り合いをつけようとした――それが真相ではなかったか？

カモシカを追うブッシュマンを想像しよう。彼は何時間も、ときには一日じゅうカモシカを追う。獲物の胴に毒矢をぶすりと突き立てたい。空腹も渇きも忘れ、まわりの地形や障害物に目を配る彼の魂はその一点に集中している。とそのとき、カモシカが蜃気楼の海に入る。体が浮き上がったかと思うと二重の姿にもなり、ついには全身がいびつにゆがむ。ブッシュマンにとってこの幻像はひとつの現実、まわりの自然界の一部をなす。彼は現象を意味づけようとする。たまにしか見ない現象だから、あれは特別なカモシカにちがいない。倒してはいけない特別なカモシカだ。だからこそブッシュマンは、体つきが人間のカモシカ、双頭のカモシカ、空飛ぶカモシカを岩絵に残したのだ（図132）。このように自然観察はいろいろな来世想像を生む。人間は来世想像を自然界に強制されたといってもいい。

身のまわりの現象を解き明かし、いざというときに備えて武装するのは、自己防衛本能に通じる。蜃気楼の幻像に出逢った先史人はまさしくそれをやり、蜃気楼を自分たちなりに理解しようとした。身近な現象に合わないものは、来世の現れだということになる。くり返し目撃されたから解釈もしだいに固まって、意識下に錨を下ろす。やがて大勢の人が受け入れる伝承が形をなし、世代から世代へと想像世界が伝わっていった。

たとえばブルターニュの「夜の舟」。舟のおぼろな蜃気楼像がたびたび目撃され、一度できた話が伝わっていく。そんな幻像を、来世の舟、死者の魂を運ぶ舟と解釈するのは、科学の目でもうなずける。いきなり現れてふっと消え、航跡を残さず、声をかけても応答がない、そんな小舟は「あの世」のものだと思うしかないのだ。ケルトのドルイド僧もローマ人も、半島の西に浮かぶセン島を「死者の国への入り口」とみた。先史時代から舟の往来が激しかったこの地で、「死者の舟」は何度も何度も目撃されたのだろう。

楽園のたたずまいも、魂のつくり話ではありえない。大気条件がよければ、息を呑むほどみごとな蜃気楼像が現れる。宗教指導者も預言者も、砂漠や荒野で楽園と遭遇した。瞑想しながら遠景を見つめ、自分の運命を変える情景をその目で見たのだ。こんな物語が伝わる。チベットの砂漠や高地で、ある少年が約束の地シャンバラを求めていた。少年は老隠者に出逢う。この荒野で何をしているのか、と隠者が問う。「シャンバラに行きたいのです」。「それなら遠くへ行くまでもない。シャンバラはお前の心の中にあるのだ」。少年はこの言葉に勇気づけられたのだが、隠者はむしろこう言うべきだったろう。「シャンバラは地平線のどこかにある。探し続けていれば一度は目にできよう。だがわれらはシャンバラに足を踏み入れることはできないのだ」。

私たちは、手の届かないことに憧れるからこそ大きな仕事ができる。だから、幸福を求める心も、それ自身がほんとうの幸福だといってよい。

蜃気楼という自然現象が空想力・創造性・宗教心を育んでくれたのは、ホモ・サピエンスにとって幸いだった。自然を神とみれば、蜃気楼はまさしく神の贈り物だった。動物からヒトになろうとしていたころ、来世を思う心がなければ、いま私たちが「魂」と呼ぶものも成熟しなかったはず。自分のことだけ考える動物のままでは、精神世界の展開はありえない。宗教感覚は、ヒトが人間になるうえで必須条件だった。蜃気楼はそこに手を貸してくれたのである。

産業革命から八世代が過ぎ、キリスト教や仏教など大宗教が生まれてほぼ百世代が過ぎた。しかし人間が、自然の秘密に、そして蜃気楼の秘密に考えをめぐらしてからの時は、もう一〇万世代を超す。さまざまな宗教が近代の合理思考に合わず、不思議な視覚世界をもつのは当然だ。太古の祖先は、理解できない光の使者を「聖なるもの」とみて来世想像をつむいだのだから。

長い時を経て精霊も魂も「おとな」になった。もはや私たちは現実の対比物として奇跡をもち出す必要はない。自然そのもの、宇宙、そして私たちの生命も「奇跡」にほかならず、そこに神の存在を想わせるからだ。

先史人たちの心象風景

私たちの旅は、時を三千年以上さかのぼるインド神話の「空飛ぶ山」に始まった。次には、二〇世紀の世でさえ、山々や茂みの蜃気楼を見て儀式をしていたオーストラリアのアボリジニを紹介した。ここでは、もっとずっと古い時代を生きた人々の心がどうだったか考えてみよう。

一万五〇〇〇年前のラスコー洞穴には、鳥のシンボルと一緒にシャーマンが描かれている。当時のシャーマンはまだ、素朴な宗教行為で集団をまとめるだけだったろう。だが、ものごとをありのまま受けとる彼らは、地平線や水平線にいろいろ不思議な現象を見た。「来世」に入る寸前、二重の姿になる鳥も目撃したにち

図219◉海二重の鳥が刻まれた投げ槍の握り。フランス、マドレーヌ文化期(紀元前18000〜11000年)のアンレーヌ洞穴出土。人類最古の宗教シンボル。

がいない。だからこそ、それを受け継いだシベリアのシャーマンは、二重の鳥を儀式の介添えに選んだ。二重の鳥は、来世への門を守る「鳥の王」だった。南アフリカに住むブッシュマンのシャーマンも、双頭のカモシカの姿になって来世と交流した。

石器人は、猟が豊かであるようにと、獲物の絵を洞穴の壁に描いた。描いた動物は来世に属する霊魂で、描けば実物の死が約束される。石器人が自分たちの生活シーンをけっして描かなかったのは、そう考えればよくわかる。ただひとつの例外が、来世と交流する役目をもつシャーマン自身だった。それでも描いたのは生身のシャーマンではなく、マスクをつけたり鹿の頭や角をつけている姿だけだった。

原始人は、豊満な体の「ヴィーナス」像もつくった。リドー（フランス）出土のヴィーナスと、ヴィレンドルフ（オーストリア）出土のヴィーナスがことに名高い。ここにもよく似た想像世界がある。個人が特定できる像は「危ない」来世のものだから、像には顔が刻んでない。デフォルメした非現実の姿に、シュールレアリズムの雰囲気が漂う。ヴィーナス像は、女性のシャーマンの表現か、子宝祈願のお守りだろう。

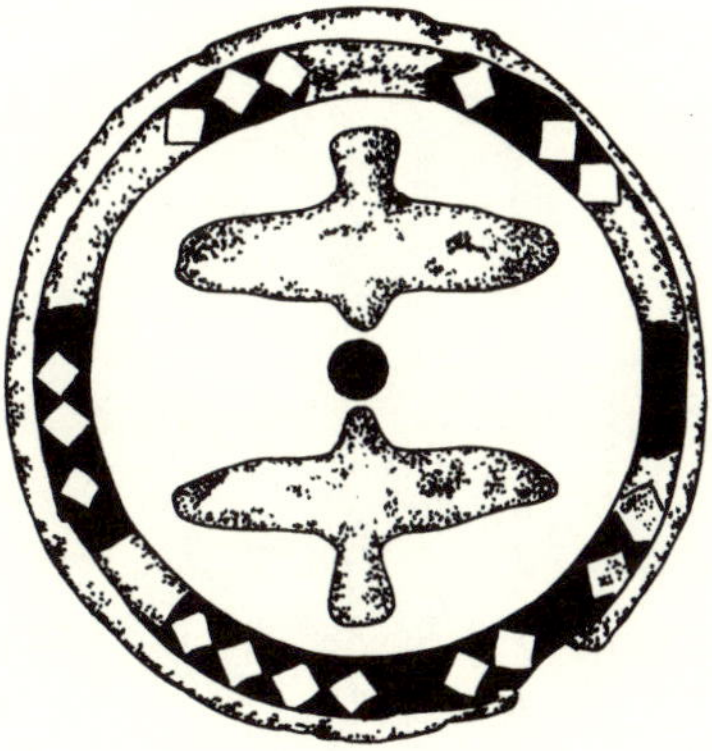

図220◉海二羽の鳥（フクロウ？）を鏡像の趣で描いた皿（直径9.7cm）。エジプト初期王朝（紀元前2920～2770）、デン王の役人ヘマカの墓の副葬品（45枚組の一枚）。

先史の狩人は、豊かな猟をひたすら望んだ。そのためには、獲物を描くほかにどんな手段があっただろう? フランスのアンレーヌ洞穴で出土した、トナカイの角でできた槍の握りがヒントになる(図219)。いちばん古ければ二万年前につくられたその握りに、一対の鳥、「二重の鳥」が刻んである。槍で獲物をねらうときは、握り部分に精神をじっと集中する。二重の鳥は来世の使者なので、この握りは、獲物に命中する魔力を槍に与えるのだ。

二重の鳥は、ほぼ五千年前のエジプト第一王朝、王墓の副葬品にも見える(図220)。死んだあと美しい暮らしができるようにとの心づかいだったのではないか。

夢の時代を呼び起こす

山や景色が生物になり、ある生物が別の生物になる。そんな想像世界をいくつも眺めてきた。いま私たちの心にある来世想像の一部をなす——どころか、主役といってもいい生物、人間の魂や無意識・空想・創造性を目覚めさせ、そこに深い足跡を刻んだ生物たちの世界である。

アボリジニの「夢の時代」を生きた英雄たちは、かつて山々や地形に身を変え、儀式をすると長い眠りから覚める。意味はもはやおわかりだろう。自然をありのままに見たアボリジニの想像世界は、その目でたしかに見た体験を映し出す。居住地にそびえる山の頂ではいまなお「夢の時代」の英雄たちが戦う。聖なる岩が英雄や神々の姿に変わって、地上の人間と対話できるのだ。

アボリジニが、もし遊牧生活を捨てて農耕生活に移ったとしたら、想像世界はどう歩んできただろう? たぶん、来世と交流できる「命ある岩」を、山頂から集落のそばへ運びこんだにちがいない。およそ四五〇〇年前、イギリスで巨石文化を生んだ人々もまさに同じことをして、ストーンヘンジの「青い石」を、ウェールズのプレスリー丘陵から二五〇キロ先のソールズベリーまで運んだ。プレスリー丘陵の最高点、海抜五三六メートルの山は古くから聖地だった。頂に立つと、ウェールズ南西部からアイルランドまで、海岸と海中の島々を含めた壮大なパノラマが広がる。神話によると、島々のうちグラスホーム島とランデー島は来世と結びついていた。神話にいう「踊る巨人」はプレスリー山頂の蜃気楼像にちがいなく、魔術師マーリンがそこから巨石をストーンヘンジまで空輸したという。古代人は新天地でも天国と心を通わせたかった。自然とのふれあいも少なくなったいま、原初の蜃気楼体験は神話と宗教の遺産の中にしか生き延びていないが。

以上からわかるとおり、宗教の想像世界が生まれたのはまことに古い。蜃気楼から生まれた証拠は、最古の文化までさかのぼれる。洞穴に絵を描いた石器人のころ、アボリジニの「夢の時代」、北米大陸に最初の足跡をしるしたモンゴロイド(アメリカ先住民の祖先)の時代だ。地平線観察から生まれた原始の宗教を、後世の預言者や宗教者がさらに展開していった。デルフォイ神殿の神聖さも、蜃気楼を考えればよくわかる。一対の鷲も、天と地をつなぐ「へその緒」も、蜃気楼の幻像にほかならない。天国の龍ピュトンも同じ。デルフォイ神殿は、コリント湾から遠望したパルナッソス山の蜃気楼像を通じ、三脚をつかって神々と交流する聖地になったのである。

蜃気楼の足跡はまだ消え失せていない。宗教の大伽《が》藍《らん》に分け入ると、原初の蜃気楼体験が梁《はり》や柱の形でいまもくっきりと認められる。宗教の想像世界を生んだのは、人間の心だけではない。目も大切な触媒だった。一三世紀の神学者トマス・アクイナスは「慈悲(宗教)は自然が生む」と言った。それがまさしく本書の基調に

図221◉海オーストラリア・アーネムランド東部イルカラの画家が描いた樹皮絵。分身(ドッペルゲンガー)の世界。アボリジニをこの世に生んだジャンカワ姉妹の世界創造と、あらゆる木々を生んだ植物(ランガ)が描いてある。

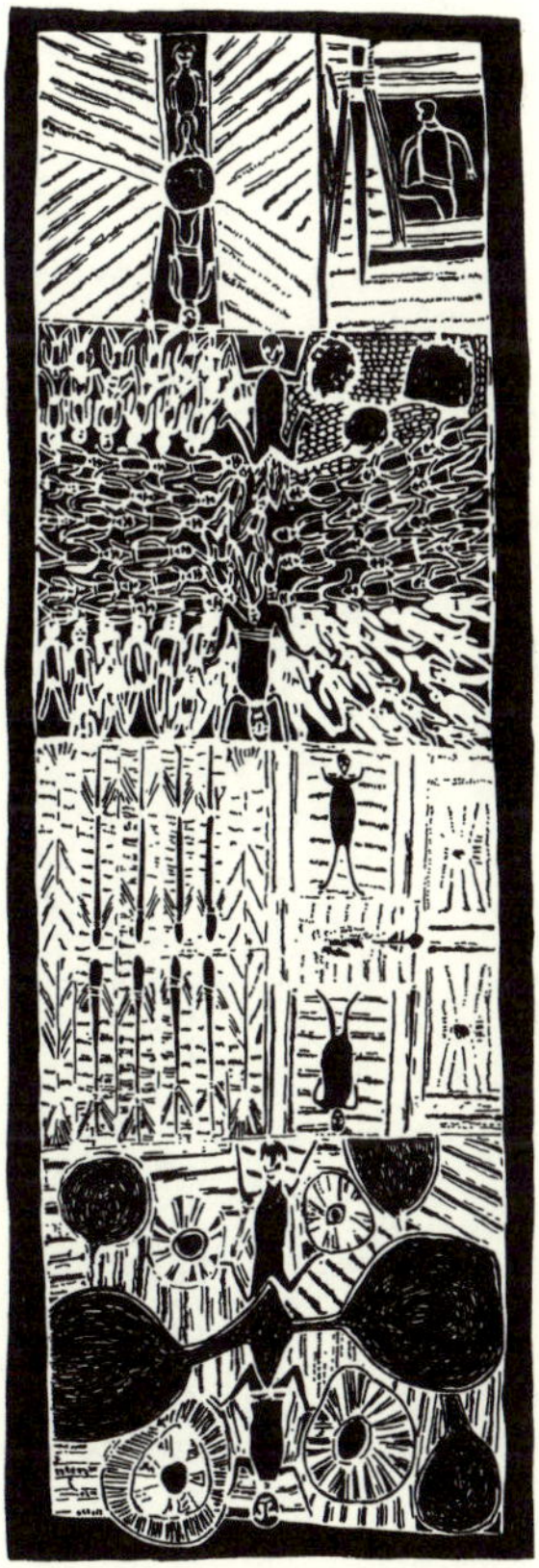

なっている。自然界のイメージがなければ、想像世界をくり広げるのはむずかしい。トマス・アクイナスもこう自問した。神は、人間の心に信仰を目覚めさせようとしたとき、その創造物(自然界)を活用しなかったはずはない、と。

古い伝承ではときおり、科学と呼んでもいいほど筋道だった話に出逢って驚く。超古代の集団の中で、信頼してくれる仲間に神話・宗教の芽を伝えたシャーマンたちは、実体験できないような空想を語れたはずもない。たぐいまれな自然観察者だった彼らは、自分が心の底から納得したと思うやりかたで自然現象を仲間に説いたのだ。

世界柱、天地を結ぶ糸、生命の樹、砂時計の形をした世界山、空に浮かぶ魂の島、天にそびえる塔、二重の鳥、楽園などなど……来世のシンボルは、絶対につくり話ではありえない。はるかな時の流れが結晶化させた、現実の目撃体験だった。預言者たちも宗教の創始者たちも、自然そのものがくれた基礎の上に、自分なりの神殿を建てただけなのである。

一七世紀から一八世紀にかけ、キルヒャー神父、アンジェルッチ神父、ミナシ神父をメッシナ海峡に派遣し、蜃気楼の秘密を探らせたキリスト教会は、鋭い勘をしていたと私は思う。壮大な蜃気楼は、動物からヒトになったころの人間に、崇高な力の存在を知らせたのだから。

図版出典

カバー表折返し▶ワシントン・フリーアー美術館
図6　▶ミュンヘン・国立民族学博物館
図17 ▶ロンドン・大英博物館
図25 ▶北日本新聞社
図33 ▶G. ハイル
図41 ▶ベルリン・国立貨幣博物館
図44 ▶パリ・ルーヴル博物館
図45 ▶ヒルマー写真コレクション
図58 ▶レイキャビク・アルナマグノア研究所
図59 ▶コペンハーゲン・王立図書館
図62 ▶A. B. フレイザー
図100▶パリ・国立図書館
図106▶ロンドン・ヴィクトリア・アルバート美術館
図114▶ダブリン・チェスター・ビーティー図書館
図140▶サンチャゴ・前コロンブス美術館
図150▶ストックホルム・歴史博物館
図178▶チューリヒ中央図書館, P. シャイデッガー
図206▶マーシーサイド, ワーナー・フォーマン文庫

◉以下の線図・模写・水彩画はクリスティーネ・トリプッチの作品：
カラーII, カラーVI；図1，4，5，7，10, 11, 13, 15, 18, 20, 22, 24, 28～31, 36, 48, 53, 54, 56, 57, 60, 61, 63, 68, 69, 71, 73, 75, 81, 85, 87, 90～92, 97～99, 101, 103, 105, 117, 118, 123, 128～138, 143, 144, 146～149, 151～153, 155～157, 161, 163, 164, 166, 168, 173, 177, 179, 180, 184, 186～191, 197, 200, 202, 207, 208, 212, 213, 215～217, 219～221

そのほかはすべて筆者が撮影した写真。

索引

◉神話や伝説を生んだ国・地域

◉宗教

訳者あとがき

呼び名とは裏腹の世だったらしい平安時代、源為憲《みなもとのためのり》が『口遊《くちずさみ》』を著し、「雲太《うんた》・和二・京三」という言葉を残しました。当時の三大建築物を高さ順（太郎・二郎・三郎）に並べたもので、「雲」は出雲大社、「和」は大和の東大寺大仏殿、「京」は京都御所の大極殿《だいごくでん》。大仏殿が一五丈（四五メートル）あり、いま八丈の出雲大社も当時は一六丈（四八メートル）あった、と古記録に見えます。

出雲大社は、大和朝廷の祖神アマテラスに抵抗して滅んだオオクニヌシを祀る社《やしろ》、つまり敗者の記念碑だ……そんな施設が中央の大仏殿より高いわけはない……どのみち建築学の面でも無理がある……と学者は主張してきました。けれどもつい先月の末、出雲大社の境内で直径三メートルもある巨柱の基部が出土して、為憲の言葉が一〇〇〇年の時を経てよみがえり、「雲太」もようやく現実世界に歩み出たようです。

訳出作業中に出逢った同志社大学・辰巳和弘氏の労作『「黄泉《よみ》の国」の考古学』（講談社現代新書、一九九六年）にも共感を覚えました。氏は、古墳時代あたりまでの葬送儀礼を考古学資料をもとに考究し、海の彼方に他界（あの世＝楽園）を想った古代日本人の心に分け入っています。一例だけ挙げると、古代人は島根県八束《やつか》郡東出雲町揖屋《いや》を「黄泉比良坂《よもつひらさか》（黄泉の国への境）」とみていた、と『古事記』から読みとったうえ、こう推測しておられるのです。

揖屋の町は、……かつては中海《なかうみ》に面していた。中海の向こうには……米子市を付け根として大きく北に延びて、中海を外海から仕切る夜見《よみ》ヶ浜(弓ヶ浜)がある。夜見ヶ浜は風土記には「夜見の島」とみえ、奈良時代には……本州とは地続きではなかったようである。「夜見」は「黄泉」である。揖屋は中海の彼方にある黄泉の島への旅立ちの地(黄泉比良坂)とみられていたのであろう。

往時の人々にとって出雲は、国のうち「日が沈む西の端」(日が昇る東の端は伊勢)でした。本書を読み終えた方なら、以上から、聖書や『コーラン』の記述、あるいはブルターニュやポリネシアの古い伝承を思い起こすのではないでしょうか。ここに出雲の話題をとり上げたのは、訳者の生まれ故郷が出雲に近いという理由からだけではありません。

辰巳氏が紹介する前方後円墳の話も驚きでした。こんな話です――「前方後円」という語は江戸期の蒲生君平《がもうくんぺい》が『山稜志《さんりょうし》』(一八〇八年)に書いて以来、何の疑問もなくつかわれてきたが、半分がきれいな方形(四角形)の墓はほとんどなく、たいていは外に向けて広がる台形だ。上から見ると墳墓全体はぴったり壷のイメージになる。ところで、(本書五五頁にもあるとおり)紀元前二二一年に中国を統一した始皇帝は、東海に浮かぶ蓬莱《ほうらい》の山にあるという不老不死の仙薬がほしくて、徐福の一行を派遣した。蓬莱の山は別名を蓬壷《ほうこ》といい、壷の形をした山と思われていた。こういう道教(タオイズム)の観念が古代日本にも伝わっていて、大王の墳墓を神仙界に通じる壷形にしたのだろう。……奈良市西ノ京にある(垂仁天皇陵といわれる)巨大な前方後円墳は宝来《ほうらい》山とも呼ばれ、大分市にも蓬莱山古墳という前方後円墳がある……。

辰巳氏の著書に「蜃気楼」というキーワードを足せば、本書の日本版になりそうです。弓ヶ浜は、かつて島だったころ、ときおり海上に蜃気楼の幻像となり、光が曲がるなどと思いもしなかった古代の人々がそこに楽園(他界)を見たのかもしれません。また、壷の形をした海上の蜃気楼像は、本書の中に写真が何枚かあります。辰巳氏の著書を本書とともにお読みいただければ、純朴な祖先たちの心にもっと深く踏みこめるのではないでしょうか。世の中はけっして政治や経済で動いたのではない。私利私欲や、ときには怨霊《おんりょう》におびえる心が国を動かした——という井沢元彦氏の言葉(たとえば『逆説の日本史』シリーズ、小学館)も、本書のトーンに一脈通じるものがあります。

原著者ヘルムート・トリブッチは、古代から伝わるものごとの源について考え抜いたあげく、蜃気楼という自然現象に思い至ります。蜃気楼をカギに、前著『蜃気楼文明』(工作舎、一九八九年)ではピラミッドやナスカの地上絵など巨大遺跡を解剖し、本書では神話や伝説、宗教を読み解こうとしました。見た目は荒唐《こうとう》無稽《むけい》でも、ああした気宇壮大な世界が無から生まれたはずは絶対にない、核には蜃気楼があったのではないか……と、古記録や現地踏査をもとに主張しています。むろん、立花隆氏が前著を評されたとおり(『週刊文春』二〇〇〇年三月一六日号)、「蜃気楼だけで解釈するのはちょっと無理ではないかと思うものもある」にせよ、古代世界をたどる自然科学者の旅をお楽しみいただければ幸いです。

文字どおり古今東西の地名・人名が飛びかう話ですから、カタカナにするのが難題でした。電子メールで、あるいは出張のついでに面会して原著者にきいても、「さあねえ……」といった調子。アルファベット圏なら、スペルさえ正しければかまわないわけです。とりわけケルトの固有名詞が難物で、一〇冊ほど買いこんで見比べたのですが、結局のところは「人さまざま」を認識したに終わりました。おかしなカタカナ表記がずいぶん残ってしまったのではと気がかりです。

インドの固有名詞については、同僚・黒田和男教授の奥様、インドご出身のポピーさんに教えていただきました。工作舎の十川治江さんには三度目のお世話になりました。記して感謝いたします。

二〇〇〇年五月　　渡辺　正

◉著者紹介

ヘルムート・トリブッチ［Helmut Tributsch］

一九四三年イタリア・フリウリ州生まれ。国籍はドイツ。六八年ミュンヘン工科大学で学位取得、世界各地で研究員をしたのちに八二年からベルリン自由大学教授と国立ハーン・マイトナー研究所研究官を兼務。太陽エネルギーの化学的変換の分野では世界の第一人者、日本の研究者との交流も長くて深い。一般向け著書に、生命三五億年のハイテクを紹介した『動物たちの生きる知恵』（渡辺訳、工作舎）、動物の震前異常行動を科学的に考察した『動物は地震を予知する』（渡辺訳、朝日選書）、蜃気楼をもとに巨大遺跡を解剖した『蜃気楼文明』（渡辺訳、工作舎）、アトランティス伝説の謎に挑んだ『Die gäsernen Türme von Atlantis（アトランティスのガラスの塔）』など五冊がある。

◉訳者紹介

渡辺　正［わたなべ・ただし］

一九四八年鳥取県生まれ。東京大学工学部工業化学科卒、大学院修了、七六年工博。同大学助手、講師、助教授を経て九二年より教授（生産技術研究所）。七九～八〇年、フリッツ・ハーバー研究所（ベルリン）研究員。専門は生体機能化学、電気化学、環境科学など。著書に『電子移動の化学』（朝倉書店）など、訳書に前掲三冊のほか『常温核融合スキャンダル』（朝日新聞社）、『逆説・化学物質』（丸善）、『地球環境化学入門』（シュプリンガー東京）、『フォン・ノイマンの生涯』（朝日選書）、『化学物質ウラの裏』（丸善）、『プルトニウム・ファイル』（翔泳社）などがある。

蜃気楼の楽園

発行日――――二〇〇〇年八月一〇日
著者――――ヘルムート・トリブッチ
翻訳――――渡辺　正
編集――――十川治江
エディトリアル・デザイン――宮城安総＋小泉まどか
印刷・製本――文唱堂印刷株式会社
発行者――――中上千里夫
発行――――工作舎 editorial corporation for human becoming
〒150-0046　東京都渋谷区松濤2-21-3
phone: 03-3465-5251 fax: 03-3465-5254
URL http://www.kousakusha.co.jp
e-mail saturn@kousakusha.co.jp
ISBN-4-87502-332-4

蜃気楼文明 新装版
◆ヘルムート・トリブッチ　渡辺　正=訳
ナスカの地上絵、イースター島のモアイ像、ストーンヘンジやピラミッドなど、世界各地の古代遺跡はなぜ作られたのか？　文明発祥以来受け継がれた「蜃気楼文明」の秘密を解く。
●A5判上製●304頁●定価　本体2900円+税

迷宮
◆ヤン・ピーパー　和泉雅人=監訳　佐藤恵子+加藤健司=訳
クノーソスの迷宮神話は都市の隠喩である。これを始点に、祝祭行列、地震都市など建築・都市計画の中に見出される「迷宮的なるもの」という元型観念の変容を解読する。
●A5判上製●436頁●定価　本体4200円+税

北極の神秘主義
◆ジョスリン・ゴドウィン　松田和也=訳
北極を人類の原郷とする伝説が世界各地に残る。UFO、地球空洞説、ナチス現存説、地底都市アガルタ、極移動による人類滅亡などの背景にある北極星への信仰=極の元型を掘り起こす。
●A5判上製●380頁●定価　本体3800円+税

アレクサンドリア図書館の謎
◆ルチャーノ・カンフォラ　竹山博英=訳
ヘレニズム時代、七〇万冊の蔵書を誇りながらも、歴史の中に忽然と消えたアレクサンドリア図書館。綿密な文献渉猟をもとに、伝説の古代図書館を現代に蘇らせる！
●四六判上製●288頁●定価　本体2800円+税

記憶術と書物
◆メアリー・カラザース　別宮貞徳=監訳
記憶力がもっとも重視された中世ヨーロッパでは、数々の記憶術が生み出され、書物は記憶のための道具にすぎなかった！　F・イエイツの『記憶術』を超え、書物の意味を問う名著。
●A5判上製●540頁●定価　本体8000円+税

キルヒャーの世界図鑑
◆ジョスリン・ゴドウィン　澁澤+中野+荒俣=付論　川島昭夫=訳
中国文明エジプト起源説、地下世界論、暗号論、作曲コンピュータや幻燈器の発明など、ルネサンス最大の幻想的科学者の奇怪で膨大な業績を、一四〇点余のオリジナル図版で紹介。
●A5判変型上製●318頁●定価　本体2900円+税

植物の神秘生活

◆ピーター・トムプキンズ＋クリストファー・バード　新井昭廣＝訳
植物たちは、人間の心を読み取る！　植物を愛する科学者・園芸家を紹介し、テクノロジーと自然との調和を目指す有機農法の必要性など植物と人間の未来を示唆するロングセラー。
●四六判上製●６０８頁●定価　本体３８００円＋税

思考の道具箱

◆ルディ・ラッカー　金子　務＝監訳　大槻有紀子ほか＝訳
ＳＦ界の奇才が論理数学者としての本領を発揮、数学の大テーマである「数・空間・論理・無限」を、パズルや思考実験を交えて解説。数学を楽しむための独創的で魅力的な本。
●Ａ５判上製●４０４頁●定価　本体３８００円＋税

タオは笑っている　新装版

◆レイモンド・M・スマリヤン　桜内篤子＝訳
『ゲーデル、エッシャー、バッハ』のホフスタッターも舌をまく数理論理学者が綴るタオイズムの公案四十七篇。鈴木大拙、盤珪の禅からタオへと、読者は笑いの渦にのって運ばれていく。
●Ａ５判変型上製●３１２頁●定価　本体２０００円＋税

世界を変える七つの実験

◆ルパート・シェルドレイク　田中靖夫＝訳
ペットは飼い主の帰りを予知するか、など身近には既成の科学が見過ごしている大きな謎がいっぱい。費用もかからず誰でもできる実験を提唱。謎が解明されれば世界観も変わる！
●四六判上製●２８８頁●定価　本体２２００円＋税

新ターニング・ポイント

◆フリッチョフ・カプラ　吉福伸逸＋田中三彦ほか＝訳
政治経済の混迷、医療不信、自然破壊。この危機的状況の原因は、機械論的な世界観にある！　大著『ターニング・ポイント』を簡潔にまとめ、免疫システムなど最新情報を加えた濃縮新版。
●四六判上製●３３６頁●定価　本体１９００円＋税

精神と物質　改訂版

◆エルヴィン・シュレーディンガー　中村量空＝訳
人間の意識と進化、そして人間の科学的世界像について、独自の考察を深めた現代物理学の泰斗シュレーディンガーの講演録。『生命とは何か』と並ぶ珠玉の名品。
●四六判上製●１７６頁●定価　本体１９００円＋税

サイケデリック・ドラッグ

◆L・グリンスプーン＋J・B・バカラー　杵渕幸子＋妙木浩之＝訳
LSD、メスカリンなど、サイケデリック・ドラッグの豊富な事例とともにその功罪を検証。専門医が書いた本格的研究書。精神医療へのドラッグ利用が再評価されている。
●A5判上製●540頁●定価　本体5000円＋税

音楽の霊性 新装版

◆ピーター・バスティアン　澤西康史＝訳
デンマークのニューエイジ音楽の旗手がさぐる音楽の本質。演奏家の多くが経験する「音楽がおのずと奏でられる」とき、作品との一体感など、音楽が私たちを誘う地平を描く。
●A5判●232頁●定価　本体2500円＋税

めかくしジュークボックス

◆『ザ・ワイアー』＝編　バルーチャ・ハシム＋飯嶋貴子＝訳
イギリスの先端音楽雑誌『ザ・ワイアー』の名物連載。ロック、テクノからDJまで、さまざまなジャンルの音楽家たちへ試みた曲当てテスト。貴重なインタビュー＆ディスク・ガイド。
●A5判●348頁●定価　本体2900円＋税

翻訳家で成功する！

◆柴田耕太郎
翻訳料はどう決まり、翻訳者はどのように選ばれ、食べていける翻訳とはどのようなレベルのものなのか？　翻訳世界の核心をズバリ語る。夢の印税生活を勝ち取った実例も紹介。
●四六判●258頁●定価　本体1800円＋税

アインシュタイン、神を語る

◆ウィリアム・ヘルマンス　雑賀紀彦＝訳
二〇世紀を変えた科学者アインシュタインの科学精神を支えた信仰とは何だったのか？　ナチ台頭から米国亡命、晩年までの四回の対話から、平和主義の詩人が思想背景を明かす。
●四六判上製●256頁●定価　本体2200円＋税

愛しのペット

◆ミダス・デッケルス　伴田良輔＝監修　堀千恵子＝訳
誰もがあえて避けてきた「禁断の領域＝獣姦」を人気生物学者が、ウィットに富んだ知的な語り口で赤裸々につづった欧米の話題作、ついに登場！　古今東西の獣姦図版八十八点収録。
●A5判変型上製●329頁●定価　本体3200円＋税